A MÍSTICA DA GUERRA

Espiritualidade das armas no Cristianismo e no Islã

Dag Tessore

Dag Tessore

A MÍSTICA DA GUERRA

Espiritualidade das armas no Cristianismo e no Islã

tradução de gilberto gasparetto

NOVALEXANDRIA

Título original: *La mistica della guerra* - Spiritualità delle armi nel Cristianesimo e nell'Islam (Fazi Editore – Roma)

© *Copyright*, 2007, Dag Tessore

Todos os direitos reservados.
Editora Nova Alexandria
Av. Dom Pedro I, 840
01552-000 São Paulo SP
Fone/fax: (11) 6215-6252
E-mail: novaalexandria@novaalexandria.com.br
Site: www.novaalexandria.com.br

Preparação de originais:
Rubens Nascimento

Revisão:
Flavia Okumura Bortolon
Ruy Cintra Paiva

Capa:
Lúcio Kume

Editoração Eletrônica:
Veridiana Magalhães

ISBN 978-85-7492-144-0

Dados para Catalogação

Dag Tessore (1975)

A mística da guerra – Espiritualidade das armas no Cristianismo e no Islã Tradução de Gilberto Gasparetto Editora Nova Alexandria – São Paulo, 2007
200 p.

1. Religiões

CDD 200

SUMÁRIO

PREFÁCIO 9
ABREVIATURAS DA BÍBLIA 13
PREMISSA 15
HISTÓRIA E FILOSOFIA DA
VIOLÊNCIA NO CRISTIANISMO 25
    Jesus 26
    O Antigo Testamento 27
    O Novo Testamento 31
    Os primeiros três séculos do cristianismo 32
    Constantino e o nascimento do império cristão 35
    Santo Ambrósio e São Jerônimo 37
    Santo Agostinho e São Gregório Magno 38
    Unanimidade ou contradição na doutrina dos Pais? 42
    Carlos Magno 44
    O magistério pontifício antes das cruzadas 46
    As cruzadas 48
    São Bernardo e as ordens de cavalaria 49
    Os Cavaleiros Teutônicos 51
    Inocêncio III e as cruzadas contra os hereges 52
    O direito canônico e os concílios ecumênicos 52
    São Luís IX 54
    São Francisco de Assis 55
    São Tomás de Aquino 56
    Santa Joana D'Arc 57
    As cruzadas contra os turcos 58
    Lutero 58
    São Pio V 59
    São Roberto Bellarmino 60
    A Revolução Francesa e o Risorgimento 62
    A Igreja antes do Concílio Vaticano II 63
    Depois do Concílio Vaticano II 67
    A Igreja Ortodoxa 73

HISTÓRIA E FILOSOFIA DA VIOLÊNCIA NO ISLAMISMO ... 75
O Corão ... 75
Maomé ... 80
Alì ... 81
As primeiras gerações de muçulmanos e o islamismo medieval ... 82
O islamismo diante das cruzadas ... 85
Depois das cruzadas ... 87
O islamismo diante do colonialismo ... 88
Os Irmãos Muçulmanos e o retorno ao integralismo ... 89
Sayyid Qutb ... 90
Maududi ... 95
Khomeini ... 97
Integralismo e movimentos armados ... 98
Islamismo e Cristianismo ... 102

MÍSTICA DAS CRUZADAS E MÍSTICA DA JIHAD ... 105
Uma escola corânica ... 105
Um sermão de sexta-feira na mesquita ... 107
Partir no caminho de Deus ... 108
Matatias e seus filhos ... 110
São Pio X ... 112
"Deus é maior!" ... 113
"A pobreza é a minha glória" ... 114
"Procurator pauperum Christi" ... 115
Um discurso do arcebispo de Paris de 1852 ... 116
A proclamação de Urbano II ... 117
O relançamento da jihad ... 118
Gregório VII e Inocêncio III ... 119
A paz de Deus e a paz do mundo ... 121
A vida monástica ... 125
A vida cotidiana dos templários ... 126
A defesa da Terra Santa ... 129
A vigília da oração ... 130
A investidura do cavaleiro ... 132
As canções de cruzada ... 134
Liber ad milites Templi ... 135
A guerra interior ... 136
"Para nós é preferível morrer" ... 137
As alianças estratégicas ... 138
Os monastérios fortificados ... 139
O deserto e a natureza ... 140
Banditismo e terrorismo ... 144

A natureza aliada de Deus contra o homem	145
A neve e o sangue	147
"Morram, morram!"	149
Cristo crucificado	149
Deus começo e fim	150
A fé em Deus	152
O extermínio dos madianitas e dos amalecitas	153
"Só o terror vos fará compreender!"	156

A ESPIRITUALIDADE GUERREIRA EM OUTRAS CULTURAS E RELIGIÕES 161

Judaísmo	162
Hinduísmo	167
Budismo	171
Confucionismo e taoísmo	178
Maias e astecas	182

NOTAS 187

Premissa	187
História e filosofia da violência no cristianismo	187
História e filosofia da violência no islamismo	191
Mística das cruzadas e mística da jihad	193
A espiritualidade guerreira em outras culturas e religiões	196

PREFÁCIO

Algum leitor talvez perceba, neste livro, um traço de esquizofrenia velada. Ele se apresenta, por um lado, como uma espécie de manual do assunto de que trata: assim como um manual, possui os dotes de clareza, simplicidade e até de esquematismo (no melhor sentido do termo). A contradição aparente (ou melhor, a provocação evidente) é que com freqüência são objetos de manual os assuntos que possuem regras antigas e sólidas. Manuais que abordem o opinável e o controverso não existem.

Tessore faz, porém, exatamente isso. Escrevendo um retrato da "mística da guerra", ele sabe bem que surpreende e escandaliza. E mais: sabe que seu livro e o assunto tratado sofrerão a acusação de ser *politicamente incorretos.*

Por outro lado, nestes tempos em que muito despropositadamente se evocam as cruzadas e a *jihad,* é evidente que se acredita bastante em uma mística da guerra, mesmo que denominá-la assim possa causar mal-estar. Não errou o autor ao encarar sua tarefa com alguma preocupação e a ter, por assim dizer, "um pé atrás": como será acolhido e avaliado um livro que coloca Osama bin Laden ao lado de São Bernardo (mas eu conheço grandes intelectuais, estudiosos e até religiosos que achariam o paralelo totalmente plausível), que recorre ao freqüente, se não sistemático, confronto entre Cristianismo e Islã, que parece, em suma, dar voz não apenas às "razões" da guerra, mas também às suas pretensões de "moralidade" e até mesmo de "espiritualidade"? Um livro, enfim, que pode ser lido e interpretado como uma tentativa de restituir dignidade ética e – sem dúvida – religiosa aos "Deus quer assim" e "Deus está conosco".

Preocupações racionais e razoáveis. Que, no entanto, não se opõem a um outro fato: que Tessore conhece e compreende muito bem a questão das "guerras santas" contemporâneas, embora não as aborde, talvez, como e o quanto deveria. Um ulterior e até mais profundo senso de desconforto? Ou a consideração de que abordar um problema do tipo levaria à redação de um outro livro? Ou, mais simplesmente, claro que é sempre bom compreender ou pelo menos debruçar-se sobre o que ocorre em seu próprio tempo, não obstante, quando a história parece mover-se rapidamente – como nestes meses do início do século XXI – será que o problema é que não se consegue nunca segui-la adequadamente?

Não desconsiderarei esta última questão. Dag Tessore é muito mais jovem que eu – que já passei dos sessenta –, mas não tanto. Contudo, pertencemos ambos à mesma faixa de geração: a dos europeus que foram educados a acreditar e, com o tempo, efetivamente acreditaram que as guerras fossem fenômenos infames e fora de cogitação, as quais as sociedades civis tivessem irreversivelmente abandonado e que estivessem definitivamente desaparecendo de todo o planeta.

Depois de décadas de pacifismo, muitas vezes irracional, desajuizado, fanático e indiscriminado – com freqüência até agressivo e violento, apesar de tais adjetivos, referidos ao pacifismo, poderem parecer paradoxais –, a generalizada e até muito fácil aceitação de novas perspectivas de guerra por parte da opinião pública ocidental tem algo de inquietante. E afloram novas, modernas e pós-modernas formas de "guerra santa"; afloram inesperadas – mas na verdade não inéditas... – formas de *jihad* ocidental, cristã e pós-cristã, "laicizada" e ao mesmo tempo ressacralizada; eclodem guerras santas de santidade calvinista e cromwelliana, impostas e desencadeadas por sociedades que por definição não podem deixar de ser boas, pois são portadoras de valores positivos (a paz, a liberdade, a democracia, o valor da pessoa humana), dirigidas contra inimigos que não podem representar outra coisa que não o Império ou o Eixo do Mal. Inimigos cuja supressão, como teria dito Bernardo de Claraval, não é homicídio, mas "malicídio". Inimigos reduzidos em número, massacrados por "bombas inteligentes" ou, se inocentes, exterminados incidentalmente pelos *collateral damages*; enquanto os próprios mortos são elevados ao patamar de mártires e se propõe para eles uma infinita elaboração de luto.

As "religiões laicas" não são fenômenos exclusivos dos totalitarismos; na primeira metade do século XX muito se falou de "religião da Pátria" ou "da Liberdade". Não é estranho, portanto, se hoje guerras desencadeadas pelo controle de recursos petrolíferos ou pela hegemonia mundial possam cobrir-se com uma nova sacralização. Se a mística da Liberdade e da Democracia compreende – em nome da defesa desses valores – o desencadear de uma guerra, resolve-se em uma nova e diversificada mística da guerra, que poderá ser o cínico álibi de líderes políticos, mas também um valor autenticamente abraçado por combatentes, quem sabe, voluntários, e por opiniões públicas talvez oportunamente "dirigidas" pelos *mass media*. E se as guerras, na passagem entre os séculos XX e XXI, possam chegar a ser denominadas até mesmo "humanitárias", apesar do paradoxo resultante da aproximação desse adjetivo àquele substantivo, em tempos de imanência e de religião da humanidade, é evidente que mesmo nisso se escondem os pressupostos de uma nova mística.

A tarefa do historiador não é julgar, e nem justificar, mas compreender. A história é o lugar da descontinuidade, mas durante seu curso formas semelhantes ou análogas podem se apresentar várias vezes, em contextos diversos e com diferentes funções. A análise de Dag Tessore pode parecer voltada ao exame da alterabilidade: o Outro da nossa história, mas anterior às revoluções que a mudaram profundamente (e eis a Antigüidade, a Idade Média, Bernardo, as ordens militares); o Outro nas culturas diferentes daquela chamada "ocidental" (e eis os samurais, os monges-guerreiros budistas, os "fundamentalistas islâmicos"). Mas essas alterações acabam por chegar até nós: e eis as igrejas cristãs contemporâneas. E a atravessar o diafragma do "processo de laicização" para atingir e envolver a modernidade.

A guerra é uma realidade profunda, perturbadora, mas também solidamente e irrenunciavelmente humana. Procurar, desafiar, dar, receber e aceitar a morte é algo muito alto e severo, mesmo quando é terrível e aberrante, mesmo quando é injusto e monstruoso, para evitar, de algum modo, o contato com o Sagrado. Tessore enfrenta este *descensus ad Inferos* que é também *descensus ad Superos*. A guerra é marca do homem: nunca foi estranha à nossa história. Ter tentado seu definitivo exorcismo durante o século XX provocou seu retorno selvagem: nas formas aberrantes da guerra hipertecnológica da Superpotência que pretende combatê-la e vencê-la "com perdas zero" e da guerra terrorista.

Eis por que conhecer as características da mística da guerra nas religiões abraâmicas e nas culturas mítico-religiosas tradicionais nos ajuda a desencantar a realidade moderna e pós-moderna que tem, por sua vez, necessidade de santificação. Desencantar, isto é, desmistificar. E a mistificação é, na verdade, o "fazer (falsa) mística".

Por isso o livro de Tessore é um excelente vade-mécum para colocar ordem na desordem contemporânea.

*Franco Cardini**

---

* Professor de História Medieval da Universidade de Florença, diretor da escola de Altos Estudos em Ciências Sociais de Paris e autor, entre outras obras, de *Peregrinos italianos entre a era Medieval e a Moderna* (2002).

ABREVIATURAS DA BÍBLIA

Ap	Apocalipse
At	Atos dos Apóstolos
1-2Cor	Primeira e Segunda carta aos Coríntios
Dt	Deuteronômio
Ef	Carta aos Efésios
Est	Ester
Ex	Êxodo
Ez	Ezequiel
Fl	Carta aos Filipenses
Gn	Gênese
Hb	Carta aos Hebreus
Is	Isaías
Jl	Joel
Jo	Evangelho de João
Jr	Jeremias
Js	Josué
Jz	Juízes
Lc	Evangelho de Lucas
Lv	Levítico
1-2Mc	Primeiro e Segundo livro dos Macabeus
Mt	Evangelho de Mateus
Na	Naum
Ne	Neemias
Nm	Números
1-2Pd	Primeira e Segunda carta de Pedro
Pr	Provérbios
Rm	Carta aos Romanos
1-2Rs	Primeiro e Segundo livro dos Reis
Sb	Sabedoria
Sl	Salmos

1-2Sm .... Primeiro e Segundo livro de Samuel
Sr .... Siracides
Tg .... Carta de Tiago
1-2Tm .... Primeira e Segunda carta a Timóteo
1-2Ts .... Primeira e Segunda carta aos Tessalonicenses
Tt .... Carta a Tito

PREMISSA

A mística da guerra é uma obra que pretende lançar uma nova e perturbadora luz sobre o tão debatido tema da guerra santa, hoje atual como nunca: não mais uma análise meramente histórica, política, sociológica, como há muitas, mas uma leitura radicalmente diversa, que coloque em primeiro plano e no centro das atenções o aspecto mais específico, essencial e determinante da guerra santa: a religião. Osama bin Laden, Hamas, Hezbollah: realidades que não poderemos compreender plenamente e não poderemos, portanto, saber afrontar no modo mais adequado enquanto não entrarmos em *seu* mundo, na *sua* visão da existência, visão que, longe de ser fundada em simples interesses econômicos e nacionalistas ou no fanatismo cego, apresenta, na verdade, profundas motivações religiosas e espirituais. Pouco ajudará compreender os motivos políticos do integralismo armado se não forem compreendidos os motivos espirituais. Mesmo em casos concretos como o do conflito israelense-palestino é certamente pouco proveitoso, como a história recente demonstra, tentar resolver o problema segundo os nossos critérios políticos subjetivos. *Aquela* sociedade, de fato, não é a *nossa* sociedade: naquela ainda está viva uma forte carga religiosa que nós, há muito tempo, já esquecemos, e não podemos afrontar o problema palestino com os critérios da *nossa* ciência política laica se não procuramos compreendê-lo também e principalmente à luz da *sua* mentalidade e religião. Sem conhecer e compreender o Corão não é possível aproximar-se utilmente desse conflito, que a nossos olhos parece essencialmente político.

É nesse espírito que *A mística da guerra* tentará uma espécie de viagem à procura da "espiritualidade da guerra", dimensão que, se hoje é visível principalmente no islamismo, é ainda uma herança comum de quase todas as culturas e religiões. Por meio de uma ampla panorâmica da espiritualidade guerreira da Bíblia e do Corão, dos cruzados e dos *mujahidin*, dos samurais e dos sacerdotes astecas, se mostrará o quanto, segundo muitas tradições, a guerra pode se tornar uma via de libertação para si próprios e para os outros, uma via de ascensão mística e de introspecção (a contemplação do sangue, o observar os olhos da morte, o combater com as angústias da própria consciência e os sentimentos de culpa...).

Este livro é de qualquer forma uma tentativa de penetrar na mente e no coração daquelas pessoas que acreditaram ou ainda hoje acreditam na santidade da guerra. O que pode induzir um homem a matar ou a morrer em nome de Deus e do Espírito? Uma resposta a tal pergunta se encontra em inumeráveis textos antigos e modernos, citados abundantemente neste livro: trechos de Khomeini, de Bin Laden, de samurais e monges japoneses, de Santo Atanásio, de São Bernardo e de São Pio V, dos estatutos dos Cavaleiros Teutônicos e dos grupos de cruzados. Aí se verá que a idéia de guerra santa, igualmente militar e espiritual, apesar de fortemente presente em quase todas as religiões, foi, porém, elaborada, teorizada e vivida sobretudo no cristianismo: trechos em geral ignorados de Santo Agostinho, de São Tomás de Aquino e Lutero, dos combatentes greco-ortodoxos contra os turcos e do cardeal Ottaviani mostrarão isso claramente.

A mística da guerra lança provocativamente um desafio, por assim dizer, ao Ocidente: desistirmos de julgar e condenar *a priori* os integralistas armados (do passado e do presente). Procurar principalmente nos aproximar deles para escutá-los, para compreender suas razões, para ver se talvez eles também têm alguma coisa para nos ensinar...

A guerra, sobretudo por causa das fortes repercussões emotivas que provoca e das assustadoras conseqüências no plano humano, é um tema difícil de examinar e julgar com o ânimo sereno. Isso porém levou à formação, especialmente na atual civilização ocidental, de inumeráveis preconceitos a seu respeito, alimentados por idéias freqüentemente infundadas e incoerentes e por um difuso desconhecimento de realidades históricas, culturais e religiosas bem precisas.

Segundo uma opinião dividida por muitos, por exemplo, não pode haver conciliação entre guerra e autêntica espiritualidade; a própria expressão "mística da guerra" soaria quase irônica. É difusa a convicção segundo a qual as religiões, pela sua própria natureza, são e devem ser contrárias à violência e à guerra e segundo a qual aqueles que recorrem a uma ou a outra em nome da religião são guiados por fanatismo, mesquinhez e por uma visão distorcida do fenômeno religioso. Ora, a realidade dos fatos parece demonstrar que as coisas são diferentes. Não apenas quase todas as religiões e culturas justificaram e sacralizaram o fato bélico e o uso da força, não apenas as guerras aconteceram em muitíssimos casos sob a égide da religião, mas os mais altos cumes da espiritualidade humana de todos os tempos parecem quase unânimes em conferir à guerra um significado místico e teológico altíssimo. Neste livro falaremos de "guerra santa", querendo dizer com essa expressão a guerra conduzida por motivos religiosos e de alguma forma em conexão com a fé. E veremos que a maior parte dos grandes teóricos e sustentadores da guerra santa foram homens de integridade moral irrepreensível e de profunda espiritualidade. Isso vale para as cruzadas, desejadas e amadas principalmente pelos monges, ascetas e místicos; vale para a *jihad* islâmica, que conta, entre seus ideólogos e protagonistas, com excelentes filósofos e pessoas com indiscutível aprofundamento espiritual; vale, enfim, para o judaísmo, o hinduísmo, o zen. Se fosse, portanto, verdadeiro que não pode haver conciliação entre espiritualidade e violência, entre religião e guerra, então deveríamos banir, de entre as grandes obras da espiritualidade humana, a Bíblia, o Corão, o Bhagavad Gita, os escritos de Santo Agostinho, São Bernardo e Santa Catarina de Siena! Santos que – sublinha-se – elaboraram sua teologia da guerra em plena consciência e coerência com seu pensamento.

Aquilo que levou santos e teólogos a justificar a guerra não é uma abordagem mais terrena, mais material da realidade, mas exatamente o oposto: uma visão radicalmente espiritual do mundo, segundo a qual a alma é mais importante que o corpo e portanto a lesão ou a morte do corpo físico não é tão trágica como é sentida hoje à luz de uma "idolatria" do *corpo*, de uma obsessiva tutela da imunidade corporal e da saúde física e de uma concepção fundamentalmente *materialista* da existência, segundo a qual a morte do corpo é a morte de tudo.

Com freqüência se acredita, além disso, que a guerra santa seja uma "peculiaridade" do Islã. Mas não é assim. Ao contrário, podemos dizer que no cristianismo ela teve um papel e uma importância maiores, tanto historicamente como teologicamente. Hoje estamos habituados a ver uma Igreja promotora da paz e da não-violência, mas durante cerca de mil e quinhentos anos a idéia de guerra por Deus foi aprovada e praticada pela Igreja, com a sustentação teológica e espiritual de muitos de seus padres, doutores e santos. Isso vale especialmente para o catolicismo, mas não exclui a Igreja Ortodoxa nem o protestantismo. Em outras religiões também, como se verá no quarto capítulo deste livro, o recurso às armas foi justificado no plano religioso, mas talvez em nenhuma delas de forma tão clara, tão detalhada e tão entusiástica quanto no cristianismo. O pacifismo extremado, característico da mentalidade atual, é em certo sentido uma verdadeira "exceção" no quadro da história do pensamento humano; talvez uma exceção bem-vinda, mas certamente não em sintonia com as autoridades filosóficas e espirituais e com a opinião pública de quase todos os tempos e de quase toda civilização.

Os defensores da guerra santa, tanto no islamismo como no cristianismo, não podem ser acusados de "esquizofrenia": homens por um lado pios, devotos e de espírito ascético e, por outro, prontos a matar seus irmãos. Não se trata nem de esquizofrenia, nem de hipocrisia, nem de incoerência. Santo Agostinho, São Tomás, Maomé e Khomeini estavam profundamente e seriamente convencidos que fosse justo e pio recorrer, em alguns casos, às armas. Era um discurso plenamente lógico e coerente com sua fé cristã ou islâmica. Santo Agostinho permanecia e queria permanecer sempre fiel ao Evangelho de Jesus Cristo, e sua aprovação da guerra não se distancia minimamente de tal fidelidade, como ilustraremos no primeiro capítulo desta obra.

A justificação religiosa da guerra não é um fato marginal na história das religiões; principalmente no cristianismo e no islamismo ela está contida nos livros sacros (Bíblia, Corão); no caso da Igreja Católica, foram as autoridades supremas dos doutores, dos papas e dos concílios ecumênicos que deram sua chancela. Seria, portanto, historicamente errôneo ver nas cruzadas e na *jihad* fenômenos "periféricos", ocasionais, como desvios da religião "verdadeira", provocados por grupos minoritários e fanáticos ou por qualquer pensador exaltado.

A esse propósito deve-se acrescentar que tornar equivalentes o cristianismo e o Evangelho é redutor tanto na perspectiva histórica quanto doutrinal; o Evangelho é apenas uma parte (mesmo que naturalmente a mais importante e essencial) dessa religião. Se nos referimos em particular à Igreja Católica, a sua doutrina, hoje como sempre, é que o Evangelho é a revelação de Deus, mas *junto* ao Antigo Testamento, aos Pais da Igreja e ao magistério. Para ver, portanto, o que diz o cristianismo sobre a guerra não há sentido basear-se apenas no Evangelho.

Por fim, os "integralistas" de hoje e aqueles que, principalmente no mundo islâmico, ainda sustentam a idéia de guerra santa não são pessoas com as quais "é inútil falar e dialogar". Certamente é inútil um diálogo se estamos convencidos *a priori* que essas pessoas estão erradas e que não passam de fanáticos, violentos e desencaminhados. Mas tal convicção pode apenas ser fruto de uma mente fechada, dominada por preconceitos ou por "raiva e orgulho". Assim, é verdadeiramente deplorável que certas atitudes violentamente hostis em relação ao islamismo, manifestadas por figuras conhecidas e carismáticas no Ocidente, como a escritora e jornalista Oriana Fallaci*, não sejam vozes isoladas, mas, ao contrário, muito di-

---

* Oriana Fallaci (1929-2006) escritora e jornalista italiana, ficou mundialmente conhecida por seu trabalho como correspondente de guerra (cobriu conflitos no Vietnã, no Oriente

fundidas. Dessa forma, ao suposto fanatismo do islamismo fundamentalista o que se faz é contrapor um simétrico fanatismo, uma mesquinha defesa dos nossos valores de laicidade, liberalismo, democracia, consumismo e materialismo, elevados ao posto de verdades indiscutíveis e, como tais, impostos ao mundo inteiro. Isso faz com que a classe política dirigente americana fale dos integralistas islâmicos (que não aceitam esses nossos valores porque possuem outros) como do "Mal", que deve ser combatido até que se dobre aos nossos valores. "Debater com eles", diz Fallaci, "é impossível. Argumentar, impensável. Tratá-los com indulgência, tolerância ou esperança, um suicídio!"[1]

É verdade que muitos muçulmanos hoje combatem e recorrem à violência para impor os próprios modelos de vida, mas o Ocidente está fazendo a mesma coisa: está combatendo para impor seus modelos (além disso, bem mais pobres espiritualmente do que os islâmicos e os autenticamente cristãos), sem nem ao menos se perguntar se quem rejeita o laicismo e o liberalismo tenha talvez razões para fazê-lo.

Podemos dizer que existe hoje uma verdadeira *religião* do Ocidente, que se funda sobre dogmas da democracia laica, do progresso econômico, da permissividade e sobre todos aqueles valores que nenhum de nós ignora e que constituem o assim chamado "modelo ocidental" moderno; uma religião, essa, que freqüentemente apresenta a si mesma, em função antiislâmica, como a versão moderna do cristianismo e a representante da "civilização cristã", quando, ao contrário, é evidente que esse *american way of life* é diametralmente oposto ao modelo de sociedade formulado pelos Pais da Igreja e pelo magistério eclesiástico por pelo menos mil e novecentos anos e, portanto, se pode bem dizer que há pouquíssimo em comum entre cristianismo tradicional e civilização ocidental moderna. Esta última, em sua irredutível convicção de ser verdadeira, quer conquistar para si o mundo inteiro e com esse objetivo empreende, especialmente contra o islamismo, verdadeiras guerras santas, acompanhadas de campanhas de colonização cultural e econômica. Antes se empunhavam as armas "para levar Jesus Cristo ao mundo inteiro". Hoje, com a mesma intolerância e violência, se substitui "Jesus Cristo" por "democracia" e "direitos humanos". Paladinos dessa cruzada não são apenas os Estados Unidos que enviam exércitos para impor aos demais povos os valores do Ocidente, mas também e na mesma medida a União Européia, que se constituiu em

---

Médio e na América Latina). No livro *Raiva e orgulho*, escrito logo após o ataque às torres gêmeas, manifestou crítica implacável ao islamismo, relacionando-o intrinsicamente à violência e à intolerância.

baluarte cultural dessa nova grande religião do materialismo e do laicismo, mais que nunca inflexível contra todos aqueles que ela considera intolerantes e retrógrados, quer sejam os monges do Monte Athos ou os aiatolás do Irã.

É evidente que uma atitude de tão tenaz e irracional convicção de ser o dono da verdade e de tão cega hostilidade não poderá resolver os conflitos e só tornará menos confiável a pretensão do Ocidente. Se em vez disso procurássemos – algo que nem sempre é fácil – escutar as razões de quem pensa muito diversamente de nós, então o diálogo seria certamente muito proveitoso. Seja no diálogo político e diplomático ou naquele inter-religioso, é um grave erro excluir do palco dos interlocutores os assim chamados integralistas. Independentemente de compartilharmos ou não as suas posições, eles são representantes de uma espiritualidade de todo o respeito. Naturalmente, no mundo variado do fundamentalismo islâmico de hoje, existem, como no cristianismo e em todas as religiões, homens mesquinhos e violentos; mas isso não compromete a respeitabilidade da ideologia integralista em si, herdeira de uma longa e digna tradição espiritual.

É habitual considerar, ao contrário, os integralistas "não representativos" do islamismo como se fossem uma deformação e uma aberração da religião de Maomé. São, na verdade, exatamente eles que, em muitos casos, procuram se manter mais fiéis à letra e ao espírito do Corão (apesar das inevitáveis contradições em que freqüentemente caem), ainda que isso leve a uma exclusão do "círculo de bem-pensantes", no qual o respeito humano torna-se mais importante que o respeito a Deus. Igualmente para o cristão, recorda o cardeal Biffi, "se pelo amor da abertura ao mundo e da boa vizinhança com todos dilui substancialmente o fato salvífico" identificando a mensagem evangélica "no compromisso com o diálogo entre povos e religiões, com a procura do bem-estar e do progresso", então a sua "possibilidade de acolhimento nos 'salões mundanos', ou seja, nos ambientes culturalmente emergentes, nas redações dos jornais e dos telejornais, nos círculos cientificamente e socialmente progressistas, se torna fácil e sem problemas"; mas "Jesus não pode acabar sendo a mais ilustre 'vítima' da nossa nova vontade de abertura ao mundo!".[2] Da mesma forma para os muçulmanos: ser bem aceitos no mundo e acolhidos no diálogo inter-religioso não pode ser o preço para trair o Corão, mesmo quando tal fidelidade custe o rótulo de "integralista".

Meu objetivo neste livro é, de um lado, ilustrar como cristianismo e islamismo têm teorizado e vivido a realidade da guerra e, de outro, procurar compreender *o que* leva milhares de homens a empunhar armas em nome da divindade. E por isso falarei não apenas da doutrina da guerra, mas também e sobretudo da *mística da guerra*: além das justificações racionais e teológicas, quais são as causas mais recônditas, *psicológicas, emotivas, místicas* da guerra santa? Tentarei deixar de lado nossa mentalidade cotidiana e penetrar em um mundo que a ela é estranho e hostil. A tentativa será aquela de fazer compreender, de fazer sentir e quase tocar com a mão a sensibilidade da mística guerreira. Os historiadores e os teólogos sejam, portanto, indulgentes: este não pretende ser um tratado sistemático. Na parte histórica, ou seja, nos dois primeiros capítulos, sou consciente de não ter sido exaustivo (trata-se apenas de uma breve panorâmica) e sei bem que muitas afirmações ou citações poderiam ser contextualizadas posteriormente, precisadas, aprofundadas. Mas, repito, o meu propósito é fazer compreender uma mentalidade, fazer perceber uma espiritualidade, fazer intuir uma sensibilidade. E, portanto, não se deve surpreender de encontrar neste livro muitas passagens que aparentemente não têm nada a ver com a guerra: estendi-me a falar da reza, dos Pais do deserto, da devoção ao Sangue de Cristo, da espiritualidade corânica, da concepção islâmica da sociedade e da felicidade humana... É somente à luz de tais aspectos fundamentais da religião que se poderá verdadeiramente *compreender* a guerra santa. Citei muitas poesias místicas e orações na convicção de que elas, mais que detalhadas observações histórico-políticas, nos ajudarão a compreender o *verdadeiro* sentido da guerra dos integralistas.

Se neste livro apresentei às vezes o recurso às armas como uma ação espiritual e moralmente aceitável ou até mesmo santa, sinto, entretanto, o dever de tornar minhas as palavras de São Bernardo, que dizia: "Se a misericórdia fosse um pecado, não poderia impedir a mim mesmo de cometê-lo".[3] Talvez em alguns casos a guerra seja na verdade o mal menor e o meio mais eficaz para restabelecer a justiça, a paz e a serenidade. Talvez ela faça com que o homem descubra realidades assustadoras, mas ao mesmo tempo sublimes e profundas, e revele recônditos segredos de seu coração e sentimentos de tocante humanidade:

> Atribuo ainda tudo ao [conflito do] Vietnã – escrevia um soldado do século XX –, à primeira experiência da morte como pude observá-la. Aquilo me levou a procurar entendê-la. Então, quando vemos gente morrer, nos perguntamos o que é a vida. A guerra me fez ver melhor dentro de mim [...]. Fez-me também compreender o amor que os próprios soldados sentem [...], o amor verdadeiro, que nunca mais vi desde então.[4]

E, no entanto, nada, nenhuma motivação, por mais verdadeira que seja, por mais justa, poderia nos induzir a aprovar tranqüilamente a guerra e a desviar o nosso olhar de seus horrores, dos corpos mutilados, dos rostos dilacerados, dos gritos dos moribundos, das crianças impiedosamente assassinadas, maltratadas ou deixadas sozinhas... Dizia justamente São João

Crisóstomo que "a guerra, coisa tão penosa, pode parecer bela só a quem não teve essa experiência".[5] E certamente, além de tudo o que se pode escrever sobre a guerra e que neste próprio livro foi escrito, o único modo de *compreendê-la* realmente é fazendo-a.

Com todos os seus sofrimentos dilacerantes, os corpos inanimados e as perguntas sem respostas que deixa para trás, a guerra é parte indelével da vida da humanidade. A guerra significa entrar em contato com o aspecto mais inquietante, mais misterioso, mais verdadeiro da existência: a morte.

Como o tema tratado é particularmente delicado e facilmente sujeito a polêmicas e interpretações distorcidas, será útil aqui precisar alguns pontos, para evitar equívocos:

a) apesar de neste livro me colocar – por assim dizer – do lado dos ideólogos da guerra santa (até para compreender o espírito "de dentro") não significa que eu lhes aprove. Não exponho aqui as minhas opiniões, mas as deles;

b) citei trechos terrificantes e de inaudita violência retirados da Bíblia, dos escritos de São Bernardo e das cartas de Pio V. Não o fiz para escandalizar e para lançar sombra sobre a Igreja, mas somente porque considero que de nada adianta "esconder" a verdade dos fatos: o importante é constatá-la, procurar compreendê-la e respeitá-la. Se um papa escreveu certas coisas, é inútil e contraproducente ignorá-las ou fingir que não as tenha escrito: procuramos, em vez disso, compreender, com seriedade e respeito, por que as escreveu;

c) se cito em algum momento Osama bin Laden ao lado do beato Urbano II ou de São Bernardo, não pretendo com isso colocá-los no mesmo plano espiritual e moral. Percebo, além disso, que semelhantes aproximações possam parecer anacronismos inaceitáveis, se julgadas sob uma óptica meramente histórica e "científica"; aceitáveis, porém, se considerarmos que este livro não pretende ser um tratado *histórico*, mas principalmente *filosófico*. Ou ainda mais exatamente: *um manual ecumênico de espiritualidade*, ecumênico porque vê islamismo e cristianismo irmanados em uma comum tensão de guerra interior e de luta exterior contra um inimigo comum: o indiferentismo religioso, o consumismo, a secularização, a depreciação dos valores espirituais e humanos;

d) o paralelo entre a visão cristã da vida e a islâmica não significa um desconhecimento das grandes e sérias diferenças entre as duas religiões, de forma que qualquer sincretismo doutrinal ou social seria certamente perigoso e inaceitável. No entanto, não podemos deixar de ser persuadidos de que a Igreja tem um aliado muito melhor no islamismo do que nos Estados Unidos, na União Européia e nos valores que eles encarnam.

No fundo, este livro não é mais que um início de reflexão sobre uma realidade – a guerra em nome da religião – que hoje nos é tragicamente familiar. É uma realidade que, por mais repugnante que seja, não podemos pacificamente ignorar ou deixar de lado: ela nos deve fazer refletir. Poucos dias depois dos atentados aéreos contra as Torres Gêmeas de Nova York e o Pentágono de Washington, um alto funcionário do Banco Mundial, presente na capital americana naquele 11 de setembro, escreveu:

> Tudo aquilo que aconteceu é horrível e pior ainda é a aflição do que poderia acontecer, especialmente quando vivemos isso de tão perto (a Casa Branca fica a duas quadras daqui, o Pentágono se vê da janela). Os riscos de ataques biológicos, químicos e de outros atentados são reais, especialmente nesta cidade. No entanto, não nos devemos maravilhar [...]. Novas forças foram ativadas, não apenas negativas. Temos uma oportunidade única de repensar o nosso modo de viver, de abrir a nossa mente para aquilo que nos parece inconcebível, de reavaliar a remoção do sofrimento e da morte, de repensar o sentido da planificação, da eficiência e do papel esmagador da economia em todas as decisões. Talvez estejamos entrando em um período de extrema dificuldade, mas talvez tenhamos também lançado as bases para uma nova sabedoria. Só tenho certeza de uma coisa: que naquele dia, ao qual assisti pessoalmente, o mundo recebeu uma sacudida em seu torpor.[6]

HISTÓRIA E FILOSOFIA DA VIOLÊNCIA NO CRISTIANISMO

Se a mensagem de Jesus foi radicalmente pacifista ou não, o fato é que a história do cristianismo não é uma história de pacifismo. Desde os primeiros séculos da era cristã, a Igreja tem elaborado uma precisa teologia da guerra, formulando os conceitos de guerra justa e depois também de guerra santa. Hoje se tende geralmente a reconhecer que o cristianismo tenha aceitado o conceito de *guerra justa* e ainda o adote, mas não se pode falar de *guerra santa* (a não ser, eventualmente, em casos particulares e relativamente raros), quase como se esta última tivesse uma conotação puramente religiosa e a primeira, ao contrário, um caráter substancialmente "laico" e centrado na legítima defesa. Essa distinção, no entanto, entre sagrado e profano, entre civil e religioso, entre guerra permitida pela lei natural e guerra permitida por Deus, é bastante arbitrária. Na óptica da fé, na verdade, uma ação justa realizada por cristãos é *ipso facto* qualificável como santa, tanto mais quando é sacralizada por bênçãos e sacramentos da Igreja, como ocorreu com quase todas as guerras justas/santas.

A breve exposição traçada neste capítulo pretende mostrar, com base em dados históricos, em textos e documentos, o quão próxima é a ligação entre religião cristã e a idéia de guerra santa. Leve-se em conta, de qualquer forma, a desejada "parcialidade": se, como mostraremos em seguida, o Antigo Testamento é rico em referências a guerras sacras, ele também se aprofunda em elogiar a paz e a concórdia entre os povos; paz que tem na Bíblia, no entanto, um sentido diverso daquele que lhe atribuímos hoje: a paz não é "ausência de guerra", pacifismo, não-violência, mas paz com Deus, dócil obediência ao Criador, além de paz derivada da observância da justiça, da religião, da correta ordem social e cósmica. Como bem observa monsenhor Marra, a palavra hebraica *shalom* ("paz") tem "um sentido mais amplo e global [...] que significa completeza e integridade e que exprime a condição ou o estado do homem que vive em harmonia com a natureza, consigo mesmo e com os outros homens e com Deus".[1] Na linguagem patrística, aquilo que é contrário à paz (*eirene*) cristã não é tanto a guerra (*polemos*) quanto a malevolência e a inveja (*fthonos*), a competição e a discórdia (*eris*). "O que ocorre" – para dizê-lo com o Concílio Vaticano II – "é que o mundo, mesmo sem guerra, permanece ainda continuamente à mercê de lutas e de violências".[1a]

Nas páginas que seguem procuramos nos limitar no número de citações. Para demonstrar o quanto a Igreja tenha acolhido a idéia da guerra santa, poderíamos tê-las decuplicado, mas nos satisfizemos em transcrever apenas aquelas mais significativas e garantir ao leitor que elas são representativas não de alguma tendência teológica militarista, mas da constante, universal e oficial doutrina cristã (especialmente católica).

Jesus

O fundador do cristianismo não possui certamente os traços guerreiros de Maomé.

> Ouvistes o que foi dito: *Olho por olho, e dente por dente*. Mas eu vos digo, que não resistais ao malvado. A quem te bater na face direita, apresenta também a outra [...] Ouvistes o que foi dito: *Amarás o teu próximo e odiarás o teu inimigo*. Mas eu vos digo: Amai os vossos inimigos e rezai por aqueles que vos perseguem. (Mt 5,38-44)

Em diversas ocasiões Jesus demonstra não querer recorrer à força. Quando é preso, seus discípulos lhe perguntam:

> "Senhor, convém que os ataquemos com espada?" E um deles, atacando o servidor do Sumo Sacerdote, cortou a sua orelha direita. Mas Jesus interveio: "Deixai-os agir". E, tocando na orelha, curou-o. (Lc 22,49-51)

> "Embainha de novo tua espada! Porque todos aqueles que usam da espada pela espada morrerão! Será que pensas que eu não posso recorrer a meu Pai, que me daria num momento mais de doze legiões de anjos?" (Mt 26,52-53)[2]

Vilipendiado pelos soldados romanos, açoitado e crucificado, Jesus não reagiu com violência, mas disse: "Pai, perdoa-lhes, porque não sabem o que fazem!" (Lc 23,34).

Ao mesmo tempo, porém, Jesus não parece nunca condenar a guerra em si e a profissão militar.[3] Ele mesmo recorreu a uma atitude violenta quando expulsou os mercadores do templo: "Tendo feito um chicote com cordas expulsou a todos do Templo, com os bois e os cordeiros. Jogou no chão o dinheiro dos cambistas e derrubou suas bancas" (Jo 2,15). Na ocasião da última ceia pronunciou palavras estranhas: "Quem não tiver espada, venda o manto e compre uma" (Lc 22,36). O que queria dizer? As interpretações podem ser diversas, mas é certo que o ensinamento de Jesus em relação às armas e à violência tem algo de ambíguo. Não se configura como uma condenação total e sem exceções.[4] A sua própria missão divina é por ele descrita em termos desconcertantes: "Não penseis que vim trazer paz sobre a terra. Não vim trazer a paz, e sim a espada. Porque vim para opor o filho ao pai, a filha à mãe..." (Mt 10,34-35).

O texto dos Evangelhos, apesar da tendência "pacifista", não nos permite tirar conclusões unívocas, mesmo se é preciso admitir que se o cristianismo fosse apenas Jesus e o Novo Testamento qualquer recurso à violência deveria ser considerado substancialmente anticristão; mas o cristianismo, pelo menos segundo a Igreja Católica e Ortodoxa, é também constituído pela inteira Tradição dos Pais. Levar em consideração apenas Jesus não há sentido, se não se ler as próprias palavras de Jesus à luz da interpretação dos Pais.

Ao lado dos Evangelhos, portanto, há também o Antigo Testamento, o livro sagrado da religião à qual o próprio Jesus pertencia. Ele nunca o rejeitou nem nunca o apresentou como um texto puramente humano e contentor de erros. Não é casual que a Igreja, fundada por Cristo e sobre Cristo, considera desde o início o Antigo Testamento como palavra de Deus, assim como os Evangelhos. Para compreender melhor, portanto, o ensinamento de Jesus, é necessário levar em conta a lei do Antigo Testamento, a propósito da qual o próprio Jesus havia dito: "Não penseis que vim revogar a Lei ou os Profetas. Não vim revogar, mas levá-los à perfeição" (Mt 5,17).

O Antigo Testamento

Talvez nenhum livro sacro seja tão repleto de espírito guerreiro como a Bíblia. O Corão, em comparação, é bem mais brando e menos sanguinário. A própria idéia de guerra santa permeia boa parte do Antigo Testamento. Aí Deus é chamado com muita freqüência de "Senhor dos exércitos" (*Adonai sevaoth*)[5], e a guerra é muitas vezes apresentada como "guerra do Senhor".[6] Um célebre salmo, recorrente na própria liturgia festiva cristã, não é mais que um anúncio de guerra santa:

Exultem os fiéis em sua glória,
aclamem-no a caminho do seu templo.
Tragam nos lábios hinos de louvor,
em suas mãos espadas de dois gumes,
para vingá-lo em meio das nações
e aos povos infligir o seu castigo,
metendo nas algemas os seus reis,

em cadeias de ferro os poderosos,
cumprindo neles a sentença escrita:
esta é a glória de todos os seus santos! (Sl 149,5-9)

E o profeta Joel:

Publicai isto entre as nações:
proclamai a guerra santa!
Chamai os bravos!
Que eles avancem, que subam,
todos os homens de guerra!
De vossos arados forjai espadas,
de vossas foices forjai lanças. (Jl 4,9-10)[7]

Os motivos pelos quais Deus comanda os hebreus a fazer guerra contra as "Nações", isto é, contra os outros povos (pagãos) podem ser resumidos em três pontos. Em primeiro lugar, a conquista da Terra Santa de Israel: "À tua descendência", havia dito Deus a Abraão, "darei este país, desde a torrente do Egito até o Grande Rio, o rio Eufrates". (Gn 15,18). Ainda hoje, como veremos no quarto capítulo, a guerra dos israelenses contra os palestinos tem suas raízes fincadas nessa promessa. Em segundo lugar, as guerras santas têm como objetivo exterminar os pagãos, com seus "ídolos" e suas "abominações", para que o próprio Israel não corra riscos de ser contaminado. E, por fim, elas se traduzem às vezes em verdadeiros sacrifícios rituais, imensos holocaustos humanos.

A necessidade terrível de eliminar qualquer um que nos seduza ou nos tente para o caminho do pecado e da infidelidade a Deus, mesmo quando se trate das pessoas mais queridas a nós, é bem ilustrada no seguinte trecho do Deuteronômio:

Se teu irmão, filho do teu pai ou filho da tua mãe, ou teu filho, ou tua filha, ou a mulher da tua afeição, ou teu amigo, que é como tua própria alma, te incitar secretamente dizendo: 'Vamos e sirvamos a outros deuses que nem tu nem teus pais conheceram, entre os deuses dos povos que vos rodeiam, quer próximos quer afastados, de uma a outra extremidade da terra, não o atendas nem o escutes; os teus olhos não terão piedade dele: não o pouparás nem o escusarás, mas fá-lo-ás morrer; tua mão será a primeira a levantar-se contra ele, para dar-lhe a morte e, a seguir, a mão de todo o povo; apedrejá-lo-ás até que morra, porque procurou impelir-te longe de Javé, teu Deus, que te tirou da terra do Egito e da casa da servidão. Todo Israel saberá disso e ficará com medo; não se recomeçará a cometer tal ação, em teu meio. (Dt 13,7-12)

Nas numerosas cenas de batalha descritas no Antigo Testamento (já a partir dos tempos de Abraão, cujas guerras foram benditas pelo sacerdote Melquisedeque)[8], o próprio Deus é apresentado como o condutor que guia o exército⁹ e que dá até indicações práticas sobre manobras militares.[10] Antecede seu povo eleito para dar vitória sobre os inimigos: "Enviarei o meu terror diante de ti: perturbarei todo o povo em cuja terra entrares" (Ex 23,27), disse Deus a Israel. E o santo Neemias exortava os hebreus: "Lembrai-vos do Senhor, o Grande, o Terrível, e combatei por vossos irmãos! [...] Por nós lutará nosso Deus" (Ne 4,8.14).

Em outras ocasiões, Deus comanda Israel a destruir cidades inteiras e matar todos os seus habitantes: são cidades que Deus quer "destinadas ao extermínio". A palavra hebraica "extermínio", *herem*, significa literalmente "sacro, tabu". Essas ações sacro-militares de aniquilamento total do inimigo tiveram como protagonistas homens insignes como Moisés e Josué. Célebre, por exemplo, é o episódio da tomada de Jericó: "Josué disse ao povo: 'Gritai, porque Javé vos entregou a cidade! E seja a cidade consagrada a Javé pelo anátema com tudo o que aí se encontrar'" (Js 6,16-17). Também Hai, Hasor e outras cidades infiéis Josué destinou à mesma sorte[11]. No Deuteronômio, ao contrário, Deus ordena que Moisés destrua todos os lugares de culto dos pagãos e que mate os idólatras, colocando depois fogo em todos os seus bens[12].

Entre as páginas mais terrificantes da Bíblia estão aquelas em que Deus comanda explicitamente o extermínio de povos inteiros:

> Nelas nada deixarás com vida do que respira. Porque votarás ao anátema esses povos: os heteus, os amorreus, os cananeus, os fereseus, os heveus e os jebuseus, como Javé, teu Deus, te ordenou, para que não vos ensinem a praticar todas as abominações que fazem para com os seus deuses, nem pequeis contra Javé, vosso Deus. (Dt 20,16-18)[13]

O caráter sacro dessas guerras, já evidente pelo próprio fato de serem comandadas por Deus, é frisado de várias formas: Moisés *reza* pelo sucesso da guerra[14]; antes de iniciar uma batalha, um *sacerdote* fala ao povo, para exortá-lo a combater[15]; insiste-se no fato de que Moisés e Josué agiam em conformidade ao desejo do Senhor[16]; o massacre dos infiéis realizado pelos hebreus na Pérsia nos tempos de Ester é "santificado" e comemorado com uma festa religiosa solene (chamada Purim, ainda hoje celebrada)[17].

Afora as ações militares concretas, Deus se apresenta no Antigo Testamento, além de como pai, mãe ou marido, principalmente como guerreiro: "Javé é como um guerreiro; seu Nome é Aquele-Que-É" (Ex 15,3)[18]. Diz o salmo 143: "Seja o Senhor bendito: é o meu rochedo; adestra as minhas mãos para o combate e prepara os meus dedos para a guerra!".

O Senhor não apenas comanda que seu povo santo combata e mate, mas ele mesmo desce em campo contra os seus inimigos, ele mesmo empunha a espada:

Vede agora que sou Eu que Sou,
não existem outros junto a mim,
eu faço viver e faço morrer,
eu firo e eu mesmo curo,
não há quem de mim se exima.
Sim, eu levanto a minha mão aos céus e digo:
É tão verdadeiro quanto eu vivo para sempre,
quando eu afiar minha espada reluzente,
e minha mão executar o julgamento,
vingar-me-ei dos meus inimigos,
e retribuirei aos que me odeiam.
Com sangue embriagarei minhas flechas,
e minha espada devorará a carne:
sangue dos mortos e dos cativos,
e dos guerreiros inimigos.
Ó nações, aclamai a seu povo,
pois ele vinga o sangue dos seus servos,
e dirige a vingança contra os seus adversários.
E a terra e o povo serão purificados. (Dt 32,39-43)[19]

Depois de cerca de mil anos dos fatos referentes a Moisés e Josué, um novo impulso heróico para a guerra santa contra os pagãos se deu no século II a.C., por obra dos macabeus. Os quatro livros bíblicos que levam esse nome[19a] são a narração das campanhas militares lideradas por "santos" como Matatias, Judas Macabeu e outros, para restabelecer um Estado hebraico observante da lei de Deus e para expulsar com as armas da terra de Israel toda presença pagã. A semelhança entre a luta dos macabeus e o atual fenômeno da *jihad* islâmica é surpreendente, como se verá mais detalhadamente em seguida.

O uso da força armada a serviço da fé e em nome de Deus não se limita apenas à guerra. O grande profeta Elias, depois de haver obtido de Deus, no alto do monte Carmelo, a prova da verdade da religião de Israel, fez degolar 400 sacerdotes do deus Baal (1Rs 18). E os exemplos poderiam ser multiplicados em grande número.

Já o Antigo Testamento, como o Novo e toda a tradição cristã, vê nas guerras terrenas uma imagem da eterna guerra cósmica entre o Bem e o Mal. As guerras escatológicas narradas no livro de Daniel e na profecia de Ezequiel frisam, assim, que as guerras deste mundo devem ser compreendidas como etapas de uma batalha metafísica que se completará somente no fim da História. O relato de Ezequiel sobre Gog e Magog[20] é particularmente significativo porque ilustra bem aquele conceito, típico da Bíblia (e, no fundo, de qualquer religião), segundo o qual a Providência se serve das guerras, mesmo conduzidas por homens malvados (Gog), para corrigir seus fiéis e punir seus pecados, e para mostrar ao mundo inteiro o poder e a imperscrutável soberania de Deus.

O espírito do Antigo Testamento, assim como o ilustramos, parece indubitavelmente limitado em sintonia com o ensinamento de Jesus. E no entanto foi o próprio Jesus que sancionou este mesmo Antigo Testamento como palavra de Deus, e a Igreja, na esteira de Cristo, nunca cessará de recordar que a revelação de Deus à humanidade é constituída de ambos os Testamentos. Certamente, escreverá São Paulo, Cristo "em sua carne aboliu a Lei com seus mandamentos e proibições" (Ef 2,14-15), assegurando assim que agora basta a graça para nos salvar e não é mais necessária a observância das leis contidas no Antigo Testamento. Isso, porém, não significa absolutamente, como os Pais da Igreja explicarão com rigor, que os fatos ali narrados não devam mais ser considerados como obras santas de Deus. Além disso, o atual *Catecismo da Igreja católica* também recorda que "os patriarcas e os profetas e outras figuras do Antigo Testamento foram e sempre serão venerados como santos em todas as tradições litúrgicas da Igreja".[20a]

O Novo Testamento

A linguagem guerreira do Antigo Testamento é retomada no Novo, mas transfigurada para significar a luta interior do homem. A terminologia militar se encontra principalmente em São Paulo: "Participa nos meus sofrimentos", escrevia a Timóteo, "como bom soldado de Cristo Jesus" (2Tm 2,3); "Sejamos sóbrios, tomando por armadura a fé e a caridade, e por capacete a esperança da salvação" (1Ts 5,8).[21] Particularmente significativo é o trecho de Efésios 6,11-17, onde se fala de "armadura de Deus", "escudo da fé", "espada do Espírito". Sobre esse ponto retornaremos mais detalhadamente no terceiro capítulo.

Ao conceito de guerra presente em São Paulo soma-se a guerra escatológica descrita no Apocalipse, isto é, a luta final entre o Bem e o Mal. Em ambos os casos trata-se de guerra em sentido metafórico e não real. O juízo sobre a guerra real presente no Novo Testamento, no entanto, é essencialmente negativo. Escreve São Tiago:

> Donde vêm as guerras? Donde vêm os conflitos entre vós? Não é precisamente de vossas paixões que lutam em vossos membros? Cobiçais sem nada conseguirdes. Sois assassinos e alimentais invejas, sem nada alcançardes. Combateis e fazeis guerras. (Tg 4,1-2)

O Novo Testamento ressalta a importância da ética da caridade e do perdão, seguindo o exemplo de Cristo. Assim, quando Santo Estéfano protomártir é lapidado, "ele se ajoelhou e lançou um grito bem forte: 'Senhor, não os responsabilizes por este pecado!'" (At 7,60). E São Paulo recomenda:

> Não façais justiça por própria conta, caríssimos, mas deixai agir a cólera de Deus [...] Pelo contrário, se teu inimigo tiver fome, dá-lhe de comer; se tiver sede, dá-lhe de beber [...] Não te deixes vencer pelo mal, mas vence o mal pelo bem. (Rm 12,19-21)

O próprio Paulo, porém, poucos versículos abaixo do trecho citado acima, convida os cristãos a ser submissos a toda autoridade humana e explica: "Porque não é à toa que ela traz a espada; ela está a serviço de Deus para castigar o malfeitor" (Rm 13,4). Este é talvez o único trecho explícito do Novo Testamento que parece legitimar o uso da força armada para reprimir o mal e punir os malvados, apesar de que a partir de uma correta exegese resulta claramente que aí o apóstolo não tem a intenção de permitir aos cristãos o uso da espada, mas, ao contrário, exorta-os a obedecer a autoridade imperial pagã, da qual Deus se serve "para castigar o malfeitor".

OS PRIMEIROS TRÊS SÉCULOS DO CRISTIANISMO

A religião cristã, até o início do século IV, se encontrava em uma condição de minoria dentro do império romano e era com freqüência perseguida violentamente. A Igreja, edificada e representada naquele tempo principalmente por seus grandes apologistas, como Tertuliano, Atanásio e Orígines, se preocupava em demonstrar à sociedade civil a própria fidelidade à instituição imperial, contanto que isso não significasse uma adesão ao paganismo de Estado. E é exatamente esse ponto que explica a atitude dos primeiros Pais em relação à atividade militar. Muitos deles (como Latâncio, Cipriano, o Tertuliano de *De corona* e de *De idolatria*) adotaram posições claramente antimilitaristas, mas não por uma condenação da guerra em si, mas porque ser soldado naqueles séculos no exército romano significava dever prestar juramento à autoridade pagã e cultuar a divindade do imperador, coisas que um cristão não podia fazer sem trair a própria fé. Isso não quer dizer que as idéias pacifistas de um Latâncio, por exemplo, não pudessem ser genuinamente tais, para além de qualquer consideração sobre a idolatria em que incorreria um cristão que entrasse no exército romano imperial. Escreve Latâncio:

A religião não é para ser defendida matando, mas morrendo, não com a agressividade, mas com a paciência [...]. Se quiser de verdade defender a religião por meio do sangue, dos tormentos e do mal, não a defende, mas a corrompe e a viola.²²

Na *Lettera a Diogneto* é lembrado que Cristo veio "para salvar com a persuasão, não para praticar a violência, porque a violência (*bia*) não condiz com Deus".²²ᵃ Tertuliano disse que aos cristãos "Deus proibiu de portar a espada"²²ᵇ, e do centurião San Marino narra Eusébio que deveria "escolher entre a espada e o Evangelho".²²ᶜ Clemente de Alexandria não se cansa de repetir que os cristãos são "homens de paz (*eirenikoi anthropoi*)", "soldados de paz", "exército incruento".²²ᵈ Orígines recorda que qualquer recurso à violência é injusto, mesmo quando se trata de legítima defesa.²²ᵉ

A tendência ao pacifismo do cristianismo dos primeiros séculos também se deve ao espírito ascético de renúncia a qualquer realidade mundana, espírito particularmente vivo nos ambientes monásticos e favorecido pela falta de qualquer engajamento político da Igreja até Constantino. Os primeiros cristãos se sentiam *xenoi*, isto é, estrangeiros na terra, estranhos às coisas do mundo, como diz ainda a *Lettera a Diogneto*²²ᶠ, os cristãos são *paroikoi*, ou seja, forasteiros, peregrinos, "à margem" em relação aos acontecimentos terrenos. Completamente voltados para o Céu, eles obedecem às leis civis e "suportam qualquer coisa como estranhos", mas não têm nenhum interesse em inserir-se na política e nas lutas sociais. Sua atitude, portanto, não é de condenação ao mundo, às instituições sociais, à política civil e militar, mas a seqüela de uma vocação *diversa*: a vocação espiritual, "sacerdotal". Aos sacerdotes e aos monges, modelos para todos os cristãos, os antigos concílios proibiam de assumir cargos civis ou militares²²ᵍ. Enquanto "sacerdotes da humanidade", portanto, os cristãos deviam permanecer puros da contaminação dos interesses mundanos, mesmo reconhecendo a necessidade (para a existência terrena e civil) das instituições políticas, das leis, das sanções e das próprias guerras.

Interessante a esse propósito é a posição de Orígines²³, segundo a qual a guerra em si pode ser justa e aceitável, mas os cristãos não podem participar dela a não ser com suas rezas. Se, portanto, por um lado Orígines proíbe os cristãos de usar as armas, por outro considera que a própria Igreja possa abençoar ações de guerra, quase sacralizando-as com suas orações e sua intercessão.

Na verdade, desde a época de Constantino o cristianismo, a partir do exemplo do Novo Testamento, recorre abundantemente à linguagem guerreira, mas quase sempre em sentido metafórico, referindo-se à luta interior do homem (a guerra incansável contra os demônios e os vícios, continuamente evocada principalmente nos escritos monásticos), ou à luta cósmica entre o Bem e o Mal (Cristo triunfante sobre as trevas e sobre Satanás).

Com base no que foi dito até agora resulta claramente que o cristianismo dos primeiros séculos foi sem dúvida "pacifista" e se afastou nítida e visivelmente do zelo guerreiro dos hebreus da Bíblia. Diante de tal constatação tende-se geralmente a reconhecer, como diferenciação característica do cristianismo em relação ao judaísmo, exatamente essa sua brandura, indulgência, não-violência, em contraposição ao zelo, ao "fanatismo" e à violência dos macabeus ou dos zelotes. Na verdade, parece, porém, que as coisas não são exatamente assim. Os grandes apologistas da não-violência cristã, como Tertuliano, São Cipriano e Clemente de Alexandria, eram movidos por um zelo religioso – como se deduz de seus próprios escritos –, por uma severidade ascética e por uma intransigência que nada perde para aquela dos macabeus. Esses apologistas, por assim dizer, estariam mais que prontos a combater pela sua fé (como de fato estiveram prontos a morrer martirizados) e a eles não faltava o zelo dos macabeus, mas simplesmente, por uma consciente e explícita escolha de fé, haviam optado por não "responder ao mal com o mal" e por "deixar-se matar em vez de matar".[23a] A não-violência, na verdade, constituía, nos primeiros cristãos, uma forma não de indulgência ou de "fraqueza", mas de intransigência, pela qual os pacifistas mais convictos eram também os mais severos na moral e na doutrina, como Cipriano e Hipólito. Quem, ao contrário, aceitava eventualmente ou aprovava o uso das armas, mostrava ser um fraco, rebaixado a compromissos com a mentalidade deste mundo e com a lógica malvada do império romano pagão. O cristão, em vez disso, devia se manter puro, íntegro até o martírio e não devia se deixar contaminar por este mundo e pelas dinâmicas tão "humanas" do Estado.

Para compreender a diferença substancial entre essa escolha pacifista dos primeiros cristãos e o pacifismo difuso hoje (um pacifismo que nasce com freqüência de uma fé fraca e de uma falta de zelo religioso), é útil levar aqui em consideração o próprio exemplo dos macabeus e de seus seguidores. Eles combateram duramente para defender a Lei de Deus, seu zelo os levou ao ponto de matar e de morrer para reagir ao avanço da colonização helenística "laicista" e permissiva. No entanto, entre os próprios zelotes do círculo dos macabeus, alguns, ainda mais devotos e intransigentes, decidiram *não* combater em dia de sábado, certamente não por falta de zelo ou por indulgência em relação ao paganismo, mas para manter-se tenazmente fiéis a Deus não transgredindo nem mesmo o repouso do sábado. Devido a essa sua extrema intransigência, julgada excessiva até mesmo pelos macabeus, eles proclamaram: "Morramos todos em nossa inocência" (1Mc 2,37), e foram massacrados pelos pagãos e "morreram eles, suas esposas, seus filhos e seus rebanhos. Eram cerca de mil pessoas". E ao assalto dos inimigos "eles não lhes responderam, não lhes atiraram uma só pedra e não obstruíram a entrada dos esconderijos".

A atitude dos primeiros cristãos, portanto, pode ser comparada não tanto com o pacifismo de hoje, mas com a heróica escolha dos extremistas zelotes, nos quais a disposição ao martírio expressa o mesmo zelo ardente por Deus dos combatentes da guerra santa. Os mártires cristãos eram conhecidos não pela sua "elasticidade" e pacífica relaxação, mas, como testemunha Plínio o Jovem, por sua "teimosia e inflexível obstinação"[23b], pronta para tudo, inclusive para o martírio, para não transgredir a Lei de Deus, a qual, além disso, proibia-os de derramar sangue. Como um integralista judeu teria preferido ser morto a comer carne de porco (ver 2Mc 7,1-6), da mesma forma um integralista cristão estava pronto a morrer no lugar de louvar um ídolo, violar a castidade e o pudor ou mesmo manchar as mãos de sangue.

Constantino e o nascimento do Império cristão

Em 313 o imperador Constantino, com o chamado Édito de Milão, declarou lícita a religião cristã. Terminava assim, depois de mais de duzentos anos, a penosa trajetória das perseguições e martírios. Nos tempos de Constantino os cristãos já eram numerosos em todas as classes sociais e a decisão do imperador alterou, portanto, radicalmente a fisionomia do Estado romano: todos aqueles que até então tinham sido secretamente cristãos, quer fossem funcionários imperiais ou oficiais do exército, podiam agora abertamente professar sua fé. A nova religião entrava assim na estrutura política do Estado.

Em 314 Constantino adotou como *vexillum* de seu exército o sinal da cruz (ou talvez o monograma de Cristo): foi uma escolha que teve conseqüências enormes. Entrar no exército significava não mais render culto a divindades pagãs e a um imperador perseguidor, mas colocar-se a serviço de uma autoridade cristã, com a adesão à cruz de Cristo. Pela primeira vez a cruz foi içada como símbolo oficial da bênção celeste sobre as tropas imperiais e, sempre por decreto de Constantino, nos acampamentos das legiões foi imposta a presença de uma tenda para a celebração do culto divino. O exército torna-se assim "ministro da vontade de Deus", com o qual o próprio Deus combate, como diz Eusébio de Cesarea[23c], o biógrafo oficial de Constantino.

É natural, portanto, que a atitude da Igreja em relação à guerra e ao exército também mudasse sensivelmente. Santo Atanásio escreveu:

Não é permitido matar, mas destruir os inimigos em guerra é legítimo e digno de elogio, de forma que o mesmo ato é proibido se for considerado de certo ponto de vista e praticado em lugar errado, enquanto é normal e permitido quando considerado por um outro lado e praticado em seu devido tempo.[24]

Antes de Constantino, ser militar no exército significava ter de se curvar à idolatria, por isso se procuraram todas as motivações teológicas para demonstrar que a guerra era contrária ao espírito cristão. Depois de Constantino, ao contrário, se procuraram todas as provas, racionais e teológicas, para mostrar a licitude da ação militar no plano de Deus. E as provas, principalmente quando se tratava de reinterpretar o Antigo Testamento, certamente não faltavam. Firmico Materno, por exemplo, escrevia:

> Vocês também, veneradíssimos imperadores, devem por necessidade, por ordem do Sumo Deus, reprimir e punir a idolatria e perseguir severamente os crimes. Escutem com atenção aquilo que Deus ordena a esse propósito [...]. Ordena não perdoar nem filho nem irmão e exorta a traspassar com a espada vingadora os membros de sua cara Esposa. Persigam também o amigo com sublime severidade, estimulem o povo a despedaçar os corpos dos ímpios e determinem a destruição de cidades inteiras, quando surpreendidas na superstição.[25]

A posição de Firmico Materno é muito violenta; os outros Pais tinham uma atitude muito mais equilibrada. Mas a perspectiva já é clara: o uso da força é lícito e necessário, se tem como fim o bem, a justiça e o serviço de Deus. "É preferível uma guerra elogiável a uma paz que separa de Deus", dirá São Gregório de Nazianzo.[25a] Muitos Pais continuarão a pensar que a guerra, mesmo sendo justa, não diz respeito aos cristãos, os quais devem se manter "limpos do sangue". E se antes se concedia que pelo menos os pagãos, para o bem da coisa pública, pudessem combater, agora que o Estado se tornou cristão a abstenção da política e da milícia fica prescrita somente para os sacerdotes e os monges; aos laicos, ao contrário, e especialmente às autoridades, é concedido "combater segundo a justiça"[25b], porque, como diz São Basílio, "os governantes devem ser víndices dos preceitos de Deus".[25c]

Os imperadores cristãos não transcuraram esse seu dever. Ao contrário, realizaram-no com extremo rigor. Os filhos de Constantino o Grande, Constanzo II e Constante prescreveram a pena de morte para quem fosse surpreendido praticando a religião pagã.[25d] Em 28 de fevereiro de 380 Teodósio I, com o Édito de Tessalônica, tornou obrigatória para todos os cidadãos do império "a religião transmitida pelo divino apóstolo Pedro aos romanos".[25e] Em 10 de julho de 399 o imperador Arcádio deu ordem de demolir os templos pagãos[25f] e em 448 Teodósio II e Valentiniano III mandaram queimar os escritos dos filósofos pagãos. Essas práticas foram retomadas depois, no século VI, por Justiniano, o qual, em seu célebre *Codex* legislativo, confirmou a pena de morte para quem rendesse culto aos deuses e impôs penas muito severas a quem se recusasse a ser batizado.[25g]

O clero foi geralmente consenciente, pelo menos quanto aos princípios, com a política intolerante dos imperadores.[25h] E, por mais que nos possa parecer paradoxal, o mais aguerrido foi principalmente o ambiente monástico. Um fervoroso zelo religioso levava inumeráveis monges a devastar os vestígios do paganismo: "Portando bastões, pedras e armaduras de ferro destroem os templos"[25i], descreve amargurado o reitor pagão Libânio, "lançam por terra os muros, tombam as estátuas e derrubam os altares"[25j]. O venerando Pai do deserto egípcio Scenute, abade do monastério Bianco de Atripe, considera justo colocar fogo no santuário de Kronos em Salinum em 430 e São Martino de Tours é elogiado pelo seu biógrafo por haver sistematicamente destruído os templos pagãos na França.[25k] Também São João Crisóstomo "escolheu alguns ascetas plenos de zelo ardente e os enviou para destruir os templos" na Fenícia.[25l]

Santo Ambrósio e São Jerônimo

Os grandes Pais da Igreja latina elaboraram uma precisa teologia da guerra, que servirá de fundamento espiritual e moral para os sucessivos mil e quinhentos anos de história do Ocidente cristão. Já Santo Ambrósio, impregnado de sentimento cívico romano, explica que a guerra, se voltada para o bem comum e a defesa da pátria, é obra justa e meritória. No *De fide* interpreta como guerra santa entre o Bem e o Mal a guerra entre o imperador cristão Graziano e os godos heréticos.

São Jerônimo, que traduziu grande parte das Sagradas Escrituras do hebraico e do grego para o latim e era compreensivelmente investido de espiritualidade e sensibilidade bíblica, também repete o adágio segundo o qual "não é cruel quem degola os cruéis".[26] Em seu comentário para o livro do profeta Naum, sustenta, além disso, que os males infligidos ao homem nesta vida o poupam de males bem maiores na vida futura:

> Se [Deus] parece cruel, rigoroso e sangrento pelo fato de haver aniquilado o gênero humano com o Dilúvio e haver feito chover fogo e enxofre sobre Sodoma e Gomorra [...], saibam que Ele inflige castigos na vida presente com o objetivo de não dever punir na vida eterna. [... Igualmente] é desejável para os adúlteros que eles venham a sofrer com breve e rápida pena no presente, com o fim de poupá-los da pena eterna.[27]

Santo Agostinho e São Gregório Magno

Aquele que pode ser considerado o primeiro grande teólogo cristão da guerra foi sem dúvida Santo Agostinho, "discípulo" de Ambrósio e pilar doutrinal da Igreja até hoje. O grande mérito de Agostinho foi ter dado um senso teológico à guerra sem, no entanto, contradizer ou transcurar o ensinamento de Jesus sobre o amor e o perdão.

Agostinho via nas guerras humanas um agir da Providência divina: elas são um instrumento de que Deus se serve para corrigir os malvados e colocar à prova os cristãos. São desejadas por Deus para fins às vezes incompreensíveis para nós, sendo misteriosas, mas sempre providenciais.[28]

O santo, dotado de profunda sensibilidade humana e caridade cristã, chegou a aprovar a guerra até como meio de coerção contra os ímpios, mas somente após inquietas reflexões, como testemunha em uma carta:

> Inicialmente tinha a opinião de que ninguém deveria ser conduzido pela força à unidade de Cristo, e que se devesse agir somente com a palavra, combater com a discussão, convencer com a razão [...]. Esta minha opinião teve, porém, de ceder.[29]

E em uma outra carta chega a conclusões claras:

> Então, de que modo os soberanos podem servir a Deus com temor senão ao proibir e punir com religiosa severidade os crimes cometidos contra os seus mandamentos? Na verdade um rei serve a Deus de duas formas diversas: enquanto homem o serve vivendo fielmente; enquanto rei, ao contrário, o serve promulgando e fazendo observar com oportuno rigor leis que prescrevem aquilo que é justo e proibindo o contrário [...]. Quem poderia duvidar que é certamente melhor conduzir os homens ao amor de Deus com a instrução e a persuasão, ao invés de obrigá-los com o temor e com a dor do castigo? Mas o fato de que os primeiros meios sejam melhores não significa que os segundos devam ser transcurados; na verdade é útil para muitos primeiramente ser estremecidos com o temor e com a dor para depois ter a disposição de ser instruídos [...]. Por qual razão, portanto, a Igreja não deveria usar a força para reconduzir ao próprio seio os filhos que ela perdeu, a partir do momento em que esses filhos perdidos usarão eles mesmos a força para mandar outros em perdição?[30]

O conceito é claro: "A Igreja não apenas convide, mas também obrigue ao bem".[31]

O que levou Agostinho a adotar tais posições? Uma explicação completa e exaustiva não é possível aqui. Mas basta dizer que o santo bispo de Ippona, homem profundamente cristão, literalmente embebido das palavras do Evangelho de Jesus, considerava o recurso à coerção não apenas lícito mas até mesmo obrigatório, segundo um raciocínio filosófico que permanecerá um axioma em toda a história do cristianismo, repetido infinitas vezes no correr dos séculos. A idéia em síntese é a seguinte: todo homem é livre para escolher o bem ou o mal, de abraçar a fé ou de recusá-la. No entanto, acontece com freqüência que as pessoas, que no fundo de si mesmas acolheriam livremente a fé, não o fazem porque sua liberdade de escolha é impedida por forças exteriores: por exemplo, por um sistema político injusto ou pelo condicionamento opressor de ideologias que, apesar de não se imporem com a força física, impõem-se "psicologicamente". A Igreja quer então *libertar* o homem desse estado de escravidão, para permitir que ele escolha livremente o bem. Existe, portanto, uma paz humana que é em realidade uma prisão, uma paz ilusória, e o cristão tem o dever de romper com essa falsa paz (*pax iniusta*), de fazer guerra contra os "tiranos" (sejam políticos ou ideológicos), os quais mantêm o homem em um estado de não-liberdade – onde por liberdade não se considera aquela aparente, jurídica, mas aquela substancial, psicológica; e onde paz, paz verdadeira, "não significa alguma combinação ou acordo", como diz São Leão Magno, "mas se refere àquilo de que fala o apóstolo: 'Justificados pela fé, temos paz com Deus' (Rm 5,1) [...]. Fora desta sublime paz encontramos apenas convivências e associações para delinqüir, alianças malvadas e pactos do vício"[31a].

Lá onde existe injustiça, opressão e guerra, o cristão é chamado, se necessário também com armas, para restabelecer a justiça, a liberdade e a paz. Se se limitasse somente a pregar e a aconselhar, as injustiças e os massacres nunca acabariam. Por isso, "a guerra é feita para atingir a paz". Seja, portanto, 'edificador da paz' [*pacificus*] enquanto combate, porque vencendo aqueles contra os quais lute, possa conduzi-los à paz".[32] Os *pacíficos* de que fala o Evangelho não são, portanto, os "pacifistas", que recusam qualquer recurso à força, mas os "operadores (ativos) da paz", aqueles que fazem o que é necessário para construir ou restaurar a paz. Esses princípios foram expostos por Agostinho principalmente na célebre *Epístola CLXXXIX* a Bonifácio, escrita em 417, um verdadeiro tratado sobre o sentido da guerra, retomado depois por toda a ética da cavalaria medieval. Raimondo Lullo (morto em 1315), por exemplo, escreverá: "Assim como era no princípio, tal é também hoje o dever do cavaleiro [soldado]: pacificar os homens com a força das armas"[33]; "a Cavalaria teve início pela justiça e para defender os humildes contra os orgulhosos injustos".[34]

O papa São Damásio (século IV) sintetizou o conceito com estas palavras: "Não perseguir os malvados equivale a ajudá-los e não pode fugir da suspeita de oculta conivência quem não se opõe a um crime manifesto".[35] Quem, podendo, não impede um mal que prejudica seus irmãos, participa indiretamente daquele mal. É a própria caridade evangélica que exige que não deixemos sofrer nossos irmãos oprimidos pela injustiça e pela violência. Ver alguém bater em uma criança e não intervir (se necessário, com a força) é claramente um pecado e uma grave falta de caridade. "Se alguém transcurasse [de intervir]", diz Santo Agostinho, "não seria o caso de elogiar sua paciência e brandura, mas de culpar, com boa razão, sua negligência."[36]

O conceito é expresso de maneira particularmente eficaz em um seu sermão:

> Então, irmãos, um pai bom e justo não "persegue" seu filho, se este se dá à luxúria? Persegue não seu filho, mas sim seus vícios, não aquilo que gerou, mas aquilo a que chegou. E o médico, a quem se procura pela saúde, não se arma em muitos casos com um ferro? Mas contra a ferida, não contra o homem. Corta, mas para curar. E o doente, enquanto é operado, sofre, grita, se opõe e, se devido à febre chegar a perder a razão, talvez até agrida o médico. No entanto, este não desiste e não renuncia a curar o doente, continua a fazer aquilo que sabe e não se preocupa com seus xingamentos e insultos. E os letárgicos, não são acordados à força, para que o peso do sono não os arraste para a morte? [...] Os letárgicos são acordados, os loucos são amarrados, mas ambos são amados[37].

E em uma carta esclarece posteriormente:

> O que fará, portanto, a medicina da Igreja, que deseja apenas, com materna caridade, a salvação de todos e se cansa e pena entre loucos e letárgicos? Deve ou pode, talvez, deixá-los ou desprezá-los? Na verdade é necessário que a ambos seja incômoda, visto que de nenhum dos dois é inimiga. Em realidade nem os loucos querem ser amarrados, nem os letárgicos querem ser acordados; no entanto, ela persevera, com amor de caridade, em acorrentar o louco e em estimular o letárgico, amando ambos. Ambos são contrariados, mas ambos são amados. Os dois, enquanto estão doentes, se indignam, mas os dois, assim que saram, agradecem.[38]

O uso da força não tem apenas o objetivo de libertar e santificar o homem, mas também de corrigir quem erra. A "correção fraterna", com suas punições, inclusive corporais, foi praticada pela Igreja durante quase toda a duração de sua história, sempre no espírito já delineado pela Bíblia: "Quem ama seu filho castiga-o com freqüência" (Sr 30,1). "Bate-lhe com a vara, e o salvarás do Xeol" (Pr 23,14). Os Pais gregos, em relação aos latinos, foram mais renitentes em permitir o uso da força. São João Crisóstomo, por exemplo, desaconselha o uso das surras mesmo na educação dos filhos.[38a] Em geral, porém, a Igreja era distante daquela espécie de "idolatria" do corpo e da incolumidade física tão difundida hoje, e não teve, portanto, dificuldade em ver nas surras um remédio como outros para a saúde da alma.[38b]

São Benedito, o grande Pai do monacato, teve a esse propósito um papel decisivo ao aprovar a utilidade "medicinal" das penas físicas, especialmente das chicotadas (*verberum vindicta*), aplicadas aos monges para seu bem[38c]; aplicadas, como dizia Agostinho, "com amor corretivo, não com ódio vindicativo"[39]: "Como é pecador, corrija-o. Como é homem, tenha misericórdia dele. E certamente não poderá libertar o homem se não o perseguir como pecador".[40] E quanto à idéia de "perseguição", diz: "Aqueles que impedem o mal e o injusto são guias e conselheiros; aqueles, ao contrário, que impedem o bem e o justo são perseguidores e opressores".[41] Ou seja, como dirá o papa Pelágio I: "Só quem restringe o mal é um perseguidor; quem, ao contrário, pune um mal cometido ou impede que seja cometido, não é alguém que persegue, mas alguém que ama".[42] Santo Agostinho aprovava também a pena de morte, "que", escrevia, "não contradiz minimamente o preceito 'Não matarás'"[43], sendo aplicada para o bem da sociedade.

Então a pergunta agora é: até que ponto é verdadeiramente possível punir, cometer violência, até mesmo matar e ao mesmo tempo falar de caridade evangélica, misericórdia, amor? Responde Agostinho:

> No íntimo de nosso ânimo seja mantida a paciência e a bondade, mas exteriormente se faça aquilo que se considera mais útil e vantajoso para aqueles que temos o dever de amar [...] Os preceitos da paciência devem ser sempre observados na disposição do coração, e a benevolência, isto é, o não trocar o mal pelo mal, deve estar na base de nossa intenção. No entanto, concretamente é necessário ter muitos diversos comportamentos em relação àqueles que, apesar de não quererem, devem ser dobrados, com certa aspereza benigna, procurando atender não tanto o seu desejo como o seu bem [...]. Mesmo quando se corrige um filho, até com severidade, o amor paterno nunca é abandonado. Deve ser feito aquilo que não quer, e sofra aquele que, contra sua vontade e com dor, deve ser sanado. Por isso, se este Estado terreno quer proteger os mandamentos de Cristo, as próprias guerras sejam realizadas com espírito de bondade, para conseguir aos vencidos, com mais facilidade, uma pacífica condição de piedade e de justiça. Na verdade é para o seu bem que é vencido aquele de quem se retira a possibilidade de realizar o mal: nada é mais infeliz do que a felicidade de quem peca, da qual é nutrida uma penosa impunidade e a má vontade é reforçada, como um inimigo interior![44]

O preceito evangélico de oferecer a outra face se refere, por conseguinte, à intenção do coração[45], que mesmo quando pune deve manter o espírito de caridade: "essa caridade deve ser sempre mantida no coração, e será ela a ditar a maneira concreta de corrigir a outra pessoa".[46] A caridade cristã, de fato, "diante de alguns se inclina, diante de outros se ergue; mas de ninguém é inimiga, de todos é mãe".[47]

Essas reflexões serão depois retomadas quase literalmente por outro grande Pai da Igreja latina, além de papa, São Gregório Magno (540-604): "A verdadeira justiça", escrevia "é dotada de compaixão; a falsa justiça, ao contrário, é iracunda [...]. Os justos realizam perseguições, mas com amor, e no íntimo conservam a doçura, graças à caridade".[48] Gregório aprovou as guerras até do ponto de vista estritamente religioso; em sua carta de 591 ao patrício Genádio fala de "guerras da Igreja" e de "guerreiros do Senhor", referindo-se às elogiáveis iniciativas armadas contra os hereges.[49]

A esse respeito é necessário recordar aqui que tanto Agostinho como Gregório não formularam somente a idéia de guerra justa, mas também de guerra santa. Em seu *Contra Faustum*, o santo de Ippona refuta as asserções do herege maniqueu Fausto, que considerava que o Antigo Testamento não poderia ser palavra de Deus por causa dos massacres horrendos ali descritos e atribuídos à vontade de Deus. Agostinho responde que, ao contrário, o Antigo Testamento é realmente palavra de Deus e que as guerras de Moisés e Josué eram verdadeiramente santas; os patriarcas eram instrumento da vontade de Deus e não agiam por ódio ou por crueldade, mas para obedecer a Deus.[50] Como conseqüência, para determinar quando uma guerra é justa não basta o critério humano, pois "justo é sem dúvida aquele tipo de guerra que Deus comanda"[51], como é exatamente o caso das guerras santas da Bíblia.

Santo Agostinho frisa a ligação estreita e o paralelismo entre ação armada e a luta interior, entre a guerra e a oração: "Outros, rezando por vós", escrevia ao soldado Bonifácio, "combatem contra os adversários invisíveis e vós, combatendo por eles, estais comprometidos na guerra contra os visíveis bárbaros".[52] Essa é a teoria adotada em toda a Idade Média e que será formulada e praticada de modo exemplar por Carlos Magno.

Unanimidade ou contradição na doutrina dos Pais?

Antes de abandonar a época patrística para entrar, com Carlos Magno, em plena Idade Média, se impõe, porém, uma reflexão. De tudo aquilo que foi exposto nas páginas precedentes se perceberá que há uma contradição aparentemente incontornável entre um pacifismo radical, representado, por exemplo, por Tertuliano, entre uma categórica condenação da pena de morte, expressa por São Cipriano[52a], e, por outro lado, uma precisa justificação teológica e moral da guerra e da pena de morte, formulada por Agostinho, Ambrósio e outros. Vimos que para Orígines o cristão não deve nunca recorrer à violência; e os imperadores cristãos, ao contrário, a começar por Constantino o Grande, Teodósio, Graziano, não hesitaram em prescrever penas muito severas e em combater os inimigos em nome da religião cristã (mesmo se, claramente, fosse absolutamente equivocado acreditar que todas as escolhas dos "cristianíssimos" imperadores fossem indistintamente aprovadas pelos Pais da Igreja). De um lado, Santo Hipólito, em seu *Commento a Daniele* e no *Anticristo*, vê na entidade estatal e militar uma força demoníaca, pela qual o cristão não se deve contaminar; por outro lado, Atenágora e Melitone di Sardi se referem ao império romano como uma instituição providencial, destinada a ser o braço direito da Igreja e seu defensor e aliado. Como explicar posições tão diferentes? Certamente uma explicação vem da mudança das relações entre comunidade cristã e império romano (Hipólito escrevia em um período de duras perseguições, enquanto Atenágora e Melitone, em décadas de relativa tolerância e paz). Decisiva é a grande mudança da época de Constantino, tão decisiva que um mesmo autor, como Latâncio, que antes de Constantino havia glorificado com todas as suas forças a não-violência dos cristãos (ao mandamento de não matar, dizia, "não se abre qualquer exceção, porque matar um homem é sempre um crime, ou melhor, um sacrilégio, tendo Deus feito do homem um ser sagrado")[52b], em seus escritos posteriores a 313 adota teses bem diversas ("É bom combater pela pátria", diz em *Epitome*).[52c]

Além dessas motivações históricas e contingentes, percebemos, no entanto, que a "contradição" permanece. Autores pós-constantinianos continuam a oscilar entre posições diferentes: o próprio Agostinho, que em muitas vezes aprova a pena de morte, em certos escritos parece menos convencido[52d]; Basílio o Grande, que em várias ocasiões admite a guerra justa e a autoridade militar do Estado[52e], em outro lugar declara que "não é necessário combater contra quem comete a injustiça, nem mesmo para vingar um outro, a quem tal injustiça tenha sido feita"[52f], enquanto, por exemplo, Ambrósio sobre esse mesmo ponto parece ter uma opinião diversa.[52g]

Provavelmente a resposta ao problema é que, para os Pais, violência e não-violência não constituíam valores absolutos e, portanto, respectivamente excludentes, mas valores relativos e funcionais em relação ao que é verdadeiramente absoluto, ou seja, Deus e a verdade. Isso significa que a violência não é intrinsecamente e inevitavelmente má (senão os Pais a teriam condenado sempre e de toda forma), mas, segundo as circunstâncias e a conveniência espiritual, pode-se recorrer a ela ou não.

Carlos Magno

Escrevia esse imperador ao papa Leão III:

É nossa obrigação, segundo a ajuda da divina misericórdia, defender com as armas em qualquer lugar, externamente, a santa Igreja de Cristo contra a incursão dos pagãos e a devastação dos infiéis, e, internamente, fortificá-la com o reconhecimento da fé católica. A vós, Pai santíssimo, corresponde, ao contrário, como Moisés, alçar as mãos a Deus para ajudar nossa milícia para que, com a vossa intercessão e graças ao amparo e à concessão de Deus, o povo cristão obtenha sempre e em qualquer lugar a vitória sobre os inimigos de seu santo nome, e o nome de nosso Senhor Jesus Cristo seja glorificado no mundo inteiro.[53]

A aliança entre trono e altar é assim estabelecida. A época carolíngia assinala indubitavelmente uma reviravolta na história da Igreja Católica. A fusão entre cargos religiosos e aqueles civis e militares e, portanto, entre a figura do sacerdote e a do funcionário estatal foi um de seus aspectos mais relevantes, que será depois ainda mais acentuado na era dos otonis (século X). Carlos Magno (e seus sucessores), querendo cristianizar o máximo possível o seu reino, nomeou abades e bispos para funções administrativas do Estado. Dessa forma, se por um lado enriquecia espiritualmente a estrutura governamental e civil, por outro expunha o clero a um risco sempre maior de mundanalidade. Se se levar em conta que os altos cargos eclesiásticos eram na maioria atributo de cadetes de famílias nobres, se compreenderá facilmente que esses príncipes-bispos e príncipes-abades manifestavam-se com freqüência mais como ricos e potentes senhores, dedicados às típicas ocupações nobiliárias da caça e da guerra, do que como pastores de almas. Em 806, por exemplo, Carlos Magno escreveu uma carta ao abade Fulrado di Nieder-Alteich para exortá-lo a dirigir-se com suas tropas para a Saxônia, armado com "escudo e lança, espada e adaga, arco e aljava com flechas [...], machado, pás, bolas de ferro e os outros instrumentos necessários contra o inimigo"[54]: dirige-se a ele como a um chefe militar qualquer.

Na realidade, já nos primeiros séculos de sua história a Igreja havia peremptoriamente se pronunciado para proibir o clero de empunhar armas. Tal proibição, porém, pelos motivos que explicamos, foi pouco respeitada na Alta Idade Média, mesmo se a Igreja, apesar de fechar um olho sobre a realidade de fato, permaneceu constante em proclamar o princípio segundo o qual o sacerdote pode apenas assistir os guerreiros, rezar pela guerra e dar sua bênção, mas nunca combater pessoalmente.

Com Carlos Magno a guerra cristã começa a se enriquecer com novos significados: não mais simplesmente um instrumento de punição e correção em relação aos injustos, não mais uma simples defesa da Igreja; a guerra se torna agora também guerra missionária, tendo como objetivo a *dilatatio Christianitatis*. Esse conceito já havia sido formulado, dois séculos antes, pelo papa Gregório Magno, mas será principalmente Carlos Magno quem irá aplicá-lo plenamente. Suas campanhas, em particular aquelas contra os saxões, não podem ser definidas de outra forma senão como verdadeiras guerras santas. A conquista militar levava consigo a propagação da fé. A alternativa que Carlos Magno deixava aos pagãos, entre o batismo e a morte, não era aprovada por alguns dos grandes intelectuais e teólogos, como Alcuino de York, os quais evocavam o princípio da liberdade de fé, mas era alinhada com um espírito guerreiro e cruento difuso no cristianismo, espírito que não deixava de ser familiar também aos próprios saxônios, certamente mais sensíveis à idéia de um "Deus dos exércitos" forte e extraordinário que de um Deus de paz e "fraqueza". Depois da célebre batalha de Verden, Carlos Magno ordenou o massacre de mais de 4.500 saxões. Pode-se acreditar que esses pagãos, mesmo em sua desgraça, foram atingidos pela glória, pela majestade e pela potência desse Deus cristão, verdadeiramente digno de ser temido e adorado. A própria crueldade era, portanto, uma demonstração de força, um sinal de poder.

As guerras de Carlos Magno refletem, em seu espírito e até em sua desumanidade, as guerras santas do Antigo Testamento: o extermínio de povos inteiros para o triunfo do Deus dos exércitos. Muitos outros "missionários" (em boa parte canonizados pela Igreja romana) serviram-se de métodos semelhantes àqueles de Carlos Magno: do monge-guerreiro irlandês São Colombo ao rei da Noruega Santo Olaf e ao rei da Hungria Santo Estéfano. Para os povos pagãos nascidos na guerra, a linguagem das armas e da violência era a mais eficaz, a mais adequada para fazer compreender e acolher a nova fé cristã, que podia tanto mais "agradar" quanto mais se apresentasse como a religião de um Deus forte, viril e terrível. No fundo – por mais que nos possa parecer paradoxal – tratou-se de uma verdadeira obra de "aculturação" evangelizadora: aculturar o cristianismo em populações guerreiras.

Um testemunho singular dessa sensibilidade tipicamente nórdica nos é dada pela própria literatura desses povos, os quais, uma vez convertidos em cristãos, mantinham sua visão "viril" e guerreira da divindade. Por exemplo Cynewulf, escritor anglo-saxão do século VII, homem pio e devoto, apresenta, em seu poema *Cristo*, a imagem de um Jesus que, apesar de pregado na cruz, sempre permanece um jovem herói, "Deus dos exércitos" e "Senhor dos triunfos".

Para retornar a Carlos Magno, citamos aqui uma poética descrição contida na *Canção de Orlando*, sobre a guerra missionária na Espanha:

O dia acabou, descem as sombras da noite,
a lua é clara e brilham as estrelas.
O imperador conquistou Saragoza.
Ordena a milhares de francos que percorram a cidade,
as sinagogas e as mesquitas:
com a clava de ferro e o machado
despedaçam Maomé e todos os ídolos,
não permanece mais bruxaria, nem mais mentira.
Carlos acredita em Deus, quer a Ele servir;
portanto os bispos abençoam a água
e conduzem os pagãos ao batistério,
e se alguém se opõe a Carlos,
ele o enforca, queima ou mata.
Batizados foram assim mais de cem mil,
verdadeiros cristãos. Só a rainha é colocada à parte
e conduzida prisioneira na doce França:
e é por amor que o Rei a quer converter.[55]

Como a *Canção de Orlando* (século XII), também outros inumeráveis poemas épicos serão compostos durante a Idade Média para cantar o louvor a heróis militares-religiosos e a suas guerras santas: basta pensar na antiga prosa hagiográfica russa intitulada *Narração sobre a vida e sobre a coragem do grande e pio príncipe Alexandre* (século XIII), na época castelhana do *Cantar do meu Cid* (século XII) e, mais tarde, na *Jerusalém libertada*, de Torquato Tasso, verdadeiro panegírico das cruzadas.

O MAGISTÉRIO PONTIFÍCIO ANTES DAS CRUZADAS

A posição dos papas nos primeiros séculos da Idade Média foi aparentemente ambígua. Por um lado aprovavam e abençoavam (como São Gregório Magno) guerras missionárias e pediam (como Estéfano II) aos soberanos temporais para defender a Igreja com as armas; por outro lado, um papa como São Nicolau I (século IX) declarava:

> Quanto aos que se recusam a acolher o bem que é o cristianismo [...], não podemos escrever outra coisa senão que os convençam sobre seu erro não tanto com a força, mas com advertências, exortações e a razão [...]; não é absolutamente necessário que seja cometida violência contra eles para que acreditem.[56]

E mais tarde Alexandre II (século XI) reforça o conceito:

> Não se lê que Nosso Senhor Jesus Cristo tenha jamais obrigado alguém a servi-lo através da força, mas com humilde exortação, deixando a cada um a própria liberdade de escolha.[57]

Na verdade a contradição é apenas aparente: é necessário levar em conta o contexto dos trechos citados, o motivo contingente pelo qual foram escritos, a situação política e eclesiástica do momento. A doutrina, no entanto, permanece sempre a mesma: um cristão é sempre chamado a cultivar sentimentos de amor e perdão mas, ao mesmo tempo, se possui um papel de autoridade, tem o dever de guiar e corrigir os próprios irmãos e de defendê-los de quem os prejudica, recorrendo até à força se necessário, mantendo, porém, sempre no coração a justa intenção e a caridade. Igualmente, a fé é uma escolha livre de cada homem e não pode ser imposta; o cristão tem, porém, a obrigação de tornar fácil essa escolha para os outros, fazendo com que as circunstâncias exteriores sejam as mais favoráveis possíveis para o acolhimento da fé (por exemplo, através da eliminação das seduções dos cultos pagãos). Além disso, segundo o princípio já proferido por Santo Agostinho, "não é necessário ser nem muito inativos em nome da paciência, nem muito cruéis com o pretexto do zelo da caridade"[58]; e, como dirá Graziano no *Decretum*: "Alguns males devem ser castigados, outros, tolerados".[59]

Um outro aspecto da questão concernente à atitude da Igreja diante da guerra é que esta sempre foi englobada no tecido da religião. O mundo militar se torna – por assim dizer – um campo de evangelização: a Igreja, assim, ao invés de abandonar fora do rebanho de Cristo os soldados, com toda sua violência, rudeza e humanidade, se propõe a cristianizar e moralizar o quanto possível aquela realidade. Dessa forma, principalmente com a instituição da cavalaria cristã, a Igreja, abraçando o mundo da guerra, tentou torná-lo menos cruel e contê-lo dentro de limites de moralidade e de justiça. A partir do momento em que a guerra de qualquer forma existia, era preferível que fosse colocada nas mãos dos sacerdotes, em vez de ser deixada sob o poder de uma ferocidade descontrolada.

O espírito guerreiro e da cavalaria, além disso, foi, durante séculos, "a alma viril" da religião. Considerando que o instinto e – podemos dizer – o prazer da guerra representam algo profunda e visceralmente radicado na natureza masculina, a Igreja, sobretudo a partir da Idade Média, acolheu no próprio seio e legitimou a vocação militar. Assim, exatamente como uma religião que exigisse a renúncia completa dos instintos primordiais, como a procriação, se tornaria impraticável e insuportável para a humanidade (e na realidade todas as religiões, através do matrimônio, abraçam tais instintos, santificando-os, moralizando-os e embelezando-os), da mesma forma a Igreja considerou que, se tivesse fechado totalmente as portas à guerra, teria agido contra a natureza, isto é, contra o inato chamado viril para o mundo da guerra, e dessa forma o homem se tornaria profundamente frustrado e diminuído.

As cruzadas

O fenômeno das cruzadas é visto hoje como um verdadeiro escândalo da Igreja, algo de que os cristãos deveriam se envergonhar e se arrepender. Na verdade a justificação e a sacralização da guerra acompanhou o cristianismo durante quase todo o curso de sua história. Por essa razão não podemos julgar as cruzadas como uma "mancha" na história da Igreja, como um deplorável fenômeno limitado a alguns séculos da Idade Média. A guerra santa é um fator recorrente durante toda a história cristã; não pode ser colocada à parte e considerada como uma espécie de "exceção", quase como um "erro". A isso se acrescenta também o fato de que as cruzadas gozaram do mais sincero e pleno apoio de inumeráveis pontífices romanos, além de santos e doutores da Igreja. Elas constituem, portanto, uma parte integrante, estrutural e que não pode ser suprimida da própria essência do cristianismo católico.

Os pressupostos teóricos que levaram às cruzadas já foram expostos neste capítulo. Foi, porém, principalmente no século XI que a idéia da morte dos infiéis como algo justo se difundiu e foi sustentada mais energicamente. Já São Pedro Damião exortava:

> Se então tu és ministro de Deus, por que não defendes a Igreja de Deus? Se estás armado, por que não combates? [...]. Na verdade carregas a espada sem razão se não traspasses com ela as gargantas daqueles que se opõem a Deus![60]

E o teólogo Manegoldo de Lautenbach, fervente apoiador de São Gregório VII, escrevia:

> É sabido que aqueles que matam ou de qualquer forma esmagam, para defender a Igreja, os pagãos que a devastam, não se mancham com nenhuma culpa; ao contrário, merecem ser honrados com todo louvor e com respeitosa veneração.[61]

Manegoldo prossegue dizendo que igualmente louvável é a morte dos hereges; essa tese foi defendida também pelo papa Urbano II:

> Quanto aos que matam os excomungados [...], nós não os consideramos homicidas, pelo fato de que, ardendo de zelo pela Madre Igreja Católica contra os excomungados, tenha sucedido de terem matado alguns.[62]

Foi o próprio Urbano II o primeiro grande arauto das cruzadas. Os muçulmanos turcos ameaçavam o império cristão de Constantinopla. O imperador Aleixo se voltou então ao Ocidente para pedir ajuda e Urbano II atendeu seu pedido: convocou as forças da cristandade, convidando-as a socorrer com as armas os irmãos gregos e a seguir para a terra de Israel para proteger os peregrinos cristãos de ataques de muçulmanos. No ano de 1096, presidindo o Concílio de Clermont, proclamou a primeira cruzada: "Irmãos, exército cristão, exército invencível, que tem por chefe Jesus Cristo [...], combatam pela sua Jerusalém, batalhem e vençam os turcos!".[63]

Este não é o lugar mais adequado para narrar os acontecimentos das cruzadas e nos limitaremos a frisar o caráter rigorosamente religioso dessas campanhas militares. Seu objetivo era uma ação de *caridade* em relação aos peregrinos cristãos na Terra Santa e aos irmãos gregos; se propunham também à reconquista dos *lugares santos* da vida de Jesus, para protegê-los da profanação dos muçulmanos; a quem partia para a cruzada era concedida a *indulgência* dos pecados; a cruzada era dirigida diretamente pela *autoridade religiosa*, isto é, pelo papa e pelos núncios pontifícios enviados para guiar espiritualmente e a acompanhar os exércitos.

Urbano II foi beatificado pela Igreja romana, assim como Eugênio III e Gregório X, promotores entusiastas das cruzadas sucessivas. Gregório X havia sido ele mesmo um cruzado e havia combatido em Acri antes de ser eleito pontífice. Tudo isso revela como essas guerras santas tenham tido nos papas seus protagonistas e na fé sua alma. Escrevia um cronista contemporâneo:

> Deus instituiu em nossos dias as guerras santas [*proelia sancta*] para que os cavaleiros e a multidão que segue seu exemplo, até agora dedicados a massacrar-se entre eles como os antigos pagãos, encontrassem uma nova maneira de obter a salvação. Eles não têm mais necessidade de abandonar o mundo para abraçar a vida monástica ou uma profissão religiosa, como acontecia anteriormente: agora é oferecida a eles, na própria carreira das armas, a graça de Deus.[64]

São Bernardo e as ordens de cavalaria

Entre os mais ardentes inspiradores e apoiadores das cruzadas está o nome de Bernardo de Claraval (1090-1153), monge cisterciense, santo e doutor da Igreja. Grande místico e teólogo (seus escritos são ainda hoje fonte inesgotável de espiritualidade para monges e laicos), São Bernardo se dedicou, além da "purificação" e santificação do monasticismo, também à reforma da Igreja, em uma perspectiva radicalmente teocrática. Sua influência foi decisiva e um de seus mais fiéis seguidores se tornou papa: o beato Eugênio III. Bernardo reformulou plenamente a antiga doutrina chamada das duas espadas, segundo a qual à Igreja pertencem tanto o poder espiritual como o temporal e não pode existir separação entre religião e política.[65] É a tese que será depois solenemente proclamada por Bonifácio VIII na bula *Unam Sanctam*, de 1302.

A participação do santo abade de Clairvaux nas cruzadas foi entusiasta; sendo religioso, não podia combater na frente de batalha, mas empregou toda sua energia a predicar a guerra santa e a escrever inumeráveis cartas e tratados para exortar a todos para que participassem dos combates. "Como não posso vibrar a lança", escrevia, "pelo menos que eu empunhe a pena!".[66] Em particular o seu *Liber ad milites Templi* é um verdadeiro tratado sobre a guerra santa, que ele justifica e recomenda com todos os argumentos. "Esta", escrevia referindo-se à cruzada, "é uma campanha que não vem do homem, mas vem do Céu e procede do próprio coração do amor de Deus[67]." Em uma carta[68] explica que a cruzada é uma "ocasião de salvação" oferecida pela misericórdia de Deus às pessoas mais distantes dele, aos violentos, aos pecadores, "aos homicidas, aos ladrões, aos adúlteros, aos perjuros", que dificilmente teriam encontrado o Senhor, o qual, assim, vem ao seu encontro em sua própria violência.

O *Liber ad milites Templi* foi escrito como "manual espiritual" para a ordem dos Templários, fundada poucos anos antes, por volta de 1119. Os templários foram os primeiros de uma série de ordens religiosas e militares que constituem um dos fenômenos mais peculiares na história das religiões e do cristianismo em particular. É na religião de Jesus, mais que em qualquer outra, que foram idealizadas ordens ao mesmo tempo monásticas e militares.

Os templários, tão caros a São Bernardo, surgiram desde o início como ordem militar, tendo por objetivo a guerra contra os infiéis, apesar de seu modo de vida ser estritamente monástico. Outras ordens, ao contrário, como os Teutônicos e os Hospitaleiros de São João (chamados depois de Cavaleiros de Malta), surgidos também no século XII, foram fundadas, no princípio, para socorrer os doentes e os feridos entre os peregrinos cristãos na Terra Santa; em pouco tempo, porém, essas ordens também adotaram o uso das armas para defender os próprios peregrinos dos muçulmanos e repelir esses últimos.

Também na Espanha, considerada pelos papas, assim como a Palestina, território de cruzada contra os árabes que a haviam ocupado cerca de 400 anos antes, surgiram ordens de cavalaria, como aquela de Calatrava, fundada por dois monges cistercienses: seus membros eram monges e vestiam o hábito cisterciense; no entanto, sobre ele usavam a armadura e a espada.

Não há dúvida sobre a plena aprovação que os pontífices deram a essas ordens monástico-militares, sempre consideradas pela Igreja Católica instituições absolutamente congeniais ao espírito cristão e ao Evangelho. Não se pode esquecer que muitos dos grandes teóricos e promotores das cruzadas, como Bernardo e Urbano III, eram ou tinham sido monges, e que para eles o Evangelho era alimento cotidiano.

Os Cavaleiros Teutônicos

A ordem dos Frades de Santa Maria dos Teutônicos (ou dos Tedescos) merece uma observação à parte. Fundada como ordem hospitaleira na Terra Santa, foi aprovada pelo papa Celestino III em 1191 e recebeu a regra monástica de Santo Agostinho. Em pouco tempo acentuou seu caráter militar, confirmado depois por Inocêncio III, que colocou os teutônicos sob a especial proteção da Madona. A ordem, originalmente semelhante a outras ordens, como a dos Templários e dos Cavaleiros de Malta, chama, porém, de modo especial nossa atenção em virtude de seus desenvolvimentos sucessivos: antes de tudo porque fez da guerra uma de suas finalidades principais e permanentes, elaborando uma verdadeira mística da morte violenta, sofrida ou infligida. Sua crueldade se tornou quase proverbial e seu ideal de vida se inspirava mais na idéia de "extermínio" segundo o Antigo Testamento do que na simples defesa dos cristãos contra a opressão dos infiéis.

"Essa ordem", recitam seus *Statuti*, "foi instituída especificamente como milícia contra os inimigos da Cruz e da Fé"[69], "para expulsar dos confins da Cristandade os espantalhos noturnos das trevas dos infiéis".[70]

Outra característica dos cavaleiros teutônicos foi seu empenho na evangelização forçada dos povos nórdicos. Já em 1147 São Bernardo exortava os saxões a combater sem piedade os pagãos do norte, "até quando, com a ajuda de Deus, não for destruída ou sua religião ou sua nação!".[71] No século XIII os teutônicos começaram uma "cruzada perpétua" contra os infiéis do Báltico, estimulados principalmente pelo papa Inocêncio III. Esse papa escreveu, em 1209, ao rei Valdemar II da Dinamarca, exortando-o a "erradicar o erro do paganismo e estender os confins da fé cristã [...]. Lute nessa batalha de armas corajosamente e fortemente, como laborioso cavaleiro de Cristo!".[72] Em 1245 Inocêncio IV concederá a indulgência plena a qualquer um que partir para combater contra os prussianos pagãos. Enquanto isso, o grande mestre dos teutônicos, Ermanno di Salza, havia tornado a Livônia um campo de treinamento militar (e religioso) para os soldados, antes de enviá-los para combater na Terra Santa. Em 1323 o papa João XXII convocará uma cruzada na Noruega, que será levada a cabo pelos cavaleiros teutônicos e pelo rei Magnus, estimulado pelas idéias de sua prima, Santa Brígida, fervente apoiadora da guerra santa contra os infiéis.

Inocêncio III e as cruzadas contra os hereges

Que Inocêncio III (1198-1216) tenha sido um dos mais zelosos promotores das cruzadas e um dos mais intransigentes apoiadores do poder temporal da Igreja é mais que sabido. Que foi também um espírito ascético e uma alma profundamente mística e poética se vê nos maravilhosos escritos que deixou, como o *De miséria humanae conditionis* e os *Sermones*. Aquilo que queremos, porém, aqui recordar é que ele foi o primeiro a convocar oficial e solenemente uma cruzada armada, não mais apenas contra os pagãos, mas contra os hereges. É conhecido o triste e sanguinolento episódio da guerra por ele convocada contra os albigenses (ou cátaros). Sua repressão, que durou vários anos, foi um massacre pavoroso, mas a santidade dessa mobilização estava fora de discussão. A quem empunhava as armas contra os albigenses era concedida a indulgência plena. Grandes santos como Domênico de Guzmán e Pietro de Castelnau tiveram nessa campanha um papel decisivo, incutindo fervor no ânimo dos combatentes e cuidando do aspecto espiritual da empresa. O inquisidor Pietro de Castelnau, conhecido depois como São Pedro Mártir, chegou a morrer devido a seu zelo contra os hereges: foi assassinado, provavelmente por um cátaro, e a Igreja, canonizando-o, proclamou-o patrono da Inquisição.

Não é o caso aqui de nos estendermos a falar da Inquisição, nascida aproximadamente ao mesmo tempo em que as cruzadas por expressa vontade dos papas. Como se viu até agora neste capítulo, o recurso por parte da Igreja ao uso da força, para corrigir e para punir, era um fato ordinário e quase "dado como certo". O uso de punições corporais e da própria pena de morte foi aprovada por diversos papas. Gregório IX introduziu nos processos da Inquisição a tortura, e Leão X chegará a declarar, na solene bula *Exsurge Domine*, de 1520, que a tese segundo a qual quem "é contra a vontade do Espírito que os hereges sejam queimados" deve ser "condenado, reprovado e rejeitado absolutamente"[73].

O direito canônico e os concílios ecumênicos

No século XII começou a se formar o grande *Corpus iuris canonici*, a coletânea do direito canônico que permanecerá em vigor até o início do século XX, depois "sintetizada" no *Codex iuris canonici*. O *Corpus* é certamente um dos textos mais respeitáveis da Igreja Católica de todos os tempos. O núcleo mais antigo, e também a parte mais importante do *Corpus*, é constituído pelo assim chamado *Decretum*, redigido por Graziano de

Bolonha. Ora, uma seção inteira do *Decretum Gratiani* (a II, 23) é dedicada à questão da violência. Bastará ler apenas os títulos dos parágrafos da *Quaestio IV* para se perceber o teor do texto (constituído em grande parte por citações de trechos dos Pais da Igreja, principalmente Santo Agostinho): "Cap. 38: Os hereges devem ser conduzidos à salvação mesmo contra sua vontade. Cap 39: Os hereges sofrem para sua vantagem aquilo que os católicos infligem a eles para sua vantagem. [...]. Cap. 42: A Igreja justamente persegue os malvados. Cap. 43: No exemplo de Cristo, os maus devem ser obrigados ao bem. Cap. 44: Não por crueldade, mas por amor, Moisés castigou o povo. Cap. 45: Não são culpados os fiéis que, cumprindo seu dever, aplicam torturas ou infligem a pena de morte. [...]. Cap. 48: Os inimigos da Fé da Igreja devem ser reprimidos também por meio da guerra". E assim por diante.

Ao lado do direito canônico e em grau semelhante, se não mesmo de superior autoridade, estão os decretos solenes dos concílios ecumênicos. Já o Concílio Lateranense III (1179) concede a indulgência a quem empunha as armas contra os hereges e os inimigos da Igreja. A guerra aí é claramente compreendida, em sentido agostiniano, como o restabelecimento da paz e da justiça e como obrigatório socorro junto aos irmãos indefesos e vítimas de rapina e massacre por parte de homens ímpios e violentos: "Ordenamos a todos os fiéis, em remissão de seus pecados, a *opor-se corajosamente a tantos massacres* e a defender o povo cristão contra aquelas pessoas".[74] A guerra é, portanto, uma ação de paz e de caridade. Será exatamente nesses termos que, muitos séculos depois, João Paulo II se pronunciará a favor da licitude da guerra, como veremos daqui a pouco.

Mais drástico e mais estritamente anti-herético é, por sua vez, o Concílio Lateranense IV (1215), presidido por Inocêncio III:

> Excomungamos e culpamos com anátema toda heresia que se ergue contra a santa, ortodoxa e católica fé, que expusemos mais acima. Condenamos todos os hereges, que se apresentem sob qualquer nome [...]. Os hereges condenados são abandonados às autoridades seculares ou a seus funcionários para serem punidos com penas adequadas [...]. Os católicos que, com a cruz, se armarão para exterminar os hereges gozam das indulgências e dos santos privilégios concedidos àqueles que partiram em socorro da Terra Santa.[75]

Exortações fervorosas à guerra santa se encontram também nos dois concílios ecumênicos de Lion (1245 e 1247).[76]

Leve-se em conta que, segundo a fé católica, os concílios ecumênicos são sujeitos a infalibilidade e em seus pronunciamentos nunca falta a assistência do Espírito Santo. É claro que essa infalibilidade não se estende a toda e qualquer decisão sobre questões contingentes e históricas, como poderia ser o caso das cruzadas. Mas o fato é que os concílios mencionados não ordenam simplesmente combater com armas, mas expõem (e aqui a assistência do Espírito Santo, segundo a fé católica, não pode faltar) uma verdadeira doutrina da guerra santa, pelo menos implicitamente.

São Luís IX

Entre aqueles que souberam amalgamar de maneira mais harmônica santidade e guerra está certamente o nome de um grande combatente canonizado pela Igreja Católica: São Luís IX, rei da França. Ele tomou a iniciativa de realizar duas cruzadas contra os muçulmanos, a primeira em 1244 e a segunda em 1266. O rei prometeu solenemente partir com a cruzada quando soube da conquista de Jerusalém por parte dos turcos e da terrível derrota sofrida pelos colonos latinos na Terra Santa. Assim, à idade de 30 anos, partiu da França, seguido por três de seus irmãos (enquanto um outro rei, Ferdinando III de Castela, conduzia a Espanha em sua cruzada contra os muçulmanos). Se Luís assumiu a liderança militar da expedição, a função de abençoar a cruzada foi delegada a Oddone de Chateauroux, cardeal bispo de Tuscolo. Não nos alongaremos aqui a narrar os acontecimentos das guerras de São Luís: bastará recordar que sua primeira cruzada terminou com a captura do próprio rei, que caiu nas mãos do sultão do Egito e foi depois solto em troca de um elevado resgate; e que sua segunda campanha, que o levou à Tunísia, foi-lhe fatal, pois uma epidemia, provavelmente de tifo, matou-o.

Para compreender a "santidade militar" de Luís IX não é suficiente constatar sua ardente devoção pela guerra santa, mas é necessário também considerar seu estilo de vida, impregnado de uma religiosidade quase monástica. Narra um seu antigo biógrafo:

> Todos os dias escutava as horas canônicas cantadas e uma missa de réquiem não cantada e, depois, quando era o caso, a missa cantada do dia ou do santo. Todos os dias, depois de comer, repousava em seu leito; depois do repouso, recitava em seu quarto, privadamente, as preces junto a um seu capelão, antes de escutar as orações vespertinas; de noite, escutava as completas.[77]

> Na sexta-feira fazia jejum, na quarta-feira se abstinha de carne e de gorduras [...]. Jejuava a pão e água nos dias de vigília das quatro grandes festas da Virgem.[78]

Tudo o que seus biógrafos nos contam sobre ele contribui para reforçar a imagem de um homem profundamente espiritual, amante da pobreza e da simplicidade em seu modo de viver, zeloso pela justiça e pela paz. São

Luís viveu portanto a experiência da cruzada nessa perspectiva grandiosamente mística. Para ele a guerra santa foi uma obra moralmente justa e honesta, mas foi também, principalmente, um modo de identificar-se misticamente com Jesus Cristo, através do caminho do sofrimento, da prisão e, enfim, da morte. Escreve Jacques Le Goff:

> A devoção ao Cristo crucificado e à Cruz induziu São Luís a percorrer ele mesmo a via do sacrifício: penitente daquela penitência superior a qualquer outra que é a cruzada, atormentado pela doença, pela derrota, pela prisão, ele seguiu – com a sua segunda cruzada – até o martírio. Rei que se auto-sacrificou (um dos aspectos da regalia sacra em muitas sociedades), rei-hóstia, ele obteve, ao fim de uma longa agonia, a graça de morrer segundo a imagem de Jesus.[79]

São Francisco de Assis

O espírito pacífico e brando de São Francisco de Assis parece em contraste radical com as idéias sobre batalhas e guerras por nós até aqui expostas. O contraste é, porém, mais aparente que real: como já dissemos, nenhum dos teóricos da cruzada negava os valores evangélicos da caridade, benignidade e humildade; o ensinamento de São Bernardo, sobre esse ponto, concorda plenamente com o de São Francisco. A diferença é que este último deixou o cuidado com as questões políticas e guerreiras a outros. Francisco nunca condenou a idéia da cruzada ou a perseguição dos hereges; ele mesmo, aliás, participou como orador sacro ao lado dos cruzados no Egito. Sempre recomendou, além disso, uma suprema veneração aos pontífices romanos, exatamente aqueles que, a seu tempo, tinham entre seus principais objetivos a guerra aos infiéis. Honório III, a quem Francisco pediu que aprovasse a própria Regra (e foi atendido em 1223), poucos anos antes havia lançado a quinta cruzada.

Digamos que São Francisco não se pronunciou a respeito da guerra aos infiéis. Ele sempre foi extremamente fiel à Igreja e aos papas e recomendou essa fidelidade incondicional aos seus frades. Se lêssemos hoje, de Inocêncio III e São Bernardo, apenas os escritos místicos e de devoção, encontraríamos uma surpreendente afinidade com o santo de Assis. Que eles fossem ao mesmo tempo apoiadores da guerra santa não era algo absolutamente percebido como uma contradição. Combater em obediência a Deus e à Igreja não significava minimamente o abandono das virtudes da humildade e do amor, como vimos ao falar de Santo Agostinho. E isso era claro para São Francisco, o qual sempre pregou as mais doces virtudes evangélicas, mas não disse jamais uma palavra contra as cruzadas, a não ser para condenar os abusos, as degenerações e as "deformidades" (coisas que os próprios papas condenavam).

A ordem franciscana, junto à dominicana, teve um papel decisivo na louvação das cruzadas. Na Baixa Idade Média foram principalmente franciscanos e dominicanos os escolhidos pelos papas como arautos e acompanhantes espirituais das cruzadas. Um dos grandes heróis da guerra contra os turcos no século XV, São João de Capistrano, era um franciscano: "sacerdote franciscano, soldado e capitão", como o definiu em 1456 o papa Calixto III.[80] Em 1984 João Paulo II o apontou como "exemplo de santidade ao povo de Deus" e o proclamou "Celeste Patrono Universal dos capelães militares".[81]

São Tomás de Aquino

São Tomás, com a sua admirável síntese de toda a doutrina católica, permanece até hoje como um dos pontos de referência mais importantes e mais respeitáveis para quem queira saber "o que diz a Igreja Católica". Desde o século XII os papas nunca deixaram de louvar esse *Doctor Angelicus*, que deu sistematização definitiva ao credo da Igreja.

No que se refere ao nosso tema, o Aquinate se encontra em perfeita sintonia com o ensinamento tradicional cristão e recupera principalmente Santo Agostinho. Aprova a pena de morte para os criminosos: "Se um homem é perigoso para a comunidade civil e prejudicial a ela por razão de qualquer pecado seu, é louvável e salutar que ele seja morto, para que seja protegido o bem comum".[82] E acrescenta que as pessoas mais perigosas para a comunidade são sem dúvida os hereges: "Pelo seu pecado merecem não apenas ser afastados da Igreja pela excomunhão, mas também ser eliminados do mundo com a morte".[83]

Em relação à questão da guerra, São Tomás retoma a tese agostiniana da justa intenção:

> Estes preceitos [da paciência e da misericórdia] devem constantemente ser protegidos na disposição do espírito; o homem, assim, deve estar sempre pronto a não se opor e a não se defender. No entanto, exteriormente, é melhor às vezes agir de maneira diversa, para o bem comum e também para o bem daqueles contra quem combatemos.[84]

E prossegue: "Aqueles que realizam guerras justas têm como objetivo a paz; portanto, não estão em contraste com a paz, a não ser com uma paz má"[85]. Existe, assim, uma *pax mala*, feita de injustiça, de opressão e de ignorância, que é melhor desfazer com a guerra para recuperar uma verdadeira paz, não mais ilusória.

São Tomás se defronta também com o problema da guerra contra os infiéis: ela é lícita

> não para obrigá-los a crer (mesmo quando vencidos e capturados se deixaria de qualquer forma a seu livre-arbítrio acreditar ou não), mas somente para obrigá-los a não criar obstáculos para a fé de Cristo.[86]

Como veremos no próximo capítulo, são idênticas as motivações dos grandes teóricos da *jihad* no islamismo.

O Aquinate, por fim, não deixa de dar a sua aprovação às ordens de cavalaria:

> Pode-se utilmente instituir uma ordem religiosa com finalidades militares, não com um objetivo mundano, mas para a defesa do culto divino e da salvação comum, além da proteção dos pobres e dos oprimidos, segundo as palavras do Salmo: "Dai liberdade ao fraco e ao miserável, e das garras dos ímpios libertai-os!"[87]

A ordem dominicana, à qual pertencia São Tomás, deu à Igreja numerosos outros incentivadores das cruzadas: basta recordar, além do próprio fundador, São Domingos, o seu sucessor à frente da ordem, o beato Humberto de Romans, e, principalmente, Santa Catarina de Siena, cujo ardente zelo pela "santa passagem" (ou seja, a guerra contra os infiéis) é testemunhado em suas numerosas cartas.[88]

A propósito de Humberto de Romans, gostaríamos de citar aqui o que ele escreveu quando soube do fracasso da segunda cruzada de São Luís (1269). Longe de ver na morte física de tantas pessoas uma tragédia, afirmou ao invés disso, sem hesitação, que

> o objetivo da religião cristã não é encher a terra, mas encher o Céu. Por que deveríamos nos preocupar que diminua no mundo o número de cristãos, que morrem na causa de Deus? Com tal morte encontram o caminho do Céu muitos que, de outra forma, não o teriam jamais encontrado.[89]

Santa Joana D'Arc

Joana D'Arc, chamada a Donzela (isto é, "a virgem"), constitui um dos casos mais extraordinários de santidade militar e de espiritualidade guerreira. Em 1429, com a idade de apenas 17 anos, fortemente convencida de ser enviada do céu, mobilizou as forças francesas para expulsar os ingleses do continente. Armada com espada e montada em um corcel, colocou-se à frente do exército e venceu numerosas batalhas. O caráter religioso de sua guerra é evidenciado pela profunda devoção pessoal, pelo seu inegável ímpeto místico, além da própria causa pela qual combateu: recolocar no trono o legítimo rei, em cumprimento ao caráter sacro da instituição régia. Durante os combates armados com freqüência se recolhia em oração e seu estandarte bélico era uma bandeira com a imagem de Jesus Cristo. Suas palavras (referidas em diversas fontes escritas) são repletas de uma fé inabalável em Deus e na santidade da guerra para a qual ela era enviada a combater. Joana D'Arc foi canonizada pela Igreja em 1920.

As cruzadas contra os turcos

Enquanto a Donzela de Orleans combatia sua guerra em nome de Deus, as cruzadas contra os infiéis continuavam. E não acabaram com a Idade Média. A prática pontifícia de conceder indulgências a quem fosse combater os inimigos da fé durou ainda muito tempo. Papas, assim como bispos e frades, continuaram a incitar os fiéis à guerra santa. A partir do século XV, tratava-se sobretudo de defender a Europa cristã contra a ameaça dos turcos. Viena, por exemplo, foi por eles assediada em 1529 e depois novamente em 1683. Poderíamos então falar simplesmente de guerras contra um inimigo, sem qualificá-las como santas; mas foi a própria Igreja a defini-las como tais e a atmosfera era sem dúvida ainda aquela das cruzadas medievais. Um exemplo significativo nos é dado pelo frade capuchinho São Lourenço de Brindisi, capelão militar, que durante as represálias contra os turcos exortava seus soldados com as palavras: "Avante! Deus quer assim, Deus está conosco!" e empunhava um crucifixo.

Uma verdadeira cruzada, com indulgências regulares e núncios pontifícios enviados a acompanhar o exército, foi aquela realizada em 1576 pelo rei Sebastião de Portugal contra os muçulmanos no Marrocos. Em 1684, o grande mestre da Ordem Sacra Militar Constantino de São Jorge promulgou uma convocação de cruzada para convidar todos os seus cavaleiros a "combater pela Santa Fé Católica" e empunhar armas, em nome de Deus, pela defesa de Viena contra os turcos. Naquele mesmo ano o papa beato Inocêncio XI constituía uma Liga Santa e ampliava as indulgências para quem tivesse combatido contra os infiéis.

Lutero

A Reforma Protestante abriu uma enorme cisão na Igreja do Ocidente. Lutero, primeiro com suas *95 Teses* e, depois, com seus inumeráveis outros escritos, rejeitou alguns pilares da teologia e da ética católica. Sobre o tema do recurso à violência, no entanto, ele compartilhou os princípios do pensamento patrístico e medieval. Na verdade, Lutero adotou posições oscilantes e às vezes contraditórias sobre a licitude da guerra em nome da fé. Aquilo, porém, que manteve constante foi seu apego à óptica radicalmente espiritual característica do cristianismo, pela qual o terrível não é matar o corpo, mas matar a alma, e a verdadeira liberdade não é exterior, mas interior. Sobre esses fundamentos, que também são genuinamente agostinianos e – pode-se dizer – simplesmente "evangélicos", Lutero baseou sua célebre apologia da guerra contra o "arquidiabo" Thomas Müntzer, o qual, após se autoproclamar profeta dos pobres e dos oprimidos, havia incitado uma espécie de cruzada contra os ricos e os potentes. Lutero reagiu com extrema violência, sobretudo em seu escrito *Contra os bandos de camponeses saqueadores e assassinos*, no qual exorta os príncipes cristãos a reprimir sem piedade aqueles "diabos" rebeldes: "É hora de degolá-los como cães raivosos!", afirmou[90]; "libertem-se, salvem-nos, ajudem-nos, tenham piedade de nós: exterminem, degolem e, aquele que tiver o poder, aja!".[91] Em outro lugar, declara: "[Que razão haveria] em mostrar clemência aos camponeses? Se houver inocentes no meio deles, Deus saberá protegê-los e salvá-los!".[92] Retomando a idéia já expressa por diversos Pais da Igreja e doutores da Idade Média, mas com seu inconfundível tom mordaz, Lutero proclama: "Um príncipe pode merecer o Céu derramando sangue muito mais facilmente que outros, que não o merecerão rezando".[93]

No âmbito do protestantismo a dureza de Lutero não foi uma exceção. Calvino também teorizou e praticou o uso das armas e da violência contra os inimigos da fé. E, seguindo seu exemplo, muitos outros depois dele.

São Pio V

O frade dominicano Michele Ghislieri, que se tornou inquisidor e depois subiu ao trono de Pedro com o nome de Pio V (1566), merece aqui nossa atenção, mesmo porque é o único papa, além de Pio X, que a Igreja romana tenha canonizado nos últimos 700 anos.

Dele falaremos no terceiro capítulo. Aqui basta recordar que, na luta contra os infiéis, foi ele quem organizou a Santa Aliança que em 1571 levou à célebre vitória de Lepanto contra os turcos. O chefe do exército, dom João da Áustria, recebeu das mãos do papa o *vexillum*, ou seja, o estandarte bélico (um enorme crucifixo bordado), com as palavras rituais do *Pontificale* (essa mesma fórmula de bênção esteve em vigor até o século XIX):

Deus onipotente e eterno, que és a bênção de todas as coisas e a força dos triunfantes, ouve com bondade as nossas humildes orações e santifica com tua celeste bênção este estandarte, preparado para o uso militar: que seja forte contra as nações inimigas e rebeldes, e seja circundado pela tua proteção e seja terrificante para os inimigos do povo cristão.[94]

O papa atribuiu a vitória à intercessão da Santa Virgem, louvada com o Rosário, e instituiu a festa de Nossa Senhora do Rosário, festa ainda celebrada pela Igreja em 7 de outubro (data da vitória de Lepanto).

Quanto à luta contra os hereges, São Pio V foi particularmente severo e, além disso, inspirou o famigerado massacre de São Bartolomeu (1572), que tinha como objetivo exterminar os protestantes da França. Dois anos antes, dirigindo-se ao rei, havia escrito:

> Nenhum respeito humano a favor das pessoas ou das coisas pode nos induzir a poupar os inimigos de Deus, os quais nunca pouparam Deus e nunca vos pouparam. Vós não conseguireis aplacar a ira de Deus, senão vingando-o rigorosamente contra os criminosos que o ofenderam!"[95]

A vida e os escritos desse papa são todos repletos de um violentíssimo zelo guerreiro, mas ao mesmo tempo de uma profunda devoção e piedade. Sua vida cotidiana, entre os luxos da corte papal do século XVI, era inspirada pelo mais rígido ascetismo, pela pobreza e pela sobriedade, acompanhada por jejuns, longas horas de oração todos os dias e um caráter exemplarmente afável e austero, como testemunharam seus antigos biógrafos.

São Roberto Bellarmino

O cardeal Bellarmino (1542-1621), canonizado em 1930 e proclamado doutor da Igreja, foi um grande teólogo e exerceu por muitos anos o cargo de inquisidor junto ao Santo Ofício (é conhecido, também, por haver condenado Giordano Bruno à fogueira).

Em suas *Disputationes de controversiis Christianae religionis*, ele se ocupa longamente da licitude da guerra, em sintonia com a doutrina de São Tomás.[96] Explica que à autoridade civil compete a defesa armada da Fé[97] e que é lícito condenar à morte os hereges.[98] Os argumentos a que o santo recorre são numerosos e suas páginas são cheias de citações dos Pais e da Bíblia. "É sabido", diz, "que muitos santos cristãos fizeram guerras e que os santos bispos nunca os reprovaram"; ora, "se a guerra fosse um mal, certamente os santos não a teriam feito".[99]

Em um outro ponto explica, a respeito de um escrito do médico grego Galeno, quais são os três principais motivos que legitimam a morte de homens:

O primeiro motivo é que os maus não prejudiquem os bons, e os inocentes não sejam oprimidos pelos malvados: por isso muito justamente todos concordam que sejam mortos os homicidas, os adúlteros e os ladrões. O segundo é que muitos se corrigem vendo os castigos de poucos, e aqueles que não quiseram ser de utilidade para a comunidade vivendo serão de utilidade morrendo. Por isso vemos que, também em tal caso muito justamente e com a aprovação de todos, alguns crimes horrendos sejam punidos com a morte, ainda que não prejudiquem o próximo a não ser com o mau exemplo: é o caso da necromancia e outras ações torpes contra a natureza. Todas essas coisas são punidas com grande severidade, para que os outros compreendam que se trata de crimes pavorosos e não ousem a cometer outros semelhantes. Enfim, o terceiro motivo é que para os próprios homens que são mortos é com freqüência vantajoso serem mortos, quando tendem a piorar sempre mais e não existe esperança razoável de que retornem à saúde mental [...]. Por isso, para os hereges obstinados é um benefício serem retirados desta vida, pois quanto mais vivem, mais erros concebem, mais pessoas pervertem e maior danação passam a ter.[100]

Bellarmino também teve o mérito de haver reforçado, com extrema clareza, o princípio já afirmado em outras ocasiões por Santo Agostinho e São Tomás de que se pode punir e se opor aos maus só quem possui legítima autoridade institucional. Quando o Evangelho diz para "não resistir ao mal" e São Paulo diz para "deixar por conta da ira de Deus", observa o cardeal, "se proíbe apenas a vingança que os cidadãos privados querem praticar por conta própria ou que se voltam ao juiz com o desejo de lesar o inimigo e de satisfazer a própria raiva ou o próprio ódio".[101] "O Senhor e o Apóstolo não obrigam o juiz a não castigar aquele que cometeu uma ofensa contra alguém, mas obrigam a cada um suportar com paz as injustiças cometidas contra si".[102]

Longe de serem ditadas por fanatismo mesquinho ou por espírito violento, as teses sustentadas por Bellarmino encontram fundamento em todo o pensamento cristão desde as suas origens e foram escritas por um homem profundamente pio e de cuja bondade de espírito, sensibilidade humana, caridade cristã e humildade é difícil duvidar. Hoje estamos acostumados a dar como certo que alguém que legitime o uso da força seja, *ipso facto*, um integralista fanático, em contraste com o Evangelho e com os valores humanos, mas isso é indubitavelmente um preconceito nosso.

A doutrina da Igreja sobre o uso da força, sobre a pena de morte e sobre a guerra teve na formulação de São Tomás de Aquino e do cardeal Bellarmino sua sistematização definitiva, considerada "oficial" pela Igreja e pelos teólogos católicos pelo menos até o Concílio Vaticano II. Percebe-se, no entanto, que, com o fim da Idade Média, a tendência é que se consolide uma teologia da guerra baseada mais sobre o direito natural que sobre o direito divino: a especulação se concentra na definição de "guerra justa" e de "punição justa", compreendidas como legítima defesa, em conformidade com os princípios "laicos" do direito civil, deixando de lado a idéia mística e medieval da guerra santa.

Isso não impediu, porém, que muitos santos abraçassem a mais genuína mística guerreira, como foi o caso de São Vicente de Paulo (morto em 1660), fundador da Confraria das Irmãs da Caridade e da Congregação das Missões e autor de um *Regolamento* espiritual para os capelães militares, no qual os exorta à devoção ao "Deus dos exércitos"; e como foi o caso também, mais tarde, da própria Santa Teresa do Menino Jesus (morta em 1897), cujos escritos contêm, além dos rios transbordantes de celebrações ao amor divino e à doçura de Jesus, palavras de ardente desejo de guerra santa:

> Queria morrer em um campo de batalha pela defesa da Igreja [...] Ó meu Esposo divino, morrerei em teus braços cantando, no campo de batalha, com a arma em punho! [...]. Com que felicidade partirei para combater os hereges![103]

A Revolução Francesa e o Risorgimento

Enquanto a Igreja permanecia firme em suas posições tradicionais, a cultura laica européia se distanciava sempre mais de sua matriz cristã, dando forma à chamada civilização moderna. O Iluminismo foi uma etapa fundamental nesse processo e a Igreja foi questionada, assim como a realeza será questionada pela Revolução Francesa. Voltaire, um dos gênios mais brilhantes do século das luzes, grande defensor do princípio da tolerância, era naturalmente contrário à idéia de guerras feitas em nome da fé. O uso da força era ainda mais combatido por Rousseau.

Com a Revolução Francesa é como se esse potente fermento anticristão e anticlerical irrompesse de vez. Napoleão, apesar de depois se tornar um imperador quase ao estilo *ancient regime*, não deixou de revolucionar a Europa em um sentido clara e drasticamente anticristão. E a própria Igreja não deixou de reconhecer nele um Anticristo. Quando, em 1808, depois da invasão napoleônica da Espanha, o clero local, com evidente apoio das supremas autoridades eclesiásticas católicas, incitou a população a combater esse Anticristo, a morte dos franceses ("tropas de Voltaire" e "seguidores do diabo") era recomendada como "obra meritória".

Napoleão aprisionou o papa, perseguiu o clero e os religiosos, destituiu muitas instituições tradicionais, como a Inquisição na Espanha e a monarquia Bourbon. A propósito desta última vale a pena aqui observarmos a figura do cardeal Fabrício Ruffo de Bagnara. Íntimo do rei Ferdinando IV de Nápoles, canalizou todas as suas forças para a restauração da monarquia cristã contra a república imposta por Napoleão em Nápoles. Reuniu um exército, chamado da Santa Fé, com o qual marchou desde a Calábria até a capital, que conseguiu, finalmente, reconquistar. Esse "general-cardeal", como era chamado, que escreveu, entre outras, obras de tática militar, e que com seu exército da Santa Fé semeou o terror em todo o reino, é um significativo exemplo da reação armada da Igreja contra a Revolução. Nas primeiras décadas do século XX o historiador Antonio Manes escreveu um livro, intitulado *Um Cardinale condottiero*, no qual demonstrou, baseado em rigorosa documentação, que o cardeal, apesar de pertencer à nobreza, ao alto e potente clero e à "opressora" monarquia Bourbon, e exatamente por ser o representante daquele mundo tradicional e cristão, muitas vezes opressivo, suscitou no povo pobre do campo uma simpatia e um entusiasmo imensos. Ele, o "terrível" cardeal Ruffo, soube na verdade interpretar muito melhor que os intelectuais republicanos franceses as autênticas aspirações de seu povo, e o povo o amou e combateu por ele, com forcados e foices, porque por ele se sentia compreendido, defendido e protegido no caminho do Evangelho.

No século XIX a idéia de cruzada já era decadente no mundo cristão; no entanto, por todo o século os papas continuarão a se alinhar, moral e espiritualmente, aos soberanos em suas represálias contra as forças liberais e anticlericais, e na defesa armada do Estado Pontifício. A Igreja abençoava essas batalhas e essas repressões, necessárias ao restabelecimento da paz e da justiça social. Nesses casos talvez não se possa falar de guerras santas. Mas então o que eram essas guerras, que a suprema autoridade religiosa abençoava e recomendava e nas quais ela mesma via (além dos meros interesses políticos e estratégicos dos poderes civis) uma luta entre a justiça de Cristo e a anarquia do demônio, entre o Bem e o Mal?

A Igreja antes do Concílio Vaticano II

Antes do Concílio Vaticano II (1962-1965) a Igreja Católica manteve-se essencialmente com as suas posições tradicionais. Em 1864, quando o Estado Pontifício, com um próprio exército regular e uma efetiva jurisdição penal, estava já em seus últimos anos de vida, o beato Pio IX condenou solenemente a proposição segundo a qual "a Igreja não tem o poder de usar a força, nem qualquer poder temporal direto ou indireto".[104]

Ao mesmo Pio IX, em 1874, o célebre teólogo padre Pietro Scavini dedicava a sua *Theologia moralis universa*, na qual escreveu:

> Aqueles que não conhecem bem a história autêntica caluniam pesadamente aquelas guerras religiosas que foram realizadas nos séculos XI e XII contra os turcos (vulgarmente conhecidas como cruzadas). Na verdade seu propósito era santo: elas foram na verdade instituídas para reconquistar a Terra Santa das ímpias mãos dos turcos, e ao mesmo tempo para libertar os fiéis da desumana tirania daqueles, além de reprimir a audácia, a partir do momento em que eles ameaçavam toda a Europa. Em muitos casos as cruzadas foram contaminadas pela má índole dos homens. Mas o abuso em certos aspectos não significa que elas eram em si corrompidas.[105]

A cura espiritual e moral do guerreiro merecia a atenção da Igreja. Naqueles anos circulavam livros como os *Brevi discorsi morali ad uso dei militari*, de Fassi (1835), e o *Manuale del soldato cristiano. Ricordi, massime e preghiere del soldato* (1857).

O século XX começou com uma Igreja Católica que, apesar da mudança dos tempos, mantinha instituições e rituais com tom anacrônico. Existia ainda a Congregação da Santa Romana e Universal Inquisição (que nunca foi abolida, mas apenas reformada e chamada diversamente: Santo Ofício e, hoje, Sacra Congregação para a Doutrina da Fé); estava teoricamente ainda em vigor o antigo *Corpus iuris canonici*, com suas leis sobre a tortura e a pena de morte para os hereges. O *Pontificale Romanum* previa ainda a cerimônia *De benedictione armorum* e, algo que parece ainda mais significativo, o ritual para o voto de cruzada. O texto, em sua edição de 1936, diz:

> Aquele que está por partir para a ajuda e defesa da Fé Cristã ou para a reconquista da Terra Santa deve se ajoelhar diante do Bispo, na presença do qual um dos ministrantes tem a Cruz a ser benzida que lhe deve ser entregue. Então o Bispo, em pé e sem a mitra, diz sobre a Cruz: "[...] Deus Onipotente, que consagraste o sinal da Cruz com o Sangue precioso do Teu Filho [...]; como benzeste a Vara de Arão para reprimir a perfídia dos rebeldes, assim abençoa agora com a Tua mão direita este símbolo e infunde nele a força da tua proteção contra todas as diabólicas fraudes [...]. Pedimos à Tua imensa clemência que proteja sempre e em todo lugar este Teu servo que, segundo a Tua palavra, deseja renegar a si próprio, pegar a sua cruz e Te seguir, para combater contra os nossos inimigos pela saúde do Teu povo eleito".

Percebe-se nesse trecho que a missão militar é apresentada como uma evangélica seqüela de Cristo e como uma guerra no estilo do Antigo Testamento contra os inimigos do povo eleito.

Além disso, continuavam a existir muitas das antigas ordens militares da Igreja e na cerimônia de posse do cavaleiro usava-se ainda a espada, entregue a ele "para a defesa da Santa Igreja de Deus e a sua própria defesa, a perturbação dos inimigos da Cruz de Cristo e a propagação da Fé Cristã", como se lê no *Cerimoniale d'investitura* da Ordem Eqüestre do Santo Sepulcro de 1930.[106]

Também a Ordem de Malta indica, nos seus *Statuti*[107], que "seu caráter particular é ser Ordem Militar e de Cavalaria [...]. Ela é também Ordem religiosa", se acrescenta, "e tem e mantém os três votos solenes de obediência, castidade e pobreza". O caráter militar é portanto confirmado, mesmo que não se esqueça, nos próprios *Statuti* de 1936, de evidenciar o novo papel da ordem no mundo moderno:

> Em sua origem, a Ordem tinha como fim especial assistir os doentes [...] e defender os peregrinos da Terra Santa, depois aquele de servir com as armas a causa de Jesus Cristo; no presente o seu fim especial é servir os pobres de Jesus Cristo, realizando obras de misericórdia, particularmente com a assistência de saúde [...], e se dedicar ao serviço da fé e da Santa Sé Apostólica.[108]

Algumas palavras serão ditas agora sobre a atitude da Igreja durante as duas guerras mundiais. A Igreja Católica Romana, vendo que não se tratava de nenhum modo de guerras nem justas e nem santas, adotou uma posição geralmente de condenação, como demonstram principalmente os numerosos discursos de Bento XV (1914-1922). Quanto a Pio XII, que com muita freqüência foi acusado de conivência com o nazismo, sua atitude foi de diplomacia e de legitimismo, mas certamente não de aprovação daquelas guerras que bem pouco tinham de santas; nem sinal de aprovação pontifícia pode ser considerada a presença em batalha de capelães militares, os quais eram enviados primariamente e principalmente para a assistência espiritual e sacramental dos soldados "enquanto homens".

A Igreja Anglicana, ao contrário, intimamente ligada ao Estado e à Coroa (os bispos eram nomeados pelo primeiro-ministro e se sentavam na Câmara Alta dos Lordes), esteve fortemente envolvida nos dois conflitos mundiais. Note-se, a respeito, que o mundo protestante havia continuado a desenvolver uma ética e uma espiritualidade bélica, que no século XIX se transformou em um apaixonado misticismo guerreiro-patriótico, sobretudo no âmbito germânico: basta pensar em Schiller, Wagner, "profetas" da pátria alemã, e, no início do século XX, em Ernst Jünger com sua desconcertante obra *A guerra como experiência interior*. Essa *Kriegsideologie*, representada por muitos outros autores importantes e que constituirá a estrutura "religiosa" do regime de Hitler, não pode ser, no entanto, considerada fruto da teologia protestante, mas de um neopaganismo. Na verdade, se o militarismo do Terceiro Reich é conhecido por todos, raramente se dá a devida atenção à espiritualidade guerreira que o acompanhou: os rituais de tipo céltico e germânico nos agrupamentos nazistas, com o objetivo de suscitar uma verdadeira "mística da guerra", com o auxílio também de sugestivas cenografias e emoções coletivas, a ligação simbólica com a cavalaria medieval, as procuras filosóficas e esotéricas de muitos conceituados estudiosos alemães, como Otto Rahner, procurando oferecer um fundamento religioso à missão da Alemanha e da raça ariana.

Para voltar à Igreja Anglicana e à sua participação nas duas grandes guerras do século XX, percebemos com estupor que bispos e pastores daquela Igreja, ao apoiar as ações militares, não hesitaram em fazer uso de toda a bagagem de espiritualidade guerreira que havia florescido na Idade Média. Durante a Primeira Guerra Mundial, o reverendo Brereton, reitor de Hollinwood, escrevia: "Estamos combatendo pela nossa cara vida contra inimigos que não são cristãos, e nem seres humanos, mas répteis. Arrogamo-nos o direito de não usar luvas contra esses seres demoníacos!".[109] A linguagem religiosa também será usada, por exemplo, pelo general Montgomery, durante a Segunda Guerra: os capelães militares – escreve – têm a função de

> inflamar [...] o conflito entre Bem e Mal, entre as opostas normas de Deus e do Ilícito, frisando a justiça da nossa Causa, a presença de Cristo, o valor da oração, a glória do sacrifício, o dom da vida eterna, e coisas semelhantes que corroboram a confiança e a sinceridade dos soldados chamados por Deus a combater.[110]

O professor de teologia de Yale, Henry B. Knight, para acentuar o caráter "cristão" da Primeira Guerra, chegou a dizer que imaginava o próprio Jesus vestido "com uma farda rústica e de cor olivácea, manchada com barro e sangue, tendo na mão uma baioneta presa em um fuzil!".[111] E se essa descrição aplicada a Jesus nos faz horrorizar, nada haveria a contestar se fosse aplicada, mesmo anacronicamente, a um santo do Antigo Testamento ou da Idade Média.

E. J. Bosworth retomou as palavras de Santo Agostinho e de São Bernardo quando, em 1918, escreveu que "o soldado cristão fere o inimigo com espírito de amizade. Em seu coração não o quer nunca no inferno. Não o odeia nunca".[112] Alguns sacerdotes – conta-nos R. Coope[113] – exortavam os soldados, que deviam cravar a baioneta no corpo do inimigo, a sussurrar naquele momento: "Este é meu corpo dilacerado por ti" e a murmurar orações de caridade.

Mesmo uma alta autoridade religiosa como o arcebispo de York William Temple retomava temáticas típicas da espiritualidade guerreira medieval:

> Em qualquer dia poderia ser obrigado, para defender a vida ou a segurança de uma mulher ou de uma criança, a eliminar fisicamente um homem, sem por isso rebaixar o valor absoluto e incomparável da sua pessoa individual, porque posso confiar em Deus que, no mundo desconhecido, recuperará sua pessoa, livrando-a de seus pecados [...]. As baionetas não atingem a pessoa, mas golpeiam apenas a existência física; o problema da pessoa transcende em muito os campos de batalha.[114]

É aquilo que dizia São Bernardo: "É menos grave morrer no corpo que na alma; assim, não é porque o corpo é morto que a alma morre".[115]

Voltamos finalmente à Igreja Católica para mencionar as palavras escritas em 1958, quase na vigília do Concílio Vaticano II, pelo cardeal Alfredo Ottaviani, prefeito do Santo Ofício, além de sumo teólogo e jurista, confirmando aquilo que já dissemos, isto é, que a doutrina oficial da Igreja não sofreu transformações, apesar da mudança das circunstâncias históricas:

> Certamente compete também à Igreja, como a qualquer sociedade em si perfeita, a sustentação, direta ou indireta, de uma força armada; sem uma força armada ela não poderia executar nenhuma punição temporal, por mais branda que fosse. É portanto necessário que a Igreja tenha uma força armada ou pelo menos que o Estado a forneça.[116]

E depois explica que

> se [hoje] a autoridade civil não cumpre esse seu dever, ou a Igreja considera que hoje seja mais oportuno abster-se de impor punições temporais, isso não significa que lhe falte o poder, mas significa somente que faltam atualmente as condições idôneas para que a Igreja possa colocar em prática esse seu direito.[117]

Em seu tratado *De potestate Ecclesiae coactiva*, Ottaviani resume notavelmente toda a doutrina católica tradicional sobre o uso da força e a apresenta como única, constante e imutável doutrina da fé cristã.

Depois do Concílio Vaticano II

O Concílio Vaticano II assinala sem dúvida uma reviravolta na história da Igreja e no pensamento cristão. A Igreja Católica parece agora "abrir-se" para o mundo moderno e deixar de lado várias teses (como aquelas expostas neste capítulo), já muito em contraste com a sensibilidade e a mentalidade dos homens de hoje. Em 28 de outubro de 1965 o concílio promulga a declaração *Nostra aetate* sobre a relação da Igreja com os infiéis (as "religiões não cristãs") e condena qualquer gênero de perseguição, convidando ao respeito e à tolerância. Em 7 de dezembro do mesmo ano é redigida a declaração *Dignitatis humanae* sobre a liberdade religiosa:

> Todos devem ser livres de coerção, tanto por parte de indivíduos como de grupos sociais e qualquer autoridade humana, de maneira que em matéria religiosa ninguém seja obrigado a agir contra sua consciência e nem seja impedido, dentro de certos limites, de agir em conformidade com sua consciência.[118]

Na constituição *Gaudium et spes* fala-se longamente do problema da guerra e convida se a todos para que procurem a paz, compreendida, porém, não como "simples ausência de guerra", mas como "obra da justiça"[119], razão pela qual não se exclui em certos casos o recurso às armas, para a proteção e o restabelecimento da justiça e da paz; o tom, de qualquer forma, é claramente antimilitarista.

Um exame atento dos textos conciliários demonstra que, apesar de uma nova perspectiva e a intenção declarada de se aproximar da sensibilidade moderna, eles, no que se refere à questão da guerra e da violência, não chegam a se afastar muito da doutrina tradicional da Igreja. Proclama-se, por exemplo, a liberdade religiosa, mas se diz que ela "não deve ser limitada, *a não ser quando e o quanto for necessário*".[120] Além disso, o concílio, como qualquer pronunciamento pontifício, segue uma tradição e um magistério milenar, que não podem ser colocados à parte, sob pena de renunciar ao princípio (irrenunciável para a fé católica) da infalibilidade da Igreja. O que a Igreja ensina hoje deve, portanto, *necessariamente* estar em sintonia com o que ela ensinou nos séculos passados.

Depois do Concílio Vaticano II a fisionomia da cristandade ocidental mudou em muitos aspectos, e em particular difundiu-se uma mentalidade radicalmente pacifista. Hoje a Igreja busca retornar à sua "pureza evangélica" e evitar qualquer postura triunfalista. Em especial no baixo clero e no laicato, a guerra é hoje sentida como inevitavelmente antievangélica, assim como a pena de morte e tudo aquilo que representa um resíduo militarista da "velha" Igreja. O próprio papa João Paulo II se apresenta, sob muitos aspectos, como intérprete dessa nova sensibilidade: "Nós somos conscientes que a língua das armas não é a língua de Jesus Cristo"; acrescenta também, porém, que

> há casos em que a luta armada é um mal inevitável, do qual, em circunstâncias trágicas, não se podem ausentar nem mesmo os cristãos. Mas mesmo nesse caso é vinculativo o dever cristão do amor pelo inimigo e da misericórdia.[121]

João Paulo II, que se pode definir sem dúvida como um ativo pacifista, afirmou várias vezes que a guerra pode ser um eficaz, apesar de doloroso, instrumento para se conseguir a paz. Em visita à Cidade Militar da Cecchignola em Roma, em 1989, disse:

> Certamente não existe uma dificuldade intrínseca, uma impossibilidade de harmonizar a vocação cristã e a vocação para o serviço militar. Se considerarmos sua natureza no sentido positivo, o serviço militar em si mesmo é uma coisa muito digna, muito bela e muito gentil. O próprio núcleo da vocação militar não é outra coisa senão a defesa do bem, da verdade e principalmente daqueles que são agredidos injustamente. E aqui encontramos o princípio que explica em qual situação a guerra pode ser justificada: se é uma defesa da Pátria agredida, uma defesa daqueles que são perseguidos, inocentes; uma defesa com o risco

da própria vida. Esta defesa pode levar consigo inclusive a morte ou o dano do agressor, mas ele é culpado neste caso. Naturalmente procura-se sempre diminuir o dano também contra o agressor, mas aquele que mais se expõe ao risco do dano e da morte é sobretudo aquele que defende.[122]

Os discursos do papa a favor da licitude da guerra, em conformidade com o ensinamento dos Evangelhos e dos Pais, são todos repletos das palavras "paz" e "amor":

> A paz deve ser construída dia a dia, nas consciências e nas relações interpessoais: a paz deve também ser defendida porque, na visão cristã, a vida encontra sua justificação última no preceito evangélico do amor. É por amor ao próximo, aos entes queridos, aos mais fracos e indefesos, como às tradições e aos valores espirituais de um povo, que é necessário aceitar se sacrificar, lutar e dar até a própria vida, se for necessário.[123]

Percebe-se que se justifica aqui a guerra também em defesa "das tradições e dos valores espirituais".

Muitos são os pronunciamentos deste papa em referência ao uso das armas, desde constituições, como aquela com significativo título *Spirituali militum curae*, de 1986, aos discursos feitos para os policiais militares, as tropas alpinas e outros corpos militares. Ele sempre frisa a importância de "construir uma verdadeira civilização da paz", de "rezar constantemente pela paz", "para aplacar o ódio e estimular o amor".[124] Aos soldados alpinos de Aosta, o papa disse: "Sua primeira responsabilidade se chama empenho pela paz. A condição militar tem seu fundamento moral na exigência de defender os bens espirituais e materiais da comunidade nacional da Pátria".[125]

Como se vê, os conceitos enunciados por João Paulo II são substancialmente alinhados com a tradição bimilenar da Igreja. E uma espiritualidade militar católica está ainda hoje particularmente viva no mundo dos capelães militares, uma instituição até agora ativa na assistência espiritual aos soldados e às hierarquias militares. Na realidade, desde os tempos do imperador Constantino sempre existiram na Igreja sacerdotes especificamente dedicados ao cuidado pastoral dos guerreiros, mas a capelania militar da maneira como é hoje estruturada em âmbito católico remonta a 1915.[126] Sucessivas leis do Estado italiano e da Igreja romana deliberaram que os capelães militares fossem plenamente inseridos na hierarquia militar. Assim, o arcebispo militar ordinário tem, por exemplo, também o grau de general-de-exército e o relativo uniforme militar. Os capelães militares "adidos" têm, por sua vez, o grau de tenentes.

A atividade dos capelães militares é ainda hoje muito intensa, seja em caso de guerra, quando devem acompanhar o exército (para benzer, celebrar missa, confessar, aconselhar), seja em tempo de paz, quando se ocupam da formação moral e espiritual dos soldados, também com a ajuda de seu periódico oficial, o *"Bonus Miles Christi"*. Uma das vozes mais respeitadas nesse campo é a do arcebispo e general-de-exército monsenhor Giovanni Marra, ex-ordinário militar para a Itália. Sua conferência *Tendenze del mondo cattolico sul tema della pace e della guerra* [127], realizada em 20 de janeiro de 1992, chama nossa atenção. Nela, monsenhor Marra ilustra os fundamentos da atual doutrina oficial da Igreja sobre a guerra. Depois de percorrer a teologia bélica do Antigo e do Novo Testamento, de Santo Agostinho e de São Tomás, e depois de mencionar as cruzadas, "guerras santas" que "a própria cristandade promoveu", passa a examinar as doutrinas dos "pacifistas" e em particular de Tolstoi, e afirma: "A doutrina da não-violência é inaceitável e na verdade é antievangélica, porque leva à não-defesa dos fracos e privilegia os fortes prepotentes". Prossegue depois dizendo:

> Cabe aqui salientar que as posições dos pacifistas católicos, apesar de exprimirem uma tendência de alguns setores do mundo católico laico e de ambientes eclesiásticos limitados, não representam na verdade a linha diretiva oficial da Igreja Católica na hierarquia e na grande maioria do povo cristão: com freqüência esses movimentos utilizam as necessárias intervenções do papa para revestirem-se de um caráter oficial que suas posições extremistas não têm.

Finalmente monsenhor Marra declara que "é dever dos Estados contarem com as necessárias forças armadas para a defesa", mesmo se hoje, "levando em conta o desenvolvimento dos armamentos", for preciso renovar o que já em 1953 proclamava Pio XII: "Quando para se defender devem ser usados meios com efeitos devastadores e incontroláveis, então será obrigação sofrer injustiça em vez de utilizar tais meios".

Representativa do clima cultural e religioso dos capelães militares é também a exortação lançada em 1993 pelo arcebispo monsenhor Pintonello, então ordinário militar honorário: "Que volte a nossa juventude atual a se inspirar nas fontes dos valores eternos do Espírito, contidos no trinômio mazziniano: Deus – Pátria – Família!".[128]

O novo *Catechismo della Chiesa Cattolica*, promulgado oficialmente pelo papa em 1997, se atém à doutrina tradicional da Igreja sobre a licitude da pena de morte[129] e sobre os princípios da guerra justa, recordando que "aqueles que se dedicam ao serviço da pátria na vida militar são servidores da segurança e da liberdade dos povos".[130] Quanto ao atual direito canônico latino, reformado por João Paulo II em 1983, o cânone 1311 declara: "A Igreja possui o direito, inato e próprio, de coagir com sanções penais os fiéis que se desencaminham".

Dissemos que esses conceitos, como em geral todos os ensinamentos do magistério católico atual sobre a coerção e a guerra, estão substancialmente alinhados com a tradição da Igreja. Mas aqui é necessário fazer uma importante particularização. Antes de tudo, no interior da Igreja Católica existem hoje duas tendências muito diferentes: por um lado, o chamado catolicismo conservador, bastante militarista e patriótico; por outro, o catolicismo das "marchas pela paz". Esses dois "pulmões" da Igreja, freqüentemente hostis um ao outro, estão na verdade ambos em sintonia com a tradição cristã. Os conservadores têm a seu favor a teologia militar de muitos Pais da Igreja, toda a Escolástica latina e o magistério pontifício dos últimos 1.500 anos aproximadamente; os pacifistas têm a seu favor boa parte dos escritos evangélicos, do Novo Testamento e dos grandes Pais dos primeiros três séculos, pelo menos, do cristianismo. Quanto à fidelidade ao magistério do papa atual, ambas podem encontrar válida sustentação em suas palavras. Podemos dizer, portanto, sem hesitação, que, sobre a questão da guerra, tanto uma como a outra tendência do catolicismo atual encontram pleno apoio na teologia e na Tradição, e é, assim, injustificada a atitude de persistir na recíproca acusação de "haver compreendido mal a autêntica mensagem cristã".

Se falamos de falta de compreensão, ela se refere não à discussão sobre a guerra ser lícita ou não, mas à admissão, por parte do catolicismo atual, de valores éticos e sociais em grave contraste com a Tradição. Referimo-nos ao consumismo, à permissividade dos costumes, ao feminismo, ao laicismo. É, portanto, verossímil que os católicos conservadores de hoje estejam em séria contradição com a tradição cristã, não porque aceitam a guerra, mas porque a aceitam para defender (ou impor) valores claramente anticristãos, como o capitalismo consumista e a emancipação feminina, valores também abraçados pelos católicos pacifistas. Nesse sentido podemos assegurar que o mundo católico atual está em boa parte muito distante da tradição dos Pais, não por aprovar ou não a guerra (como vimos neste capítulo, houve Pais, como Tertuliano e Clemente de Alexandria, que a recusaram, e outros, como Agostinho e mais tarde Bernardo, que a aprovaram e apoiaram calorosamente), mas porque entre os católicos modernos, tanto os conservadores-militaristas como os progressistas-pacifistas defendem, com espada empunhada, os valores típicos da civilização ocidental moderna incompatíveis com os ensinamentos tanto de Tertuliano como de Agostinho, tanto de Clemente como de Bernardo, os quais, se não foram unânimes em relação à licitude ou não do uso da força, foram porém unânimes em condenar o progresso econômico, a avidez do bem-estar material e a emancipação da mulher e em auspiciar um modelo de sociedade que hoje encontramos mais nos países islâmicos tradicionais do que no mundo chamado cristão.

Um último comentário ainda sobre o fato de persistir, no seio da Igreja Católica e com sua plena aprovação, as antigas ordens militares. Os Cavaleiros Teutônicos, os Cavaleiros de Malta, do Santo Sepulcro e de São Jorge são ainda reconhecidos pela Igreja como "ordens militares", o que se revela também nos estatutos dessas próprias ordens. O atual *Statuto Del Sacro Militare Ordine Costantino di San Giorgio*, por exemplo, afirma que a finalidade da Ordem é

> a glorificação da Cruz, a propaganda da Fé e a defesa da Santa Romana Igreja, a qual é estreitamente ligada por especiais benemerências obtidas no Oriente combatendo contra os infiéis.[131]

O caráter militar dessa ordem é na verdade puramente nominal, a partir do momento em que sua principal ocupação, hoje, é a assistência sanitária e a distribuição de honorificências. No entanto, sempre é significativo que, em 2000, tenha sido oficialmente dada a um frade católico, como é para todos efeitos um cavaleiro professo da Ordem de Malta, uma espada (verdadeira) a ser colocada na cintura e ser usada, teoricamente, em defesa da Igreja.

Ainda mais significativo é que, ao lado dessas ordens já essencialmente "honoríficas", a Igreja romana mantenha até hoje verdadeiros corpos armados: é o caso, além dos ex-soldados pontifícios, da Guarda Suíça, instituída pelo papa "guerreiro" Júlio II em 1505 e ativa em diversas campanhas militares contra os infiéis (como, por exemplo, na célebre batalha de Lepanto). A Guarda Suíça não é, como se poderia pensar, um simples resíduo folclórico do passado: seus soldados portam, além de alabardas e espadas, "armas moderníssimas e bem lubrificadas".[132]

Se deslocarmos nossa atenção da Igreja "oficial" para o variado mosaico do catolicismo contemporâneo, encontraremos, entre uma grande maioria de pacifistas, também tendências, como a da latino-americana "teologia da libertação" que, inspirada na luta de classes de cunho marxista, aprova o recurso às armas para enfrentar os regimes ditatoriais. Além dessa, há ainda vozes isoladas como aquela de Gianni Vannoni, que invoca a criação de uma confraria religiosa sob patrocínio de São Miguel Arcângelo, com finalidades espirituais e militares. Vannoni quer que os membros dessa confraria estejam prontos para empunhar as armas, no momento oportuno, para realizar um golpe de Estado que instaure uma monarquia católica de modelo teocrático.[133]

A Igreja Ortodoxa

Como ocorre nas Igrejas do Ocidente (catolicismo, protestantismo e anglicanismo), também nas Igrejas do Oriente, especialmente na ortodoxa e na copta, a estreita aliança entre Igreja e Estado levou a uma sacralização da função político-militar. A Igreja Copta no império etíope, a Igreja Grega Ortodoxa no império bizantino e a Igreja Russa Ortodoxa no império dos czares têm todas expressado conceitos e realizado práticas semelhantes – no que se refere ao recurso à força e às armas – àquilo que ocorreu na cristandade latina, apesar de esta última ter sido caracterizada (e em certo sentido ainda o ser) por uma constante tensão expansionista (basta pensar nas cruzadas e no próprio colonialismo), geralmente estranha às Igrejas do Oriente.

Mesmo depois da queda do império bizantino nas mãos dos turcos (1453), a Igreja Grega não deixou de abençoar os soldados cristãos, principalmente em um contexto contra os turcos. Célebre é a epopéia dos *klefti* (de que voltaremos a falar no terceiro capítulo), os cristianíssimos "bandidos" que combateram o invasor muçulmano entre os séculos XVIII e XIX. Seus cantos e, ainda mais, as orações da Filikì Eteria, a organização religiosa e militar que esteve na base da guerra de independência grega, contêm com freqüência inflexões de verdadeira guerra santa.

> "Senhor Deus nosso, potente e forte em batalha, nós indignos te invocamos a ajuda e humildemente te suplicamos: agarra a espada do teu poder e o escudo da tua soberania, vem em nossa ajuda e dá ao exército amante de Cristo vitória e triunfo contra os inimigos. Com lágrimas te invocamos: escuta e tem piedade!"

Assim recita uma oração da Filikì Eteria, conhecida como *Prosevchì Ierolochitòn* ("oração dos sagrados combatentes"), ou melhor, "dos terroristas consagrados"[133a], de intercessão "por todo o exército pio e ortodoxo"[133b]; expressões que, além disso, se encontram ainda hoje na "oração dos fiéis" do ofício cotidiano da Igreja Grega.

Antes de concluir este capítulo, gostaríamos ainda de examinar brevemente um importante documento da Igreja Ortodoxa Russa. Trata-se do texto promulgado no sínodo de Moscou de agosto de 2000. No capítulo VIII, *A guerra e a paz*, encontramos escrito:

> Apesar de reconhecer a guerra como um mal, a Igreja não proíbe seus filhos de participar de ações bélicas, quando se trata da defesa do próximo e do restabelecimento da justiça pisoteada. A guerra é então considerada um meio obrigatório, mesmo que odioso.

Depois o texto prossegue citando como exemplares as palavras de São Cirilo:

Os nossos soldados cristãos com as armas em punho protegem a Santa Igreja, protegem o Soberano, em cuja santa pessoa veneram a imagem do poder do Rei do céu, protegem a pátria [...]. Eis os preciosos deveres pelos quais até a última gota de sangue os soldados devem combater, e se eles morrerem no campo de batalha, a Igreja os canonizará entre os santos mártires.

O texto não deixa de elogiar o bem da paz, mas ao mesmo tempo explica o sentido que, na visão cristã das coisas, reveste a guerra:

> A lei moral cristã condena não a luta contra o mal, não o uso da força contra quem é portador do mal, e nem mesmo o homicídio quando esse for uma medida extrema, mas sim a maldade do coração humano, o desejo de humilhar e de matar.[134]

São palavras (válidas tanto para os ortodoxos como para os católicos) que nos levam, mais uma vez, aos princípios formulados por Santo Agostinho e que tornaram conciliáveis, ou melhor, inseparáveis, guerra e Evangelho, caridade e coerção.

HISTÓRIA E FILOSOFIA DA VIOLÊNCIA NO ISLAMISMO

Como se viu no capítulo anterior, o cristianismo nunca deixou, em sua história bimilenar, de justificar, no plano teológico e moral, o uso da força e também da guerra. Semelhante foi e continua a ser a postura do islamismo. As diferenças que existem não mudam a idéia de fundo, igual nas duas religiões. Isso nos fará perceber, como conseqüência, que não é lógico que islamismo e cristianismo se acusem um ao outro por coisas que têm em comum. Não é lógico que os cristãos acusem o islamismo de ser teocrático, belicoso e de admitir penas corporais e guerras santas, quando as mesmas acusações valem também para o cristianismo. No fundo, todas as vezes em que um cristão desaprova os muçulmanos integralistas, é como se desaprovasse, em certo sentido, a própria Bíblia, Santo Agostinho, São Bernardo e São Pio V. Em seguida exporemos sucintamente a evolução do pensamento islâmico sobre a violência e a guerra. O que se verá é que, exatamente como no cristianismo e em outras religiões, a guerra assume dois valores, ambos espirituais, mas profundamente diferentes. Por um lado, a guerra é vista como uma justa e santa defesa da religião ou da pátria, como um *instrumento* para deter a invasão militar, econômica ou cultural dos ateus, como um meio para restabelecer a paz e a lei moral, para derrotar um Estado tirânico ou para instaurar um governo pio e religioso. Por outro lado, a guerra é uma forma de ascese *em si mesma*, isto é, independentemente da bondade e justiça da causa pela qual ela é combatida: a guerra traz o encontro com o sofrimento, com a morte, com a transitoriedade das coisas terrenas, o que a torna um privilegiado caminho espiritual, mesmo quando é feita por meros interesses econômicos ou, de qualquer forma, não religiosos.

O Corão

Segundo a tradição e a fé dos muçulmanos, o livro sagrado da religião islâmica foi revelado por Deus ao profeta Maomé através do arcanjo Gabriel.

Os versículos do Corão foram "ditados" a partir, aproximadamente, do ano 612 até 632, quando Maomé morreu. O Corão tem no islamismo um papel muito mais eminente e central que a Bíblia tem no cristianismo. É considerado por todos os muçulmanos o primeiro e quase o único ponto de referência absoluto para a sua religião.

O Corão fala em muitas ocasiões da guerra e da guerra santa em particular. A esse propósito, deve ser feita uma distinção terminológica: o termo árabe que nós geralmente traduzimos como "guerra santa" é *jihad*, que significa literalmente "esforço, empenho"; a *jihad* é antes de tudo o esforço interior, a luta interior contra os vícios e contra o mal: é a ascese (note-se que em grego *askesis* significa o mesmo que em árabe significa *jihad*). Ao lado desta, que é chamada na tradição islâmica a "grande *jihad*", há também a "*jihad* menor", isto é, a luta exterior contra os inimigos da fé e da comunidade islâmica: é a guerra santa (que, como no cristianismo, coincide substancialmente com a "guerra justa").

Ora, esse conceito de *jihad*, em primeiro lugar interior e depois também exterior, está presente no Corão, mas o termo usado não é *jihad*, e sim *qital*, ou seja, "guerra, morte" (do verbo *qàtala*, "combater para matar", forma freqüentativa de *qatala*, "matar"). O Corão é, portanto, muito mais "concreto" e não permite interpretações meramente espirituais. A "guerra no caminho de Deus" (*qital fi sabil Allah*) é ação armada e não somente um combate interior. É interessante notar, além disso, que a expressão "caminho de Deus", para designar a guerra santa, era usada também pela Igreja Católica da Idade Média.

A atividade profética de Maomé (e portanto o próprio Corão, da qual é o resultado) divide-se em duas fases principais: a fase de Meca e a de Medina. A primeira é relativa ao tempo em que Maomé e os primeiros muçulmanos viveram na ainda pagã cidade de Meca, até 622; os versículos corânicos revelados nesses anos são imbuídos da condição de minoria em que se encontravam os muçulmanos e recomendam a resistência e a paciência. Em 622 começa a fase de Medina: Maomé e seus seguidores "emigram" para Medina e fundam um verdadeiro Estado islâmico; aqui os muçulmanos estão no poder e os trechos do Corão exortam a defender firmemente a nova comunidade, até com o recurso às armas. A crescente hostilidade dos pagãos explica o cada vez mais arrebatado incitamento a combatê-los.

Essa divisão temporal da revelação é refletida na evolução da doutrina corânica sobre a guerra: de versículos bastante "tolerantes" a outros de sentido quase oposto. Na sura 50 (de Meca) lê-se: "Nós bem sabemos tudo quanto dizem, e tu não és o incitador deles. Admoesta, pois, mediante o Alcorão, a quem tema a Minha ameaça!" (sura 50, 45).[1] E na sura 109, também de Meca, está escrito: "Dize: Ó incrédulos, não adoro o que adorais, nem vós adorareis o que adoro [...]. Vós tendes a vossa religião e eu tenho a minha". Muitos outros versículos têm o mesmo tom: "Quer te mostremos algo do que lhes temos prometido, quer te acolhamos a Nós, a ti só cabe a proclamação da mensagem, e a Nós o pedido de prestação de contas" (sura 13, 40); "a ti (ó Mensageiro) não te cabe guiá-los; porém, Allah guia a quem Lhe apraz" (sura 2, 272); "porém, se desdenharem, fica sabendo que não te enviamos para seu guardião, uma vez que a ti apenas incumbe a proclamação (da mensagem)" (sura 42, 48). Em outros pontos se chega a sugerir que os infiéis sejam persuadidos com "linguagem doce", para serem edificados e induzidos a glorificar a Deus. Na sura 2 está escrito: "Tolerai e perdoai, até que Allah faça cumprir os Seus desígnios, porque Allah é Onipotente" (sura 2, 109).

E o desígnio pode ser aquele de combater: outras vezes, no mesmo Corão, Deus assim o ordena. Uma correta exegese deveria, na verdade, levar em conta o contexto dos versículos individualmente: em que específica ocasião foram revelados, a quem se referem (aos pagãos ou à "Gente do Livro", ou seja, os judeus e os cristãos), e assim por diante. Mas nós aqui nos contentaremos em considerar os versículos assim como soam; os próprios muçulmanos, em verdade, apesar de darem importância ao contexto em que os versículos foram revelados, os interpretam com freqüência independentemente daquele contexto, considerando que cada palavra e frase do Corão é verdadeira e absoluta em si.

Algumas passagens do Corão permitem a guerra em sentido defensivo:

> Ele permitiu o combate aos (crentes) que foram injustiçados; em verdade, Allah é Poderoso para socorrê-los. (sura 22, 39)

> Se Allah tivesse querido, tê-los-ia feito prevalecer sobre vós e, certamente, ter-vos-iam combatido; porém, se eles se retirarem, não vos combaterem e vos propuserem a paz, sabei que Allah não vos faculta combatê-los. (sura 4, 90)

> Combatei, pela causa de Allah, aqueles que vos combatem; porém, não pratiqueis agressão, porque Allah não estima os agressores. Matai-os onde quer que os encontreis e expulsai-os de onde vos expulsaram [...]. E combatei-os até terminar a intriga e prevalecer a religião de Allah. Porém, se desistirem, não haverá mais hostilidades, senão contra os injustos. (sura 2, 190-193)

Ou então a guerra é consentida para defender os indefesos e os oprimidos:

> E o que vos impede de combater pela causa de Allah e dos indefesos, homens, mulheres e crianças? dos que dizem: Ó Senhor nosso, tira-nos desta cidade (Meca), cujos habitantes são opressores. Designa-nos, da Tua parte, um protetor e um socorredor! (sura 4, 75)

Quanto aos judeus e aos cristãos, o Corão recomenda não os tomar como aliados.[2] Em relação aos pagãos, ao contrário, um grande número de versículos prescreve a guerra de ataque, sem piedade: "Mas quando os meses sagrados houverem transcorrido, matai os idólatras, onde quer que os acheis; capturai-os, acossai-os e espreitai-os" (sura 9, 5). É principalmente a sura 9 do Corão que se pronuncia de modo mais explícito e mais duro a favor da guerra santa:

> Combatei aqueles que não crêem em Allah e no Dia do Juízo Final [...] e nem professam a verdadeira religião daqueles que receberam o Livro [...]. Combatei-os! Allah os castigará por intermédio das vossas mãos. (sura 9, 29 e 14)[3]
>
> Ó Profeta, combate com denodo os incrédulos e os hipócritas, e sê inflexível para com eles, pois a sua morada será o Inferno. E que funesto destino! (sura 66, 9)[4]

Empunhar as armas não é, porém, nem deve ser sinônimo de violência no coração e de rancor ou desafogo do ódio: "Que o ressentimento aos demais não vos impulsione a serdes injustos para com eles" (sura 5, 8). Combater no caminho de Deus é, para o Corão, um ato de piedade, de fidelidade ao Senhor, é um esforço ascético (*jihad*), uma renúncia aos bens deste mundo: "Que combatam pela causa de Allah aqueles dispostos a sacrificar a vida terrena pela Futura, porque a quem combater pela causa de Allah, quer sucumba, quer vença, concederemos magnífica recompensa" (sura 4, 74). A guerra santa faz parte do caminho do homem em direção a Deus, é um modo de se avizinhar de Deus e de viver sempre em maior profundidade a própria fé: "Ó crentes, temei a Allah, tratai de acercar-vos d'Ele, e lutai pela Sua causa; quiçá assim prosperareis" (sura 5, 35). A guerra é, além disso, uma prova de fé: quem acredita verdadeiramente em Deus e está disposto a tudo por Ele, está também pronto a morrer em batalha. "Pedir-te-ão isenção só aqueles que não crêem em Allah, nem no Dia do Juízo Final, cujos corações estão em dúvida e, em sua dúvida, vacilam" (sura 9, 45). A guerra é prescrita, entre outros motivos, "para que Allah Se assegure dos crentes e escolha, dentre vós, os mártires" (sura 3, 140).

Talvez mais que qualquer outro, um versículo da sura 2 nos esclarece sobre a natureza da *jihad* como instrumento da imperscrutável sabedoria divina, com a qual o Senhor dirige a sua Providência para o bem do homem:

> Está-vos prescrita a luta (pela causa de Allah), embora a repudieis. É possível que repudieis algo que seja um bem para vós e, quiçá, gosteis de algo que vos seja prejudicial; todavia, Allah sabe, e vós ignorais. (sura 2, 216)

Assim como na Bíblia, também no Corão a luta entre os justos e os ímpios é vista como reflexo terreno da eterna luta entre o Partido de Deus (*hizb Allah*) – como o chama o Corão[5] – e o Partido de Satanás (*hizb al-Shaytan*).[6]

"Os crentes combatem pela causa de Allah; os incrédulos, ao contrário, combatem pela do sedutor. Combatei, pois, os aliados de Satanás, porque a sutileza de Satanás é débil" (sura 4, 76). Retornamos assim àquilo que dizíamos mais acima, ou seja, que a guerra santa é um "prolongamento", uma "materialização" da guerra interior, daquela que o Corão chama "a grande luta" (*jihad kabir*).[7]

Mostramos que o Corão passa de posições bastante tolerantes a posições claramente agressivas: como se conciliam essas duas diversas e quase opostas perspectivas? O Corão em si não dá uma resposta e permanece com as suas contradições. Mas na realidade a mensagem é única e coerente: Deus. Deus na paz e Deus na guerra, Deus sobre todas as coisas, Deus imperscrutável em seus desígnios, Deus começo e fim, Deus pelo zelo dos combatentes e Deus pela paz dos contemplantes. Os muçulmanos encontraram, de qualquer forma, um modo mais concreto de interpretar o hiato entre as prescrições da fase de Meca (tolerante) e aquelas da fase de Medina (agressiva): veremos isso mais adiante ao falar de Sayyid Qutb.

A propósito de história e filosofia da violência no islamismo é necessário mencionar também as punições corporais. Essas, que no Corão são certamente mais brandas que no Antigo Testamento e essencialmente semelhantes àquelas em uso na cristandade por muitos séculos, não perderam hoje sua validade e alguns países islâmicos, mais fiéis que outros à sua religião e ligados à tradição, as aplicam ainda. A punição tem no islamismo os mesmos valores que tem na ética cristã: corrige o pecador e o leva a ser melhor, protege a ordem e a paz da sociedade, serve de exemplo e de advertência aos outros. Este último aspecto é o motivo pelo qual os castigos são, em geral, executados em público. Um versículo corânico, com a sua habitual linguagem teocêntrica, ilustra bem esses conceitos:

> Quanto ao ladrão e à ladra, decepai-lhes a mão, como castigo de tudo quanto tenham cometido; é um castigo exemplar de Allah, porque Allah é Poderoso, Prudentíssimo. Aquele que, depois da sua iniqüidade, se arrepender e se emendar, saiba que Allah o absolverá, porque é Indulgente, Misericordioso. Ignoras, acaso, que a Allah pertence a soberania dos céus e da terra? Ele castiga a quem deseja e perdoa a quem Lhe apraz, porque é Onipotente. (sura 5, 38-40)

O código penal corânico (que prevê o corte da mão para os ladrões, a fustigação para os adúlteros, uma espécie de crucificação para os rebeldes etc.) parece-nos hoje horrendamente severo e cruel, também porque o vemos praticado em algumas nações. Na realidade ele é muito semelhante à legislação da Bíblia (pena de morte para os adúlteros e os sodomitas, lapidação para as bruxas etc.)[8] e à cristã: basta pensar no código de São Ladislao da Hungria (enforcamento ou corte do nariz para os ladrões etc.)[9] ou às penas que, desejadas pela Igreja ou por ela permitidas, estiveram em vigor em muitos países cristãos, como a fustigação para os fornicadores, a decapitação para os sodomitas[9a], morte na fogueira para os hereges[10], esquartejamento para os rebeldes etc.

É importante notar, porém, que enquanto no islamismo é o próprio Corão (ou em certos casos Maomé ou os seus discípulos imediatos) que determina com exatidão quais penas devem ser aplicadas para cada delito, a Igreja deixou sempre a responsabilidade pela punição e a escolha das penas à autoridade civil (autoridade civil que, de qualquer forma, é parte integrante da Igreja, apesar de se distinguir, enquanto laica, do sacerdócio).

Maomé

Como assinalamos anteriormente, a autoridade máxima do islamismo sempre foi e continua a ser o Corão e tudo o que veio depois é menos importante se comparado a ele. Nenhum teólogo medieval, nenhum doutor ou imã, nenhum "santo" prescreve leis no islamismo no mesmo plano que o Corão. No entanto, já entre as primeiras gerações de muçulmanos, gozavam de particular atenção e veneração as chamadas *hadith*. Trata-se de palavras recolhidas da voz de Maomé em diversas ocasiões ou de breves episódios de sua vida. Enquanto o Corão é palavra de Deus, aquilo que disse Maomé não o é; o Profeta foi, porém, sem dúvida o melhor muçulmano e o exemplo para todos os seus futuros seguidores. Ora, nas coletâneas de *hadith* que a tradição islâmica conservou, há inúmeras referências à guerra como ato de devoção abençoado por Deus. Maomé dizia: "O fim de todas as coisas é o islamismo, sua coluna é a oração e seu cume é a *jihad*".[11] Em outro ponto são recolhidas estas suas palavras:

> Foi-me ordenado combater os homens até que eles testemunhem que não há outro Deus que não Allah e que Maomé é o mensageiro de Deus, cumpram com suas orações e paguem a esmola legal. Se fizerem isso ganharão minha proteção para suas vidas e seus bens.[12]

E ainda: "Sabem quem é o homem mais nobre, que ocupa o posto mais alto? É aquele que, empunhando as rédeas de seu cavalo, combate no caminho do Senhor!".[13]

Maomé não era um homem violento e agressivo; as suas antigas biografias o mostram pio, bom e sensível. Mas, como no caso de muitos santos cristãos, a bondade e a brandura de ânimo não eram sinônimos de pacifismo incondicional. Maomé foi o profeta de um Deus de amor e de perdão (cada sura do Corão começa com as palavras "Em nome de Allah, o Clemente, o Misericordioso"), mas foi também o profeta do

Deus dos exércitos, terrível e onipotente. Difunde-se que tenha dito: "Eu sou o Profeta da clemência, eu sou o Profeta do massacre".[14] Além disso, guiou pessoalmente muitas batalhas e matou em guerra. Entre suas relíquias, no museu de Topkapi, em Istambul, ainda hoje é preservada sua espada.

Alì

Um dos primeiros convertidos à nova religião pregada por Maomé e uma das personalidades mais eminentes do islamismo primitivo foi sem dúvida o primo do Profeta, Alì ibn Abi Talib. Ele teve um papel decisivo, não apenas na vida de Maomé (com quem dividiu os anos da juventude), mas também na formação do código ético e espiritual islâmico e, enfim, em lançar as bases da ordem política do islamismo. Alì foi na verdade o quarto califa, isto é, sucessor de Maomé. Alì é, além disso, uma figura de capital importância para o xiismo, do qual é considerado o fundador.

Modelo de religiosidade e de santidade para todo muçulmano, Alì também passou para a história pelo seu místico ímpeto guerreiro. Sua espada e seu machado se tornaram quase o símbolo da sua piedade e sua devoção. Dos numerosos discursos que dele permaneceram, muitos são fervorosas exortações da guerra santa, como o seguinte, pronunciado antes da histórica batalha de Siffin:

> Ó fiéis de Deus, tenham temor Dele, pensem na morte e cerrem os dentes! Envirguem as suas armaduras e empunhem as espadas, prontos a desembainhá-las. Olhem bem o rosto do inimigo. Usem suas lanças de ambos os lados e atinjam o inimigo com suas espadas. Recordem que Deus está sobre vocês e que o primo do Profeta os guia. Não cansem de atacar e não recuem, porque isso será causa de vergonha para seus descendentes e pesará sobre vocês no Dia do Juízo Final. Dêem sua vida com alegria e marchem sem medo para a morte. Olhem para o centro, pois Satanás está bem escondido no seu canto. Ele estendeu a mão e tem o pé pronto para fugir. Mas sejam bem resistentes, porque a Luz da Verdade está sobre vocês.[15]

Célebre é também a afirmação que Alì fez naquela mesma ocasião: "O Paraíso está na ponta de suas espadas!".[16]

Como todos os místicos da guerra, Alì também era dominado pelo pensamento da morte e da decadência das coisas terrenas. Isso é testemunhado por um grande número de seus sermões. É apenas à luz de palavras como as seguintes que podemos compreender realmente a vocação militar de Alì (e de todo místico) sem interpretá-la mal:

Qual é a sua condição? Sentem-se satisfeitos com aquilo que têm assegurado neste mundo, transcurando o mundo futuro, de cujos bens estão privados? As míseras coisas daqui de baixo lhes dão grande pena e isso aparece em seus rostos e na falta de tolerância por qualquer coisa que lhes seja suprimida, embora este mundo seja considerado por vocês permanente morada e embora sua riqueza seja por vocês apreciada.[17]

Certamente a morte é coisa real e verdadeira! Quem a chama é por ela ouvido e ela acode veloz. Aquilo que a maioria das pessoas afirma não os deve enganar. Vocês viram aqueles que viveram antes de vocês acumular riquezas e com isso se sentir seguros contra a pobreza e a necessidade, pensando que a morte estivesse distante. Mas ela chegou e os levou para longe de suas casas. Eles foram colocados em ataúdes e acompanhados por parentes e amigos até a sepultura. Não dêem atenção a quem procura as coisas terrenas, constrói casas robustas e acumula riquezas, porque deverá um dia deixar tudo [...]. Este mundo não é um lugar de estada permanente, mas é um caminho a percorrer para atingir a morada eterna dos céus. Estejam, portanto, prontos a deixá-lo e tenham seus cavalos sempre selados para a partida.[18]

As primeiras gerações de muçulmanos e o islamismo medieval

Depois da morte de Maomé (632), a comunidade islâmica teve de enfrentar problemas difíceis: antes de tudo definir cuidadosamente os dogmas da nova religião e os preceitos morais; depois encontrar a maneira de enfrentar a realidade de um Estado que, inicialmente circunscrito apenas à cidade de Medina e mais tarde à inteira Arábia, chegou em poucas décadas a abranger um império imenso e variado, da Pérsia ao Norte da África. Tratava-se, enfim, de dar uma organização sólida e precisa à nova "nação islâmica", principalmente por meio de uma meticulosa obra de elaboração jurídica (fundada no Corão e nas *hadith*). Nesse contexto o rigor da justiça era considerado essencial e sinal de fidelidade a Deus e a sua lei: "Qualquer um que interceda para impedir a aplicação de um castigo se opõe às ordens de Deus".[19] Um forte sentido da justiça, um ardente zelo por Deus e uma profunda piedade são os traços mais comuns entre os "santos" das primeiras gerações de muçulmanos. Zelo por Deus significava também guerra: todos os primeiros sucessores de Maomé (os califas) foram, além de chefes religiosos e políticos, chefes militares. Como Alî, também o segundo califa, Omar, seguindo o exemplo de Maomé, foi um guerreiro temível e, às vezes, cruel. A guerra santa era absolutamente inseparável da primitiva comunidade islâmica, ainda hoje presa a um modelo (teórico ou prático, dependendo do caso) pelos muçulmanos, permeado por devorante amor a Deus e pela onipresença da religião.

O cristianismo medieval se dedicou ainda mais que o islamismo a desenvolver uma teologia da guerra santa. Mas no islamismo também não faltam nomes importantes: recordamos Ibn Tumart (morto em 1130), marroquino, fundador de um movimento religioso, político e militar que dará lugar depois ao regime almohade na Espanha, detentor de uma verdadeira espiritualidade guerreira. Mas recordamos principalmente a célebre figura de Ibn Taimiyya (1263-1328), teólogo e polemista de temperamento íntegro e intransigente. Hoje é considerado com freqüência o precursor do moderno fundamentalismo; e na verdade em suas obras vemos exposta uma doutrina político-religiosa que tem muito em comum com Khomeini, por exemplo, ou com Sayyid Qutb. Em particular em sua *Política pastoral*, Ibn Taimiyya descreve os princípios do Estado islâmico teocrático e mostra claramente que não pode existir o islamismo se esse não for vivido e aplicado também nas esferas social e política. Na verdade, Deus, no islamismo (assim como no cristianismo), não ensina apenas as virtudes interiores da alma e a oração do coração, mas também ensina qual é a verdadeira justiça social, como se deve comportar em relação aos malfeitores, quais são os deveres das autoridades e assim por diante. Amar e servir a Deus significa amá-lo e servi-lo em todos os aspectos da vida, tentar conformar aos seus desígnios a vida privada e a vida pública. Se na história do islamismo verificaram-se numerosos casos de relativa separação entre religião e política, isso se deveu a específicas contingências históricas e interesses políticos, não à natureza da religião islâmica, que é em si mesma radicalmente unitária e totalizadora: assim, tudo deve contribuir para maior glória de Deus, a constituição de uma sociedade justa e religiosa, o bem e a salvação das almas.

Ibn Taimiyya, escrupuloso observador da lei corânica, considerava a guerra santa uma das pedras mais preciosas do islamismo: "A *jihad*', escrevia, "é a melhor forma de serviço voluntário que o homem presta a Deus".[20]

> A *jihad* apresenta uma utilidade comum, tanto para quem a cumpre como para os outros, seja do ponto de vista espiritual como do temporal: isso pressupõe e engloba todas as outras formas, interiores e exteriores, de serviço a Deus. Supõe o amor de Deus, a sinceridade, a confiança em Deus, uma abnegação total, um desejo de abandono e de ascetismo, a recordação contínua do Nome de Deus e muitas outras obras que nenhuma outra forma de culto conteria. Todo indivíduo ou coletividade que empreender a *jihad* se encontrará entre duas sublimes alternativas: a vitória e o triunfo ou a morte como mártir e o Paraíso. Toda criatura deve viver e morrer; ora, é na *jihad* que ele pode viver e morrer no grau mais alto de felicidade nesta vida e na outra.[21]

Ibn Taimiyya também aborda a questão do estado interior de quem combate ou castiga. Com freqüência, diz, o combatente é dominado por sentimentos de raiva, de violência e de avidez ou é irreligioso e ímpio diante de Deus. O verdadeiro guerreiro de Deus deve, ao contrário, ser pio, bom e devoto, como dizia também Santo Agostinho; mas o fato é que a guerra santa, apesar de ser um ato de ascese e devoção, é também um instrumento para a defesa da comunidade islâmica e para atingir a justiça social e religiosa. Portanto, mesmo os homens ímpios e violentos, se combatem pela causa de Deus, sevem ao bem comum. Até o terror e a crueldade, embora subjetivamente brotem de mentes sádicas e pouco religiosas, objetivamente colaboram para a conquista da vitória, a defesa da religião e para atingir a paz. Ibn Taimiyya escreve a esse respeito:

> Foi pedido ao imã Ahmed ibn Hanbal qual de dois homens deveria ser escolhido para liderar uma expedição militar: um capaz mas sem religião, ou outro pio mas incapaz. O imã respondeu: "Quanto ao primeiro, ele será de proveito a todos os muçulmanos, com sua habilidade, e será apenas ele a sofrer com sua impiedade. O segundo, ao contrário, terá para si o benefício de sua piedade, mas todos os muçulmanos virão a sofrer com sua incapacidade". O Profeta disse: "Deus fortificará esta religião servindo-se de homens perversos".[22]

Para o bem da religião, dos fiéis e da causa de Deus são úteis, portanto, tanto o exemplo da piedade e da bondade como a eficácia da severidade e da dureza:

> Abu Bakr e Omar, uma vez investidos do poder, foram dois chefes perfeitos. A doçura e a violência que eram atribuídas, na época do Profeta, respectivamente a um e a outro, se equilibravam harmoniosamente [...]. A autoridade se exerce às vezes com a pressão e o terror, e às vezes com a caridade e o amor; mas os dois caminhos, na realidade, seguem juntos.[23]

Um nome, enfim, que não podemos deixar de mencionar é o de Ibn Khaldun (1324-1406), tunisiano, autor de uma obra historiográfica colossal que é ao mesmo tempo uma fonte inesgotável de notícias e de fatos, ainda hoje preciosíssima para todo historiador, e um acurado tratado de sociologia, politicologia e filosofia da história. Ibn Khaldun é geralmente considerado o fundador da moderna historiografia laica no mundo islâmico. Sem dúvida ele, apesar de ser um bom muçulmano, tinha uma visão não muito teológica e religiosa da realidade. No entanto, algumas palavras suas nos mostrarão sua consonância de fundo com o Corão e com Ibn Taimiyya sobre o tema da *jihad*:

> Em razão da necessidade de um governo político para toda organização social humana, os homens precisam de quem seja capaz de perseguir o bem comum, impedindo-os, mesmo com a força, de fazer o que possa prejudicá-los. Ora, na comunidade islâmica, a guerra santa é um dever canônico, devido ao caráter

universal da missão do islamismo e da obrigação de converter todo o mundo, queira ou não.²⁴

Encontramos aqui sintetizados alguns dos pilares da doutrina islâmica sobre a *jihad*, mesmo se a última frase expressa uma concepção agressiva e expansionista que muitos entre os próprios integralistas islâmicos não compartilham plenamente.

O ISLAMISMO DIANTE DAS CRUZADAS

Se com Ibn Khaldun atingimos o período final da Idade Média, é agora necessário dar alguns passos atrás, para retornar ao tempo das cruzadas: diante desses empreendimentos militares, que os cristãos conduziam como uma verdadeira guerra santa, qual foi a atitude dos muçulmanos? Devemos dizer que, depois dos primeiros séculos do islamismo, aquele espírito ardentemente guerreiro e intransigente, aquela espécie de êxtase diante do Deus dos exércitos, foi se enfraquecendo nos países islâmicos. Surgia uma praxe de maior tolerância diante dos não-muçulmanos e as guerras, que se combatiam, haviam perdido na maior parte o caráter estritamente religioso que possuíam no início. Quando, portanto, os cruzados se apresentaram na Terra Santa, armados em nome de Deus e da Fé, os muçulmanos reagiram como se reage diante de um inimigo político e militar: com a guerra, mas sem um particular fervor religioso, pelo qual eram animados, por sua vez, os cristãos. Logo, porém, também entre os muçulmanos se reacendeu o antigo espírito da *jihad*, seguindo o próprio exemplo dos cruzados. E os grandes soberanos do islamismo prezavam, em seu próprio favor e do império islâmico, esse renascimento do zelo guerreiro, estimulado pela religião. Portanto, enquanto armavam os exércitos para enfrentar os cristãos, incitavam os ânimos com o sentimento da *jihad*. Já em 1119, na batalha do Campo de Sangue, os seguidores de Cristo e de Maomé se encontraram ambos a combater uma guerra santa, com as mesmas motivações religiosas. Foi principalmente a partir de 1146, quando Nur al-Din se tornou senhor da Síria, que a propaganda da *jihad* se tornou mais intensa. Em todas as mesquitas (como em todas as igrejas) ressoavam palavras de incitamento à guerra, para estimular os fiéis a reconquistarem os lugares santos de Jerusalém (santos tanto para os cristãos como para os muçulmanos). A Cúpula da Rocha, edificada na colina do Templo, em Jerusalém, era uma mesquita sacra – recordavam os predicadores – e daquele local, segundo o testemunho do Corão (sura 17, 1), Maomé havia realizado a sua misteriosa viagem noturna ao Céu; agora, essa mesquita havia sido profanada pelos cristãos e transformada em igreja. Quando Saladim reconquistou Jerusalém, em 1187, fez remover de cima da cúpula a cruz e instalou aí a meia-lua.

Nur al-Din (também conhecido no Ocidente como Norandino) era homem de grande piedade e devoção. Diz um cronista:

> Fazia muita oração à noite, com louváveis vigílias e rezas; era como diz o verso:
> "Uniu a valentia na guerra
> à devoção ao seu Senhor:
> que belo espetáculo o guerreiro
> em prece no templo!"[25]

Quanto a Saladim (Salah al-Din), que subiu ao poder no Egito em 1171 e na Síria em 1174, foi o mais carismático e potente dos soberanos islâmicos durante as cruzadas; mais que qualquer outro contribuiu para fazer reviver entre os muçulmanos aquele espírito de guerra santa que Nur al-Din já havia suscitado em si e em seus soldados. Saladim consagrou-se para os muçulmanos como o modelo de herói e combatente da Fé, êmulo dos antigos califas (o próprio califa, porém, o havia nomeado oficialmente "protetor dos lugares santos de Meca e Medina"). Os autores árabes contemporâneos a ele frisaram continuamente sua profunda religiosidade. Escreve Baha' al-Din:

> Era de íntegra fé e tinha sempre o nome de Deus nos lábios [...]. De noite, quando estava em seu quarto, pedia a sua sentinela que recitasse duas, três ou quatro seções do Corão, e ele escutava [...]. Humilde e sensível de coração, pronto às lágrimas, costumava comover-se e a chorar em várias ocasiões, ao ouvir recitar o Corão [...]. Venerava ardentemente as regras da fé, acreditando na ressurreição dos corpos, na retribuição dos bons com o paraíso e dos malvados com o inferno, assentindo de coração aberto com tudo o que a Santa Lei ensina, e detestando os filósofos racionalistas, os hereges e os materialistas.[26]

Baha' al-Din enfatiza a abnegação ascética e o amor por Deus que, sozinhos, podem levar um homem (neste caso Saladim) a abandonar tudo por Deus e pela guerra santa:

> Por amor da guerra santa no caminho de Deus deixou a família e os filhos, a pátria e a casa e todo o país, e em todo o mundo se contentou em habitar à sombra de sua tenda [...]. Ele era fortemente afeiçoado e ligado às suas crianças; no entanto, suportava estar separado delas e resignava-se em tê-las distantes de si, satisfeito com os incômodos de uma vida infame – enquanto poderia perfeitamente ter uma diversa – para conquistar mérito diante de Deus e dedicar-se à guerra santa contra os inimigos de Deus. Meu Deus, ele deixou tudo isso pelo desejo de que Tu ficasses contente com ele. E que Tu estejas contente com ele e tenhas misericórdia dele! [...]. Tu sabes que ele gastou todas as suas energias para dar vitória à Tua fé e combateu a guerra santa na esperança da Tua misericórdia.[27]

A imagem de Saladim que emerge de suas antigas biografias é muito semelhante àquela dos santos cristãos que combateram a guerra santa aproximadamente nesse mesmo período, basta recordar São Luís IX ou o santo príncipe russo Alexander Nevskij.

Depois das cruzadas

Depois da morte de Saladim (1193), os muçulmanos continuaram a ter de enfrentar os cristãos, mas voltaram a perder progressivamente o ímpeto religioso. Tanto as guerras como os poucos casos de conciliação foram guiados mais que tudo por motivos políticos e militares. É difícil dizer se o mesmo vale também para as hostilidades dos turcos (otomanos) contra o Ocidente, que se estenderam até o século XVII. A apologia religiosa e a etiqueta da *jihad* não estavam certamente ausentes, mas talvez será necessário esperar até o século XX para reencontrar no islamismo um verdadeiro e profundo *espírito de guerra santa*, realmente sentido como tal.

Uma menção merece, no entanto, o caso de Ismail Shah, fundador em 1502 da monarquia persa. Ele era de etnia turcomena e pertencia à seita mística dos Qizilbash, "cabeças vermelhas", muçulmanos xiitas mas em realidade impregnados de crenças e práticas da religião xamanística. Ismail Shah, autor de numerosas e prezáveis poesias, foi um chefe espiritual, pertencente a uma congregação religiosa, mas agiu principalmente no plano militar, combatendo os otomanos (sunitas) e instaurando a monarquia teocrática safavide no Irã.

Antes de chegar aos tempos modernos, enfim, é obrigatório dizer aqui algumas palavras sobre Mohammad Abd al-Wahhab (1705-1787). Ele viveu na Arábia e pregou um retorno ao islamismo "puro", original, isento de quaisquer acréscimos feitos depois de Maomé e retornado ao seu primitivo monoteísmo absoluto. Abd al-Wahhab condenou, assim, o culto dos santos e também a veneração excessiva do Profeta. Não era, portanto, um "conservador", pois rejeitava vários elementos da tradição islâmica (popular); era, no entanto, um *fundamentalista*. Para ele, Deus era a coisa mais importante e o ponto de referência único para todos os aspectos da existência. Esta sua concepção da *rububiyya* (soberania exclusiva de Deus) é claramente de matriz corânica e constituirá o eixo da reforma política realizada pelo clã de Ibn Saud (de que provém a atual dinastia saudita), toda inspirada no pensamento de Abd al-Wahhab.

O movimento wahhabita pode ser considerado o ponto de partida que levará à formação dos integralismos atuais.

O ISLAMISMO DIANTE DO COLONIALISMO

O fenômeno do colonialismo teve no mundo islâmico uma imensa repercussão. Ainda hoje ele constitui uma das principais "culpas" que os muçulmanos atribuem ao Ocidente e que os leva freqüentemente a uma atitude de desconfiança e hostilidade em relação à Europa e à América. O colonialismo teve, de qualquer forma, o efeito de revelar o Ocidente aos muçulmanos e de induzi-los assim a confrontar-se com ele e a repensar a própria identidade islâmica.

A resposta ao desafio do Ocidente, com as suas idéias de liberdade e tolerância e com o seu progresso científico e tecnológico, foi variada. Na África negra houve uma série de guerras santas contra os infiéis (colonialistas cristãos): al-Hajj Omar Tal (1794-1865) foi ativo, com seus militantes armados, em uma vasta zona compreendida atualmente entre a Guiné, o Senegal e o Mali. Reações semelhantes, nas quais a idéia da *jihad* contra o descrente se aliava com a luta nacional contra o estrangeiro invasor, ocorreram também na Somália com Mohammad Abdullah Hassan. Particularmente plena de valores religiosos foi a *jihad* guiada no Sudão contra os ingleses por *Mahdi* Mohammad Ahmad Abdullah (1844-1885) e na Líbia contra os italianos por Ahmad al-Sharif (1873-1933), chefe da fraternidade mística "Sanusiyya".

Um caso particular foi o dos drusos, seita religiosa ismailita do Líbano: eles combateram contra os europeus durante os séculos XIX e XX, inspirando-se no exemplo de uma antiga ordem religiosa-militar ismailita da Idade Média, os chamados "assassinos", sobre os quais narrou Marco Polo e que estiveram envolvidos, entre outros conflitos, na guerra contra os cruzados.

Bem mais duradouras e decisivas foram as conseqüências da resposta que os intelectuais muçulmanos deram ao Ocidente. Grande parte das mentes mais iluminadas e cultas do mundo árabe do século XIX era literalmente fascinada pela cultura e pela ciência ocidentais. Em especial os sucessos científicos e tecnológicos eram percebidos como bens muito preciosos que deveriam, sob qualquer condição, ser acolhidos no seio do islamismo. Ao mesmo tempo, porém, era forte o sentimento de orgulho da própria identidade islâmica e árabe, e da própria tradição, rica de filosofia, literatura e arte. Uma solução para a fusão dessas duas riquezas igualmente irrenunciáveis foi dada pelo chamado movimento salafita, isto é, de "retorno ao passado". Esse movimento, representado por intelectuais ilustres como al-Afghani (morto em 1897), Mohammad Abduh (morto em 1905) e o próprio Mohammad Iqbal (morto em 1938), propunha a assimilação pelo islamismo dos valores ocidentais (gerados pelo Iluminismo e pelo liberalismo, além da filosofia do século XIX), da mentalidade científica positivista e dos benefícios da tecnologia. Tal absorção deveria "islamizar" cada contribuição ocidental. Mohammad Abduh e Iqbal se apresentavam como defensores da civilização islâmica tradicional, e a filosofia e a ciência do Ocidente serviriam simplesmente para enriquecer o islamismo como novos tesouros preciosos. É evidente, porém, que os salafitas eram na verdade "orgulhosos" do mundo ocidental e que faziam de tudo para sujeitar o islamismo a valores que eram radicalmente estranhos a ele. Tal sujeição teve vida curta. Com o início do século XX muitos salafitas revelaram abertamente sua verdadeira identidade de afinidade com o Ocidente. Começa assim a corrente do modernismo islâmico, permeada de uma admiração incontida pelo "Paraíso das descobertas científicas", segundo a expressão de al-Mashriqi.[28] O modernismo é ainda hoje muito vivo no mundo islâmico e é representado principalmente por pensadores residentes na Europa. Seu propósito é manter a identidade cultural e religiosa islâmica, mas livrando-a de todos os elementos que contrastam com a mentalidade moderna ocidental, laica, democrática e materialista. É claro que a primeira vítima de tal pensamento é a *jihad* (reduzida já a pura guerra defensiva, em casos extremos), além do código penal corânico, considerado absolutamente incompatível com os novos tempos e com os direitos humanos.[29]

Como dizíamos, porém, os salafitas, mesmo encantados com a civilização ocidental, se propunham originariamente a permanecer fiéis ao islamismo, mantendo suas leis, tradições e costumes. Alguns seguidores do movimento salafita, no entanto, percebendo que tal manutenção da identidade islâmica era inconciliável com os valores do Ocidente, optaram por recusar este último. Um discípulo de Mohammad Abduh, Rashid Rida (morto em 1935), pode ser considerado um pioneiro desta escolha radical que levará em seguida à ruptura total com o mundo "cristão-ateu" que será típica dos integralismos.

A civilidade à qual o integralismo islâmico se opõe é aquela laica anti-religiosa e semi-atéia, que na verdade coincide com os países tradicionalmente cristãos. A conseqüência é que o cristianismo, visto paradoxalmente como a religião do ateísmo, do modernismo e da secularização, é colocado na mira da grande maioria dos muçulmanos ortodoxos.

Os Irmãos Muçulmanos e o retorno ao integralismo

Uma primeira organização coerente e sistematização, tanto ideológica como prática, do novo pensamento forte do islamismo se dá com a criação do grupo dos Irmãos Muçulmanos, fundado pelo egípcio Hasan al-Banna em 1928. O objetivo é bastante claro: restaurar o islamismo em sua integridade, segundo os preceitos do Corão e seguindo o modelo de Maomé e de seu Estado islâmico em Medina, sem mais compromissos com a modernidade e com a mentalidade deste mundo secularizado. Al-Banna escrevia:

> O islamismo é fé e culto, pátria e cidadania, religião e Estado, espiritualidade e ação, livro e espada! [...] Os Irmãos Muçulmanos têm, com assiduidade, meditado sobre o Livro de Deus, por ele são conduzidos e orientados, para chegar à conclusão de que o islamismo é uma concepção total, de vocação universal, que envolve todos os aspectos da vida.[30]

Al-Banna não desconhece a proeminência da vocação espiritual do islamismo, não ignora que a primeira e "maior guerra santa" (*jihad akbar*) é aquela que acontece no interior do homem para a purificação dos vícios do coração, do ódio e da avidez, mas – como ele mesmo explica em seu *Tratado sobre a guerra santa* – "com esse pretexto [da primazia da grande guerra interior] alguns procuram desviar o povo quanto à importância da luta armada e da sua preparação"[30a], luta que para al-Banna é necessária para preservar o Egito e o mundo islâmico da penetração do materialismo ocidental.

Alguns anos depois da fundação dessa associação, um de seus membros cometeu um atentado contra o primeiro-ministro Nuqrashi. Em 1949 o próprio Hasan al-Banna é assassinado pela polícia secreta egípcia. São os sinais de uma guerra declarada. Os Irmãos Muçulmanos estão prontos a usar a força, com o fim de libertar seus correligionários de um regime despótico que pactua com a civilização atéia ocidental. Era evidente que, para usar uma expressão de Santo Agostinho, a força dos ímpios era alimentada pela fraqueza dos justos. Tratava-se, portanto, de ter força e coragem, de empunhar as armas, se necessário.

Ainda faltava ao movimento, porém, uma precisa sistematização da sua ideologia. Os Irmãos Muçulmanos se orientavam pelo Corão, pelos *hadith*, por Ibn Taimiyya e poucas outras fontes da tradição, mas não possuíam o seu ideólogo oficial, alguém que escrevesse a síntese do islamismo de sempre, aplicado, porém, ao mundo de hoje, ou seja, alguém que escrevesse uma *suma*, teórica e operante ao mesmo tempo, do islamismo autêntico, aquele pregado pelos integralistas. Podemos dizer que a pessoa que suprirá tal falta será Sayyid Qutb.

Sayyid Qutb

Sayyid Qutb nasceu próximo a Asiut, no Egito, em 1906. Depois dos estudos, em diversos campos, tornou-se pesquisador e professor, ganhando fama de intelectual de prestígio. Estudou longamente também a cultura e a filosofia ocidentais e de 1949 a 1951 morou nos Estados Unidos para aprofundar estudos pedagógicos. É somente então, com a idade de 45 anos, que Qutb, do típico erudito intelectual moderno se torna o ideólogo do mais rígido integralismo islâmico. A sua conversão tem verdadeiramente um elemento desconcertante: Qutb não pode ser acusado de ignorância, de mesquinhez ou de superficialidade; no entanto, depois de todos os seus estudos e do ótimo conhecimento que atingiu da cultura ocidental, optou por uma religiosidade total, teocêntrica, no oposto da mentalidade moderna. Em 1951 Qutb aderiu ao Irmãos Muçulmanos. Em 1954 foi aprisionado pelo regime de Nasser, por causa de sua ideologia extremista e da sua militância junto aos Irmãos. Permaneceu na prisão até 1966, quando o governo o executou por enforcamento. Naqueles longos anos de reclusão escreveu numerosas obras. A primeira entre todas, o monumental *Fi zilal al-Qur'an* ("À sombra do Corão"), uma verdadeira *suma* do islamismo integralista, sintetizada depois em seu *Ma'alim fi 'l-tariq* ("Pedras miliárias no caminho"), que permanece ainda hoje o vade-mécum por excelência de todo militante islâmico.

Venerado como mártir por muitos muçulmanos, Qutb tem vários traços em comum com o grande mártir católico do século XVI Tomás Moro, o qual, para permanecer fiel à Igreja Romana, aos princípios sadios da religião e à sua consciência moral de cristão, preferiu sofrer a prisão e a morte (foi decapitado por ordem do rei Henrique VIII em 1535). Por essa sua coerência e integridade, que chegou ao martírio, foi proclamado santo pela Igreja Católica.

A peculiaridade extraordinária da obra de Sayyid Qutb é que foi escrita por um homem que até a idade de 45 anos havia aderido perfeitamente à mentalidade moderna e portanto sabia compreendê-la e apreciá-la: condenou-a radicalmente, mas depois de tê-la conhecido. Suas idéias, por mais "extremas" que sejam, são sempre expostas por ele com inteligência e perspicácia. Em Sayyid Qutb encontramos assim o autor que, talvez melhor que qualquer outro, pode nos ajudar a *compreender* verdadeiramente o integralismo islâmico.

Qutb parte da constatação da condição atual da humanidade: em todos os lugares se percebe perda de valores, relativismo e niilismo; os jovens se deixam levar ora por uma ideologia ora por outra; procura-se a própria realização no sucesso econômico, nos prazeres imediatos e superficiais; cada um persegue seus míseros interesses sem se questionar sobre qual seria o bem verdadeiro para si e para os outros; contínuas reivindicações de direitos perturbam a paz da sociedade e da família, e quem reivindica não sabe mesmo o que verdadeiramente quer e se isso que quer o tornará feliz; uma contínua agitação torna os ânimos inquietos; a falta de moralidade leva ao mau gosto e à obscenidade de todo tipo; existe a liberdade de fazer tudo, mas essa liberdade parece vã e repulsiva... Como levar, portanto, ajuda a um mundo tão em decadência? Qutb considera que para o homem é possível ser feliz, pelo menos mais feliz do que essa situação. Mas para atingir felicidade e serenidade é necessário colocar ordem nos valores e nas coisas; é preciso perceber que o dinheiro não pode e não poderá nunca nos tornar mais felizes, nem o fato de sermos bombardeados por grande quantidade de notícias e espetáculos, nem a liberdade de gozar todo tipo de prazer, nem a interminável reivindicação de direitos. Ao contrário, aquilo que poderá levar tranqüilidade ao nosso coração e à nossa sociedade é a atitude de dar prioridade aos valores espirituais e humanos, a regulação da justiça social segundo critérios de caridade e de solidariedade, o cultivo da paciência, da humildade, da piedade e o abandono a Deus. Existe, assim, uma estrada para libertar o homem de tanta miséria que o oprime. Existe e é anunciada – diz Qutb – de modo perfeito e maravilhoso pela Palavra de Deus, pelo Corão. Dessa forma, é natural que Deus, criador do universo e do homem, melhor que ninguém saiba o que pode satisfazer o homem, o que pode torná-lo feliz. Deus nos ensina, portanto, através do Corão, qual é o nosso bem verdadeiro, o que pode nos dar paz e serenidade, e nos coloca em alerta quanto aos bens efêmeros e ilusórios dos quais não podemos lograr mais que desilusão, insatisfação e náusea. "Deus sabe" – diz Qutb –, "confiemos nele!" Então seguir as indicações do Corão e observar seus ensinamentos é a via mestra para atingir a realização humana e a felicidade autêntica, individual e social. A conseqüência é que a aplicação plena do Corão e o reconhecimento do primado absoluto de Deus sobre todas as coisas coincidem com o bem do homem e sua libertação de todos aqueles falsos valores e bens ilusórios que o aprisionam no sofrimento e na infelicidade. Escreve Sayyid Qutb:

> Esta religião é verdadeiramente um anúncio universal da libertação da escravidão imposta pelos outros homens e pelas próprias paixões, a proclamação de que só a Deus pertence a soberania e a senhoria do mundo.[31]

As idéias de Qutb que expusemos – note-se entre parênteses – correspondem em muitos aspectos àquelas dos papas do século XIX e do início do século XX. Gregório XVI, Pio IX, Pio X tinham um olhar profundamente negativo sobre a realidade de seu tempo, vista como corrupta, depravada, imoral, libertina e ímpia. A atitude de Qutb é também comparável àquela dos cristãos dos primeiros séculos. Em um mundo decadente, como era o final do império romano, inundado por uma liberdade desenfreada quanto aos prazeres carnais, uma falta quase total de sentido religioso e uma imoralidade sem limites, os cristãos eram os "integralistas" que, condenando severamente e sem compromissos todas essas perversões, adotavam posições de rígida moralidade, que podiam ir até o martírio. Quando lemos as palavras de enérgico desprezo de Qutb contra o hedonismo que se alastra pelas sociedades européias, a devassidão das mulheres, a avidez pelo dinheiro, não lemos nada de novo: palavras quase idênticas (incluindo a recomendação feita às mulheres de portar o véu) se encontram nos escritos de São Cipriano e Santo Epifânio.

Neste ponto Qutb faz uma observação de grande importância. O homem se encontra em seu estado de miséria e de erro não por livre escolha, mas porque é obrigado; em alguns casos se trata de obrigação física, por exemplo onde governos injustos obrigam os menores a trabalhar ou onde os seguidores da fé são aprisionados. Mas muito mais freqüentemente a coerção é psicológica: a propaganda, os condicionamentos sociais, os meios de comunicação, a força da mentalidade coletiva são todos fatores que violentam os espíritos; parecem deixá-los livres para escolher, mas na realidade os condicionam a tal ponto que se transformam em obrigações. Existem, portanto, forças que mantêm o homem prisioneiro e o prejudicam, mesmo se aparentemente o deixam livre. Essas forças estão em mãos de pessoas e entes que as gerenciam: os jornais, os livros e as publicidades são dirigidos por pessoas; os interesses egoístas e injustos, as paixões imorais e depravadas, as licenciosidades sedutoras e nocivas não são guiadas por pessoas específicas, mas são evidentemente permitidas por quem (a autoridade civil) teria o poder de impedi-las; não as impedindo, indiretamente as favorecem. Existem, portanto, responsáveis (pessoas ou entes) pelo mal que aflige o homem. Eles oprimem o homem e o mantêm acorrentado (material ou psicologicamente). É, assim, dever da religião libertar o homem de tal opressão, eliminando esses fatores coercitivos, instaurando em seu lugar um reino de autêntica e não ilusória liberdade e, ao mesmo tempo, uma orientação eficaz para o bem, orientação que consiste na aplicação dos preceitos de Deus. Seguindo as diretrizes de Deus, também no campo social e político, seguramente somos conduzidos ao melhor.

Se não nos deixamos guiar por Deus, encontramo-nos automaticamente guiados, mesmo sem perceber e sem querer, por "poderes condicionantes" da sociedade. Além disso, se o homem é deixado a si próprio, sem orientação, dificilmente evita cair à mercê de suas paixões, dos seus egoísmos, de sua cegueira e, na ilusão de ser livre de tudo e de todos, torna-se na realidade "escravo de paixões e prazeres de todo tipo", como dizia São Paulo (Tt 3,3). Tal foi também a opinião de Leão XIII: "Liberdade verdadeira e desejável é aquela que para o indivíduo consiste em não se sujeitar à duríssima escravidão do erro e das paixões".[32] Mas para ser libertado de tal escravidão interior o homem precisa de uma "salutar coerção"[33], que rompa essas correntes e o conduza ao caminho correto.

Assim, "a instauração do reino de Deus sobre a terra", escreve Qutb, "[...] não pode ser obtida apenas através da pregação".[34] Na verdade os homens encontram-se, como explicamos, "prisioneiros" e não estariam em condições de responder livremente ao apelo de uma simples pregação; quanto aos responsáveis por essa opressão e prisão, eles dificilmente cederiam as rédeas de seu poder diante de um inerme pregador.

> Quem, portanto, compreender a verdadeira natureza desta religião [...] perceberá a absoluta necessidade que o movimento islâmico empreenda também a luta armada, além do empenho da pregação.[35]

A *jihad*, "cujas razões devem ser procuradas na própria natureza do islamismo" e que é, portanto, inseparável dessa religião, é a "defesa do homem contra todos os elementos que limitam sua liberdade e dificultam sua libertação".[36] Os poderes que oprimem e escravizam o homem não podem ser eliminados, com freqüência, se não com a força, com a espada. Concretamente isso significa, segundo Qutb, que os agentes da secularização e da licenciosidade devem ser combatidos militarmente e substituídos por poderes que "desintoxiquem" o homem e lhe dê novamente a liberdade de escolha, também assistindo-o com uma sólida orientação que o conduza para o caminho dos valores sadios e do bem autêntico.

Essa obra de mobilização armada e de instauração de um governo islâmico é definida por Sayyid Qutb como "fase de Medina", aludindo àquelas partes do Corão que foram reveladas durante o período medinense da vida de Maomé e que incitam a combater os ímpios e a edificar um sólido poder teocrático. Às vezes, porém, a comunidade dos muçulmanos pode se encontrar também na "fase de Meca", quando é mais oportuno ser paciente e resistir. Qutb considera, de qualquer forma, que nas contingências históricas atuais, em que os homens se encontram literalmente sob um bombardeio de idéias doentes, de valores perversos, de seduções letais, o imperativo seja empunhar imediatamente as armas para libertar os nossos irmãos de tal trágica dizimação de almas.

Percebe-se claramente que as idéias de Qutb coincidem quase totalmente com aquelas, já ilustradas por nós, de, por exemplo, Santo Agostinho e do Concílio Lateranense IV. Sayyid Qutb se encontra, além disso, em visível sintonia com a doutrina cristã, principalmente de São Bernardo, quando fala do aspecto espiritual e místico da guerra: a guerra como serviço a Deus e pela libertação do homem, a guerra como ascese e prova moral, como forma de contemplação e preparação para a morte, a guerra como martírio pela Fé. Escreve Qutb:

Ser muçulmano significa ser um *mujahid* ("guerreiro", mas também "asceta"), uma comunidade de fiéis perenemente em armas, prontos a colocar-se à disposição da vontade de Deus, onde e quando Deus o quiser, porque só Ele é o verdadeiro chefe na batalha. O islamismo aspira à paz, mas por causa de agressões sofridas é obrigado a descer ao terreno da guerra e a utilizar a força militar, para proteger a liberdade de consciência e de pregação todas as vezes e onde for necessário.[37]

Como dizia também Santo Agostinho: "Junto aos verdadeiros cultivadores de Deus até as guerras são pacíficas: não são conduzidas por cobiça ou por crueldade, mas por desejo de paz, até que os maus sejam reprimidos e os bons, ajudados".[38] Prossegue Qutb:

> O recurso à guerra é antes de tudo um exercício moral e espiritual para os fiéis nela empenhados: coloca-se à prova para fazer emergir virtudes morais sólidas; a guerra nos liberta das paixões vãs deste mundo e ajuda a mudar interiormente o ânimo humano preparando-o para eventual morte em batalha [...]. Os combatentes que caem em batalha são mártires da Fé [...]. O combate por Deus (*jihad*) não tem outro objetivo que o próprio Deus: impor a ordem divina no mundo terreno [...]. Por isso, os mártires da Fé não morrem verdadeiramente, mas continuam a viver, mudando apenas a forma de vida, como Jesus, filho de Maria, que não morreu na cruz definitivamente.[39]

Maududi

O pensamento do paquistanês Abu 'l-A'la Maududi (1903-1979) é em grande parte semelhante àquele de Sayyid Qutb. Junto a este e a Khomeini pode ser considerado o principal ideólogo do integralismo islâmico atual. Suas obras, talvez ainda mais que aquelas de Qutb, são adequadas para que os ocidentais compreendam a mentalidade dos muçulmanos radicais: Maududi, que é certamente um radical, expõe, no entanto, suas idéias com uma linguagem equilibrada e branda, com clareza e quase "doçura".

A doutrina de Maududi sobre a guerra santa difere daquela de Qutb apenas pelo tom mais manso em que é anunciada e porque o teólogo paquistanês tem uma perspectiva menos agressiva. Escutemos suas palavras:

> [A defesa do islamismo] significa, em sua essência, colocar à prova a nossa sinceridade de seguidores do Islã. Se nós não defendemos um amigo das intrigas e das agressões dos seus inimigos, nem nos preocupamos com seus interesses, se aquilo que nos guia é apenas o nosso egoísmo, nós, na verdade, somos falsos amigos [...]. A *jihad* é uma parte desta defesa do islamismo. *Jihad* significa luta até o limite de nossas forças. Um homem que faça todo o possível, fisicamente ou moralmente, ou utilize os seus bens pela causa de Deus está, de fato,

empenhado na *jihad*. Mas na linguagem da lei religiosa essa palavra tem o significado técnico de "guerra declarada em nome de Deus contra os opressores e os inimigos do islamismo". Tal supremo sacrifício da vida é obrigação de todos os muçulmanos, da mesma forma que as Orações Canônicas e o Jejum. Aquele que se afasta da *jihad* é um pecador. Pode-se até duvidar de sua fé islâmica. Ele não é mais que um hipócrita, que não conseguirá superar a prova da sinceridade e todos os seus atos de culto e todas as suas Orações não são mais que um engano, não mais que uma vã simulação de devoção.[40]

Se, por um lado, Maududi não tem dúvidas sobre o dever canônico de todo muçulmano de aderir à guerra santa, para provar a própria fé e para cumprir este preciso preceito religioso, por outro ele não vê na *jihad* um instrumento absolutamente necessário para instaurar uma sociedade islâmica. Afastando-se ligeiramente nesse ponto da posição de Sayyid Qutb, Maududi considera que a fé e o estilo de vida islâmico sejam e permaneçam sempre uma escolha livre do indivíduo, tanto em uma sociedade com estruturas laicas ou atéias, como em um regime teocrático. E que, portanto, o uso da força seja um instrumento "útil", mas não absolutamente necessário. Escreve:

> Haja ou não polícia, tribunal ou cárcere no mundo para impor a observância destas regras éticas, a fé, fortemente radicada no coração, é a força real que está por trás da lei moral no islamismo. A fé ajuda a reforçar a observância da moral. Se a opinião popular e os poderes coercitivos do Estado existem para dar a ela um suporte, tanto melhor; de outra forma, essa fé mesmo sozinha pode manter um indivíduo ou uma comunidade muçulmana no caminho correto da virtude, uma vez que a centelha da fé genuína mora nos corações.[41]

A coerção e a legislação penal islâmica não podem – afirma Maududi – *obrigar* a sociedade a estar em uniformidade com a lei religiosa. Quanto ao que se refere, por exemplo, à tutela da unidade e da estabilidade da família, "a intenção do islamismo é que o casamento possa se tornar fácil e a fornicação a coisa mais difícil, e não vice-versa, como acontece na maior parte das sociedades atuais".[42] E é por isso que o islamismo veta as relações extraconjugais, a indumentária impudica para as mulheres, que se freqüente espetáculos lascivos, prevendo punições severas para os transgressores. O objetivo da religião é, portanto, favorecer e facilitar o bem e a moralidade e de tornar, ao contrário, difícil e perigosa a corrupção moral; a qual, no entanto, permanece sempre uma possibilidade da livre escolha individual.

Nas sociedades ocidentais acontece o exato oposto. A fornicação e a impudicícia contam com a indiferença ou, mais freqüentemente, com o explícito favor da opinião pública, da televisão e da lei do Estado; enquanto quem deseja se ater aos princípios morais, mesmo sendo livre para fazê-lo, acaba sendo dissuadido de todos os modos por uma tenaz hostilidade dos *mass media* e do ambiente circunstante.

Khomeini

As idéias nascidas nos ambientes integralistas e codificadas depois magistralmente por Sayyid Qutb e por Maududi se concretizaram finalmente no tão esperado governo islâmico quando, em 1979, o aiatolá Ruhollah al-Musavi al-Khomeini (1902-1989) derrubou no Irã a monarquia do xá Pahlevi e instaurou um Estado fundado nos princípios da religião e nos preceitos do Corão. O fato de que Khomeini fosse xiita não prejudica a sua substancial consonância de pensamento com os sunitas Qutb e Maududi. A única diferença de certo peso é que no xiismo existe a figura do imã e do aiatolá, autoridades religiosas quase sacras, ausentes entre os sunitas. Mas o princípio fundamental, segundo o qual Deus é o senhor da vida espiritual e temporal e "só a Deus é reservado o poder legislativo"[43] coloca lado a lado Khomeini e os integralistas sunitas.

O aiatolá expôs seu pensamento, além de suas concretas diretrizes de governo, também em numerosos discursos e, principalmente, no livro *O governo islâmico*, coletânea de aulas dadas em Najaf em 1970. A obra tem muitas partes de caráter prático e produtivo, cujos ensinamentos subsidiaram os insurrectos da República Islâmica instaurada em 1979, mas as idéias teóricas de fundo são aquelas de Qutb: só a fé e a religião, só a aplicação das normas corânicas podem libertar o homem de sua miséria e dar-lhe paz e serenidade: "O venerável Corão e a nobre Sunna [os *hadith* do Profeta] contêm todas as regras e as disposições para tornar felizes os seres humanos e para conduzi-los à sua realização".[44] E ainda: "A riqueza, a capacidade e os recursos, para se tornarem completos e equilibrados, para servirem o homem e afastar dele a injustiça e a pobreza, precisam da fé, da doutrina e da moral islâmicas".[45]

Como Qutb, também Khomeini considera que a obra de libertar o homem e "reempossar" Deus não pode ser levada adiante sem o recurso à força. Um trecho de Morteza Motahhari, grande teólogo iraniano e apoiador de Khomeini, é revelador a esse respeito:

> Os pais têm dois tipos de afeto em relação ao próprio filho: um racional, outro emotivo. O afeto racional às vezes os induz a realizar uma ação que aparentemente causará dor e aflição ao filho. Por exemplo, poderiam levá-lo à mesa de um cirurgião para a amputação de um membro supurado; apesar do sofrimento e chorando, eles insistiriam para que o médico operasse o filho o mais rapidamente

possível. Versarão as lágrimas de seu afeto emotivo, pedindo ao mesmo tempo a cirurgia em razão de seu afeto racional.⁴⁶

Mais uma vez, a afinidade com o cristianismo é estreitíssima. "Esteja contigo", escrevia o papa Anastácio III, "a doçura do bom pastor e a severidade do juiz [...]. Usa o castigo disciplinar para atingir os pecados sem nunca, porém, abandonar o amor pelas pessoas que estás corrigindo".⁴⁷ "É, portanto, grande demonstração de piedade", dizia São Leão Magno, "revelar os subterfúgios dos ímpios e aniquilar neles o demônio pelo qual são subjugados".⁴⁸ E Inocêncio III: "Surrem, para saná-los; matem, para dar-lhes vida!".⁴⁹

Da mesma forma, prossegue Motahhari, "com o fim de eliminar a corrupção de uma sociedade em que prevalecem a falta de religião e sua ignorância, o islamismo fornece indicações para conduzir uma batalha armada".⁵⁰

Integralismo e movimentos armados

Nas últimas duas décadas a idéia de guerra santa difundiu-se sempre mais no mundo islâmico. Assistimos atualmente a uma verdadeira progressão dos integralismos, organizados em grupos sempre mais numerosos. Em muitos países foram criados grupos armados e terroristas. As ideologias professadas por essas organizações e os meios por elas usados se tornam sempre mais drásticos e extremos. Seus membros são, com freqüência, homens de caráter violento e desprovidos de uma aprofundada formação religiosa e espiritual. Se isso é sem dúvida verdadeiro, é também certo que tais grupos armados inspiram-se diretamente em grandes e talentosos pensadores como Qutb. Os objetivos que aqueles perseguem são os mesmos que os de Qutb; o fundamento de sua atividade é a fé, a religião, o Corão, Deus. Uma personalidade de primeiro plano nesse campo é Abd al-Salam Faraj, um discípulo de Qutb. Como o seu mestre, também ele foi enforcado (em 1982, depois do assassinato, por ele liderado, do presidente egípcio Sadat). Faraj constitui um ponto de ligação entre o pensamento filosófico e espiritual de Qutb e a militância agressiva de grupos armados egípcios como Tahrir ("Libertação"), Takfir ("Anátema") e Jihad. É interessante notar que a obra principal de Faraj, intitulada significativamente *O dever transcurado* (alusão à guerra santa), é composta quase inteiramente por citações retiradas da obra de Ibn Taimiyya.

Seria, portanto, um grave erro ver em Takfir, Hamas ou nos Taleban um grupo de homens fanáticos, guiados apenas pela crueldade e talvez por interesses mesquinhos. O fanatismo existe, a crueldade, infelizmente, também, mas a raiz é espiritual. Assim, é correto definir como *jihad* as suas represálias, mesmo quando se trata, o que acontece com freqüência, de uma *jihad* contaminada com muitos elementos não conformes ao Corão e ao desejo de Deus. Maomé exortou constantemente à *jihad*, mas, como diz um seu *hadith*, "proibiu de matar mulheres e crianças [...], idosos e doentes".⁵¹ Se, portanto, por um lado é errado reduzir todas as milícias integralistas a simples peões políticos fanatizados, é igualmente equivocado chamar de *jihad* qualquer ação militar de grupos islâmicos, interessados às vezes mais em questões de nacionalismo e de território ou de vingança política que na luta por Deus contra as forças do Mal. Abdal-Samad Sayyal, um dos fundadores e chefes do movimento integralista paquistanês Harakat al-Jihad, comentou recentemente o atentado de 11 de setembro de 2001 contra as Torres Gêmeas nesses termos:

> Aquilo que ocorreu em Nova York não é *jihad*, não é guerra santa, mas terrorismo: não é um gesto que pode ser aceito por um verdadeiro *mujahid* [...]. O terrorismo não tem religião, não tem princípios, é como um animal selvagem que se nutre de frustração. O *mujahid* da guerra santa age, ao contrário, segundo princípios e segundo uma ideologia, e tem limites, estabelecidos pelo Corão e pelos *hadith*.⁵²

O mesmo vale para o cristianismo. As cruzadas, por exemplo, foram sem dúvida empreendimentos guiados pela fé, desejados pela Igreja, animados por profunda espiritualidade. Isso não exclui, no entanto, o fato de que foram manchadas por numerosas torpezas, causadas pela fragilidade e má índole humanas. Os massacres de judeus durante a primeira cruzada, em 1096, ou a tomada e saque de Constantinopla em 1204, durante a quarta cruzada, foram atos contrários à vontade do papa, contrários ao espírito das cruzadas e condenados pela Igreja. Deve, portanto, ser bem distinguido aquilo que é desejado pela religião daquilo que é contrário a ela.

O terrorismo, como veremos no terceiro capítulo, tem suas motivações religiosas e espirituais; mas é compreensível que um Sayyal aponte acuradamente a diferença entre *jihad* e terrorismo: este último muito facilmente foge a qualquer limite ético e religioso. No entanto, a distinção nem sempre é fácil. Em alguns casos os atos terroristas são considerados necessários como estratégia para atingir o fim da *jihad*; em tal caso as vítimas entre os civis não são desejadas, mas são inevitáveis. Ahmed Yassin, chefe espiritual do Hamas (morto em ataque de um helicóptero israelense em 22 de março de 2004), disse em uma entrevista: "Somos contra qualquer inútil derramamento de sangue"⁵³; "não queríamos que estivessem envolvidos civis inocentes, mas não temos alternativas".⁵⁴

Torna-se evidente que é totalmente arbitrário demonizar, definindo como "terroristas", aqueles que, por exemplo, no Afeganistão ou no Iraque, combatem com os meios que possuem para enfrentar a invasão americana e européia. Nesse caso aquilo que chamamos de "vil terrorismo" nada mais é que legítima e – podemos dizer – heróica resistência contra o invasor. O fato é que as Nações Unidas ou o assim chamado direito internacional orientado pelo Ocidente estabelecem que o "terrorismo" é ilegal enquanto os tanques de guerra e os mísseis ocidentais seriam legais. Isso tende a nos afastar de considerar qual é o objetivo da luta: se o fim é o abuso e a injustiça, qualquer meio para realizá-lo se torna *ipso facto* injusto; o próprio direito internacional se torna então uma forma, mais refinada, de violência e abuso, "continua sendo, agora e sempre, violência, pronta a se voltar contra qualquer um que se opuser".[54a] Ao contrário, quando o fim é a legítima defesa, então o terrorismo se torna uma arma como outra qualquer, legítima e justa. Como diz Santo Agostinho: "Se [o homem justo] realizou uma guerra justa, ela permanece justa seja ele conduzindo-a em aberta batalha, seja vencendo com insídias".[54b]

Em outros casos particulares, ao contrário, não se pode falar de "resistência", mas de terrorismo como fim em si mesmo: a própria crueldade da ação terrorista e da morte de civis e crianças se transforma em ato religioso e quase sacro. Assim, os Grupos Islâmicos Armados argelinos (GIA) praticam um tipo de *jihad* muitíssimo cruel, mas ao mesmo tempo carregado de valores simbólicos religiosos: os infiéis e os hipócritas (*munafiqun*) são degolados com o rito do *dhabh*, prescrito pelo Corão para os animais; faz-se um corte nítido na garganta dizendo: "Em nome de Deus!". Dessa forma a morte é legitimada e sacralizada. As vítimas são, além disso, decapitadas, de modo que no Dia do Juízo Final, quando os corpos ressurgirão, permaneça neles o sinal da decapitação por causa de sua infidelidade a Deus; às vezes essas vítimas são também queimadas, como "antecipação" do fogo do inferno. É difícil dizer se se trata de crueldade desumana mascarada de religião, ou de sincera religiosidade, por mais desumana e cruel que seja.

Um outro fenômeno, que hoje é tristemente conhecido e aumenta cada vez mais, é a adoção do suicídio a serviço da *jihad*. Principalmente entre os militantes palestinos contra Israel, mas também no âmbito do terrorismo islâmico internacional, multiplicam-se dia a dia as ações dos *kamikaze*. Sua ação, na verdade, não pode ser comparada a um suicídio normal (ato condenado pelo islamismo assim como pelo cristianismo): trata-se de um sacrifício voluntário, de um martírio. Já na Bíblia se elogia a iniciativa de Eleazar Avaran, um dos soldados de Judas Macabeu, que, lutando contra os pagãos, "sacrificou-se para libertar seu povo" e, assim, "meteu-se debaixo do elefante [sobre o qual se sentava o rei Antíoco V] e dali o matou. O elefante caiu por terra sobre Eleazar, que morreu no mesmo lugar" (1Mc 6,43-46). A morte voluntária de um homem se torna assim a salvação para o povo. O suicídio religioso pode assumir ainda valores bem mais profundos e complexos que aqueles delimitados por considerações meramente religiosas e morais. Ele pode ultrapassar os confins do ato religioso, para transformar-se em um "paradigma psicológico", em uma emanação mística e visceral que invade completamente o kamikaze:

> Sim, o soldado, em sua relação com a morte, no sacrifício de si próprio por uma idéia, ignora praticamente tudo sobre os filósofos e seus valores. Mas nele, em suas ações, a vida encontra uma expressão mais forte e mais profunda que aquela que poderia encontrar em qualquer livro. E assim, de todo o absurdo de um fato exterior absolutamente insano, escapa sempre uma verdade luminosa: que a morte por uma convicção é uma elevação suprema. Ela é declaração, ato, cumprimento, fé, amor, esperança e fim; ela é, nesse mundo imperfeito, algo de perfeito, a própria perfeição. Não importa a causa, tudo está na convicção. Pode-se bem morrer soterrado em um erro patente: no entanto, é o que de mais grandioso se poderia fazer [...]. Quem morre por um erro se torna, mesmo assim, um herói.[55]

Estas palavras de Ernst Jünger expressam muito bem aquele misterioso fascínio da missão dos *kamikaze*. Sem compreender tal aspecto, seria difícil explicar, em bases puramente "religiosas", a atração que exerce em muitos jovens essa forma de suicídio.

Como se vê, o mundo do integralismo islâmico e dos movimentos armados é muito variado. O fato é que no islamismo falta uma autoridade central suprema, como o papa no catolicismo. A única autoridade verdadeira é o Corão, mas ninguém está habilitado a dizer qual é a correta interpretação, por exemplo, da *jihad*. Há quem legitime o recurso a meios extremos e terríveis, como Osama bin Laden; há quem, ao contrário, mesmo aderindo plenamente à "guerra santa contra a ordem mundial desejada pelos Estados Unidos"[56], adota posições mais brandas e cautelosas, como Sayyal ou Maududi. Mas o espírito desta guerra santa é comum a todos os muçulmanos radicais e encontramos uma ótima síntese dele nas seguintes palavras de Ali Belhadj, líder da Frente Islâmica de Salvação argelina:

> A democracia coloca no mesmo plano a impiedade e a fé. A idéia democrática é uma idéia nefasta que envenena a consciência das pessoas. É incensada de manhã à noite, esquecendo que se trata de um veneno mortal, pois se funda em um princípio ímpio [...]. Não é necessário se ater às palavras, basta compreender a filosofia que existe por trás: trata-se de uma filosofia que afirma a autonomia, a liberdade [...]; mas "liberdade" é um *slogan* maçônico lançado para corromper o mundo. Por trás das ideologias ocidentais – liberalismo, existencialismo, marxismo – que apelam ao princípio da liberdade, se encerram em realidade perigos gravíssimos, os maiores dos quais são o materialismo, a propaganda licenciosa

e o ateísmo [...]. A palavra liberdade contém, na verdade, a idéia de rebelião dos seres humanos contra a autoridade suprema de Deus. Na medida do possível, nós nos oporemos com força a essa palavra e à ideologia que ela esconde, à violência que está implícita nela e que leva o povo a cultivar sentimentos de avidez, como feras pelo sangue. A palavra liberdade é uma mistura de venenos maçônicos e hebreus destinados a corromper o mundo em vasta escala. Ao contrário, no islamismo a liberdade é ligada à lei de Deus, não é garantida pelo direito dos homens [...]. Na sociedade ocidental é o Estado, na verdade, que garante a liberdade: ela, assim, se torna ilusória [...]. A liberdade sem regras é anarquia, decadência, licenciosidade [...]. A democracia ímpia considera que o homem pode construir seu próprio destino independentemente de seu Criador.[57]

Islamismo e Cristianismo

O trecho acima citado de Ali Belhadj parece evocar, quase literalmente, a encíclica *Mirari Vos* de Gregório XVI e muitos outros documentos dos papas do século XIX. Na verdade, a semelhança de atitude entre o cristianismo e o islamismo é surpreendente. Como se viu nestes dois capítulos, a idéia de guerra santa foi teorizada e vivida pelo islamismo e cristianismo de maneira quase idêntica. Podemos dizer que a única diferença substancial é que o cristianismo, apesar de reconhecer como legítimo o recurso à força e às armas em determinadas circunstâncias, admite também uma escolha integralista radicalmente não-violenta, seguindo o exemplo dos Pais dos primeiros séculos. No islamismo, ao contrário, a *jihad* é um dever canônico e irrenunciável.

Quanto à diferença, freqüentemente explicitada, segundo a qual no cristianismo as guerras são justas apenas se proclamadas e guiadas pela autoridade legítima, enquanto no islamismo haveria uma arbitrariedade que permitiria a qualquer figura carismática arrogar-se o direito de proclamar a *jihad*, trata-se em realidade de uma diferença aparente: os Pais da Igreja nunca confiaram plenamente nesse conceito de "legitimidade", que é na verdade uma idolatria do Estado e de suas leis. Como dizia Santo Agostinho, que seja o "glorioso" Alexandre Magno a "infestar o mundo inteiro" ou um simples pirata, não muda a injustiça da ação em si[57a]: "Aquilo que é honesto, mesmo se não é reconhecido como tal, continua mesmo assim honesto e, mesmo que ninguém o louve, é por natureza louvável"[57b], enquanto aquilo que é reprovável "não pode de nenhum modo evitar de ser reprovável, mesmo que todas as pessoas o aprovassem".[57c] E pode acontecer que um rei, um parlamento ou uma nação inteira aprove e "legalize" uma ação injusta, que, portanto, permanece tal, assim como é possível que um homem qualquer realize ações boas, e o fato de não haver a aprovação do Estado ou da maioria não atinge minimamente a intrínseca bondade e legitimidade de seu ato.

Podemos, portanto, dizer que a posição islâmica e a cristã sobre o tema da guerra são fundamentalmente semelhantes. Assim, é surpreendente que entre os seguidores tanto de uma como de outra religião haja tanta recíproca incompreensão. Os muçulmanos cometem com freqüência o erro (e Sayyid Qutb, apesar de sua cultura e perspicácia, também o comete) de identificar a civilização secularizada com o cristianismo, que é a religião tradicional do Ocidente. O erro é evidente, mas bastante difuso. Difuso não apenas entre os muçulmanos, mas também entre os próprios cristãos, ao ponto que quando soldados europeus morrem combatendo o integralismo islâmico, com a intenção de sujeitar os países muçulmanos ao domínio militar, econômico e cultural do Ocidente laico, eles são celebrados como heróis e mártires. E certamente são heróis e mártires, não do cristianismo, mas da religião antropocêntrica e atéia da União Européia.

É natural, portanto, que os muçulmanos também sejam induzidos a acreditar que o cristianismo seja a religião dos "colonialistas" ocidentais. Só algumas vozes esporádicas se levantam para contestar essa tese. Hasan Nasrullah, por exemplo, secretário-geral do movimento integralista armado Hezbollah, comentando as afirmações do presidente americano Bush que tendem a apresentar como uma "cruzada" a guerra entre a América e o Afeganistão, entre o Ocidente e o islamismo integralista, diz:

> Nenhum muçulmano deveria pensar que esta seja uma guerra do cristianismo contra o islamismo [...]. A guerra que foi declarada contra os árabes e os muçulmanos tem a ver apenas com a mentalidade [ocidental] materialista e arrogante, mas não se relaciona em nenhuma forma com Jesus Cristo, o cristianismo ou com os cristãos.[58]

A maior parte dos muçulmanos, ao contrário, acredita que a Europa seja um exemplo de "nação cristã" (não percebendo que na verdade ela é exatamente o oposto: uma nação anticristã). Como conseqüência, desprezam o cristianismo, não tanto porque acredita na Santíssima Trindade e na Encarnação, mas porque dá um testemunho de tão repugnante imoralidade e desinteresse por Deus.

Paralelamente, no mundo cristão, em que as pessoas se declaram tolerantes e respeitosas, é difundido um desprezo radical pelo islamismo, que é acusado de ter uma concepção da mulher e da relação entre religião e política retrógrada e inconciliável com aquela cristã, quando na realidade a posição cristã tradicional (hoje certamente inaceitável para a maioria dos fiéis, mas nunca substancialmente rejeitada pela Igreja) sobre esses temas é essencialmente idêntica. O islamismo está hoje combatendo aqueles "valores" (laicismo, liberalismo, permissividade, consumismo...) que durante séculos o cristianismo igualmente combateu. É, portanto, paradoxal que este último veja hoje no islamismo um inimigo e não, como seria lógico, um precioso aliado.

Um dos intelectuais islâmicos contemporâneos que melhor tomou consciência de tal fato é o tunisiano Muhammad Talbi, o qual, observando que não só o Ocidente, mas também o mundo islâmico está sofrendo um processo laicizante e de rápida secularização, conclui que a oposição não deve ser colocada entre cristianismo e islamismo, mas entre materialismo e religião. Apesar de os países islâmicos apresentarem um aspecto de forte religiosidade, Talbi protesta abertamente contra o fato de que

> não se acredita mais, apesar de se continuar a parecer crentes. A linguagem cotidiana está repleta de expressões religiosas. Mesmo quando elas perderam todo o significado para quem as usa, continuam a causar equívocos e a iludir [...]. A desislamização se apresenta principalmente como indiferença [...]. Continua-se a circuncidar os meninos, a recitar a *Fatiha* para benzer os casamentos ou as sepulturas. Mas o coração não existe mais.[59]

O fenômeno de "desislamização" e de perda da fé envolve – nota Talbi – também a realidade da *jihad*, que de expressão de fé se torna simples luta nacionalista: "Não mais uma adesão individual à fé, mas o fato de pertencer a uma etnia".

Em tal situação, islamismo e cristianismo se encontram diante do mesmo perigo: a absorção no materialismo e no capitalismo:

> O islamismo do abandono confiante nas mãos do Senhor e o Ocidente da fé – hebraica ou cristã – se encontram diante do mesmo desafio: a amputação da parte espiritual do homem, o qual, priorizando a Árvore da vida terrena, não consegue conceber a vida em outro lugar que não sob sua efêmera sombra.[60]

MÍSTICA DAS CRUZADAS E MÍSTICA DA JIHAD

Como já havíamos acenado na Premissa, este livro pretende ser uma tentativa de comunicar aquela profunda emanação mística que incitou muitos cristãos e ainda estimula muitos muçulmanos a fazer das armas o caminho da própria experiência religiosa. Depois de haver sinteticamente exposto nos dois capítulos precedentes a história da elaboração teológica e do uso efetivo da violência e da guerra nas duas religiões examinadas, passaremos agora a nos defrontar com o aspecto mais estritamente místico, psicológico e emotivo da guerra santa. Tentar transmitir com palavras um "sentimento" que provavelmente só a experiência direta no campo de batalha ou um caminho interior de oração poderiam verdadeiramente nos fazer perceber e compreender é uma empresa extremamente árdua e arriscada: isso explica o caráter peculiar e rapsódico deste capítulo, constituído por uma sucessão e um entrelaçamento de testemunhos espirituais, trechos poéticos e instigações à guerra, com o objetivo de nos fazer apreender este "sentimento" do ato de combater em nome de Deus.

Uma escola corânica

Além das escolas públicas ou privadas, existem em todos os países muçulmanos as chamadas escolas corânicas, onde as crianças, mesmo recebendo rudimentos das ciências profanas, são especialmente educadas para a leitura do Corão, a meditação da fé e a compreensão da doutrina islâmica. A leitura do livro sagrado é na verdade uma recitação salmodiada, cuja encantadora melodia ressoa entre as paredes das escolas. A dicção árabe do Corão é tão fascinante e cativante que os seus versículos penetram nas orelhas dos fiéis como gotas de um vinho especial e inebriante. Assim os jovens começam, embalados por este prazer do sono e de um árabe arcaico e poético, a aprender a mensagem do Corão, o ensinamento de Deus para a humanidade: "Sou Allah. Não há divindade além de Mim. Adora-Me, pois, e observa a oração, para celebrares o Meu nome" (sura 20, 14). As crianças são convidadas a se apaixonar por Deus:

Dize: Ó Allah, Soberano do poder! Tu concedes a soberania a quem Te apraz e a retiras de quem desejas; exaltas quem queres e humilhas a Teu bel-prazer. Em Tuas mãos está todo o Bem, porque só Tu és Onipotente. Tu inseres a noite no dia e inseres o dia na noite; extrais o vivo do morto e o morto do vivo, e recompensas desmedidamente a quem Te apraz. Os crentes não tomam por confidentes os incrédulos, em detrimento de outros crentes. Aqueles que assim procederem, de maneira alguma terão o auxílio de Allah, salvo se for por precaução e resguardo contra eles. Allah vos exorta a d'Ele vos lembrardes, porque para Ele será o retorno. Dize: Quer oculteis o que encerram os vossos corações, quer o manifesteis, Allah bem o sabe, como também conhece tudo quanto existe nos céus e na terra, porque é Onipotente [...]. Ó crentes, não sejais como os incrédulos, que dizem de seus irmãos, quando estes viajam pela terra ou quando estão em combate: Se tivessem ficado conosco, não teriam morrido, nem sido assassinados! Com isso, Allah infunde-lhes a angústia nos corações, pois Allah concede a vida e a morte, e Allah bem vê tudo quanto fazeis. Mas, se morrerdes ou fordes assassinados pela causa de Allah, sabei que a Sua indulgência e a Sua misericórdia são preferíveis a tudo quanto possam acumular. E sabei que, tanto se morrerdes, como se fordes assassinados, sereis congregados ante Allah. Pela misericórdia de Allah, foste gentil para com eles; porém, tivesses tu sido insociável ou de coração insensível, eles se teriam afastado de ti. Portanto, indulta-os, implora o perdão para eles e consulta-os nos assuntos (do momento). E quando te decidires, confia em Allah, porque Allah aprecia aqueles que (n'Ele) confiam. Se Allah vos ajudar, ninguém poderá vencer-vos; por outra, se Ele vos abandonar, quem, em vez d'Ele, vos ajudará? Que os crentes confiem em Allah! (sura 3, 26-29.156-160).

A recitação do Corão dura freqüentemente diversas horas, mas no fundo o que se faz é repetir o conceito essencial: Deus, Deus, Deus, e o seu primado sobre todas as coisas. "Porém, ninguém poderá desafiar Allah, nos céus ou na terra, porque é Onipotente, Sapientíssimo" (sura 35, 44). Deus é mais desejável que qualquer outra coisa e a vida eterna com Deus é melhor que a vida terrena: "Não é dado a profeta algum fazer cativos, antes de se fortalecer na terra. Vós (crentes) ambicionais o fútil da vida terrena; em troca, Allah quer para vós a bem-aventurança do Outro Mundo, porque Allah é Poderoso, Prudentíssimo" (sura 8, 67).

Ó Senhor nosso, não nos condenes, se nos esquecermos ou nos equivocarmos! Ó Senhor nosso, não nos imponhas carga, como a que impuseste aos nossos antepassados! Ó Senhor nosso, não nos sobrecarregues com o que não podemos suportar! Absolve-nos! Perdoa-nos! Tem misericórdia de nós! Tu és nosso Protetor! Concede-nos a vitória sobre os incrédulos! (sura 2, 286).

Um sermão de sexta-feira na mesquita

Para apreender o espírito do islamismo e, como conseqüência, também o espírito da *jihad*, não há nada melhor que ler o Corão (mesmo se a tradução em outra língua não chega a oferecer nem remotamente a indescritível "magia" do original em árabe). Prosseguirei, portanto, com algumas citações, para fazer compreender como se chega, não por motivos políticos ou econômicos, mas por fé e por amor a Deus, à guerra santa.

Às sextas-feiras, a oração do meio-dia nas mesquitas é particularmente freqüentada. É, em certo sentido, como a missa dominical dos cristãos. Acontece também a *khutba*, o sermão do pregador, no qual as citações do Corão são contínuas. A essência da mensagem é, mais uma vez, a supremacia de Deus. O fiel é convidado a *levar Deus muito a sério*:

> Pensais, porventura, que vos criamos por diversão e que jamais retornareis a Nós? (sura 23, 115).

> E [os ímpios] conspiraram e planejaram; porém, Nós também planejamos, sem que eles o suspeitassem. Repara, pois, qual foi a sorte da sua conspiração! Exterminamo-los, juntamente com todo o seu povo! E eis as suas casas assoladas, por causa da sua iniqüidade. Em verdade, nisto há um sinal para os sensatos. E salvamos os crentes benevolentes. (sura 27, 50-53)

> E não podereis frustrar (a Ele) na terra; e além de Allah, não tereis outro protetor, nem socorredor. (sura 42, 31)

Amor a Deus, zelo por Deus são a substância do Corão. Cada página do Corão sublinha que Deus é soberano, que faz aquilo que quer, pune e perdoa, dá a vida e dá a morte, é livre sempre e em todo lugar.

> Sabei que Allah é severíssimo no castigo, assim como é Indulgente, Misericordioso. (sura 5, 98)

> Em verdade, a punição do teu Senhor será severíssima, porque Ele origina (a criação) e logo a reproduz. É o Remissório, o Amabilíssimo, o Senhor do Trono Glorioso. Executante de tudo quanto Lhe apraz. Reparaste, acaso, na história dos exércitos do Faraó e do povo de Samud? Sem dúvida, os incrédulos persistem em desmentir-te; porém, Allah abrange-os, por trás. (sura 85, 12-20)

Muitos muçulmanos são "descontentes" com a vida que se leva no Ocidente, de onde Deus e a fé parecem ter sido exilados. O mundo cristão se apresenta desolador a seus olhos e tragicamente vazio de Deus. Diz o Corão:

> O que está relacionado com Allah é preferível à diversão e ao comércio, porque Allah é o melhor dos provedores. (sura 62, 11)

Nós distribuímos entre eles o seu sustento, na vida terrena, e exaltamos uns sobre outros, em graus, para que uns submetam os outros; porém, a misericórdia do teu Senhor será preferível a tudo quanto entesourarem. E, se não fosse pelo fato de que os homens pudessem formar um só povo de incrédulos, teríamos feito, para aqueles que negam o Clemente, telhados de prata para os seus lares, com escadas (também de prata), para os alcançarem, e portas (de prata) para as suas casas, e os leitos (de prata) para neles se reclinarem. E (lhes teríamos dado) ornamentos. Mas tudo isto não é senão o gozo efêmero da vida terrena; em troca, a Outra Vida, junto ao teu Senhor, está reservada para os tementes. (sura 43, 32-35)

Por isso, adverte ainda o Corão, "ninguém refuta os versículos de Allah, senão os incrédulos. Que as atividades deles, na terra, não te enganem!" (sura 40, 4).

É um convite a resistir, a se opor à corrente da vida moderna, como diz a Bíblia: "Não vos conformeis com este mundo, mas transformai-vos pela renovação do espírito" (Rm 12,2). Mas para resistir é preciso ter coragem e força. É necessário não ter medo dos homens, para permanecer fiéis a Deus, custe o que custar. Diz o Corão: "São aqueles aos quais foi dito: Um grande exército concentra-se contra vós; temei-o! Isso aumentou-lhes a fé e disseram: Allah nos é suficiente. Que excelente Guardião!" (sura 3, 173).

Resistir significa não ceder diante das ilusórias seduções do mundo e não ceder diante da força e da violência de quem quer impor modelos de vida que tiram a primazia de Deus e do espírito. Se esta violência acontece, se os modelos ocidentais são impostos com a força (e a violência astuciosa da publicidade é com freqüência mais coercitiva que as espadas), então um verdadeiro fiel deve ter a coragem de enfrentar o inimigo e de impedir o envenenamento da sociedade.

Quer estejais leve ou fortemente (armados), marchai (para o combate) e sacrificai vossos bens e pessoas pela causa de Allah! Isso será preferível para vós, se quereis saber. (sura 9, 41)

Combatei pela causa de Allah [...], e a Ele retornareis. (sura 2, 244-245)

Partir no caminho de Deus

Armar-se e combater significa, portanto, defender os próprios valores de vida contra quem os agride e os tenta destruir.

Ele concede maior dignidade àqueles que sacrificam os seus bens e as suas vidas do que aos que permanecem (em suas casas). Embora Allah prometa a todos (os crentes) o bem, sempre confere aos combatentes uma recompensa superior à dos que permanecem (em suas casas). (sura 4, 95)

Ó crentes, amparai-vos na perseverança e na oração, porque Allah está com os perseverantes [...]. Certamente que vos poremos à prova mediante o temor, a fome, a perda dos bens, das vidas e dos frutos. Mas tu (ó Mensageiro), anuncia (a bem-aventurança) aos perseverantes – aqueles que, quando os aflige uma desgraça, dizem: Somos de Allah e a Ele retornaremos. Estes serão cobertos pelas bênçãos e pela misericórdia de seu Senhor, e estes são os bem encaminhados. (sura 2, 153-157)

Allah recompensou os crentes, no combate, porque Allah é Potente, Poderosíssimo! (sura 33, 25).

Prolongamo-nos a citar trechos do Corão porque eles ilustram a dimensão espiritual da guerra santa melhor que qualquer explicação nossa. São esses trechos que, ouvidos, saboreados e refletidos, fazem apaixonar pela *jihad*, hoje como ontem, inumeráveis multidões de muçulmanos.

Os crentes combatem pela causa de Allah; os incrédulos, ao contrário, combatem pela do sedutor. Combatei, pois, os aliados de Satanás, porque a sutileza de Satanás é débil. Não reparaste naqueles aos quais foi dito: Contende as vossas mãos, observai a oração e pagai o *zakat*? Mas quando lhes foi prescrita a luta, eis que grande parte deles temeu as pessoas, tanto ou mais que a Allah, dizendo: Ó Senhor nosso, por que nos prescreves a luta? Por que não nos concedes um pouco mais de trégua? Dize-lhes: O gozo terreno é transitório; em verdade, o da Outra Vida é preferível para o temente, sabei que não sereis frustrados, no mínimo que seja. (sura 4, 76-77)

Ó crentes, que sucedeu quando vos foi dito para partirdes para o combate pela causa de Allah, e vós ficastes apegados à terra? Acaso, preferíeis a vida terrena à Outra? Que ínfimos são os gozos deste mundo, comparados com os do Outro! Se não marchardes (para o combate), Ele vos castigará dolorosamente, substituir-vos-á por outro povo, e em nada podereis prejudicá-Lo, porque Allah é Onipotente. (sura 9, 38-39)

É munido com estas e semelhantes palavras que o *mujahid* pega suas armas e parte; parte por um caminho árduo e duro, cansativo e arriscado. Sua escolha de fé não é fácil de adotar, e não é fácil prosseguir sem ceder ao desestímulo, ao medo, à resignação. Somente um zelo ardente por Deus e o fervoroso desejo de proteger a si próprio e ao povo da infiltração dos valores de sociedades atéias, decadentes e licenciosas podem dar força e coragem contra os inimigos em batalha. "Porventura os temeis? Sabei que Allah é mais digno de ser temido, se sois crentes" (sura 9, 13).

Matatias e seus filhos

Dois livros da Bíblia, o Primeiro e o Segundo dos Macabeus, narram os episódios da resistência judaica contra o helenismo e o paganismo que estavam invadindo Israel. Esses textos pertencentes à Revelação Divina estão entre os mais entusiásticos e os mais explícitos manifestos a favor da guerra santa do povo de Deus contra os infiéis.

Alguns hebreus, atraídos pelas modas sedutoras dos pagãos e cansados de manter a fé na aliança de Deus e na Lei Sagrada, disseram: "Vamos! Façamos aliança com as nações circunvizinhas. Depois que nos separamos delas, muitas desgraças nos aconteceram" (1Mc 1,11). E "construíram em Jerusalém um ginásio, segundo o costume dos gentios. Dissimularam a circuncisão e, assim, renunciaram à Santa Aliança para se associarem aos gentios. Venderam-se para praticar o mal" (1Mc 1,14-15). Deus havia recomendado a Israel: "Não seguireis os costumes das nações que eu vou expulsar de diante de vós" (Lv 20,23). Esses traidores da lei de Deus se constituíram então, para Israel, "em terrível emboscada" (1Mc 1,35), na qual caíam deploravelmente milhares de hebreus.

"Muitos israelitas, no entanto, tiveram coragem e decidiram firmemente não comer alimentos impuros. Preferiram morrer a contaminar-se com alimentos impuros e a profanar a Santa Aliança" (1Mc 1,62-63). Começou assim a grande resistência. Principalmente Matatias, neto do sacerdote Simeão, levantou-se para defender a religião e a tradição contra as ordens do rei Antíoco, que impunha com violência a helenização e a modernização de Israel. Disse Matatias:

> Ainda que todas as nações incorporadas ao Império do rei passem a obedecer-lhe, abandonando a religião de seus pais e submetendo-se às suas ordens, eu, meus filhos e meus irmãos seguiremos a Aliança de nossos pais. Deus nos livre de abandonar a Lei e os Preceitos! Não daremos ouvidos às ordens do rei e não nos desviaremos de nossa religião, nem para a direita, nem para a esquerda. (1Mc 2,19-22)

Ocorreu depois que um judeu, temendo mais o rei Antíoco que o Rei do Céu, consentiu em fazer um sacrifício pagão. "Vendo isso, Matatias inflamou-se de zelo [...]. Tomado por justa cólera, precipitou-se sobre ele e o degolou sobre o altar" (1Mc 2,24). E a Bíblia comenta: "Ardia em zelo pela Lei" (1Mc 2,26). Depois "fugiu, com seus filhos, para as montanhas, abandonando tudo o que possuíam na cidade" (1Mc 2,28). "Matatias e seus amigos começaram a percorrer o país, destruindo os altares, circuncidando à força os meninos incircuncisos que encontravam no território de Israel e perseguindo os arrogantes. Em suas mãos, a campanha teve pleno êxito" (1Mc 2,45-47). O espírito que os impelia era o mesmo que preenchia o coração do profeta Elias, nos tempos antigos. Quando este se encontrava em uma caverna do monte Oreb, Deus se aproximou dele e disse: "'Que estás fazendo aqui, Elias?'. E ele respondeu: 'Estou cheio de ardente zelo por Javé, o Deus dos Exércitos'" (1Rs 19,13-14).

O objetivo de Matatias e de seus filhos (os macabeus) não era o de matar, mas o de permanecer profundamente fiéis a Deus, a qualquer custo, mesmo ao custo de ter de matar. Ou de morrer. Muitos desses "combatentes de Deus" foram realmente massacrados: a Igreja Católica ainda hoje os celebra, em primeiro de agosto, como santos mártires.

Ao final de sua vida terrena, Matatias, no leito de morte, dirigiu a seus filhos estas palavras:

> Agora, meus filhos, sede zelosos pela Lei, e dai vossa vida pela Aliança de nossos pais [...]. Não temais as ameaças do ímpio. (1Mc 2,50.62)

> Não tenhais medo daqueles que matam o corpo, mas não podem matar a alma. Antes, temei aquele que pode fazer a alma e o corpo morrerem na geena. (Mt 10,28)

> "Judas Macabeu, valente e intrépido desde a juventude, será vosso chefe na luta e conduzirá a guerra contra os gentios. Congregai em torno de vós todos os que observam a Lei e vingai vosso povo. Retribuí aos gentios o mal que fizeram e apegai-vos aos mandamentos da Lei". Depois, ele os abençoou e foi reunido a seus pais. (1Mc 2,66-69)

A luta dos macabeus seria chamada hoje de fanatismo cruel: eram tão obcecados pela fidelidade mais rigorosa à Lei Sagrada a ponto de cometerem massacres e, como veremos daqui a pouco, literalmente "lagos de sangue", tudo em nome de sua fanática fidelidade. Em realidade, compreender as coisas dessa forma resulta bastante impreciso: os macabeus agiam assim porque consideravam que os benefícios trazidos pelo helenismo e pela modernidade não fossem mais que "uma grande emboscada" para os homens; queriam, portanto, preservá-los desse engano letal, julgando que apenas vivendo em harmonia com os princípios sadios da religião o homem poderia encontrar a verdadeira serenidade e paz. Sua batalha se travava, portanto, em defesa da majestade de Deus e, ao mesmo tempo, em defesa do homem.

O preço a pagar por essa guerra santa foi assustador, com inumeráveis mortos. O Segundo Livro dos Macabeus, narrando a conquista da cidade pagã de Caspim, diz:

> As tropas de Judas, depois de invocarem o grande Senhor do mundo, que, no tempo de Josué, fez cair Jericó sem aríetes e sem máquinas de guerra, atacaram furiosamente as muralhas. Capturaram a cidade pela vontade de Deus e fizeram

indizível carnificina, a tal ponto que o lago vizinho, de dois estádios de largura, parecia cheio do sangue que correra. (2Mc 12,15-16)

Em outras ocasiões, Judas Macabeu "votou ao sacrifício" tribos inteiras, incendiando suas cidades com todos os seus habitantes[1], matando e saqueando.[2] "Os judeus tomaram a cidade e incendiaram o templo [pagão] com todos os que lá se achavam" (1Mc 5,44); e tudo isso, diz a Bíblia, "em defesa de seus irmãos atribulados e atacados pelos inimigos" (1Mc 5,16).

As campanhas militares dos macabeus eram impregnadas de religiosidade. Antes de iniciar uma batalha, oravam e jejuavam[3], e Judas Macabeu, quando o exército adversário já estava diante dele, alçava os olhos ao céu e orava a Deus:

> Bendito és tu, ó Salvador de Israel, que quebraste o arrojo do gigante pela mão de teu servo Davi e entregaste o acampamento dos filisteus às mãos de Jonatã, filho de Saul, e de seu escudeiro. Entrega, do mesmo modo, esse exército nas mãos de Israel, teu povo [...]. Inspira-lhes terror, abate-lhes a força presunçosa, e sejam transtornados pela derrota. Destrói-os pela espada dos que te amam. (1Mc 4,30-33)

São Pio X

Aterrorizam-nos mais que qualquer outra coisa – escrevia Pio X em 1903 – as funestíssimas condições que acometem a humanidade. Pois quem não percebe que a sociedade humana, mais que em eras passadas, se encontra atualmente presa a um mal-estar gravíssimo e profundo que, crescendo cada vez mais e corroendo-a até o seu íntimo, leva-a à ruína? Vocês compreendem, veneráveis irmãos, qual é esse mal: a apostasia e o distanciamento de Deus [...]. Não faltarão certamente aqueles que, medindo as coisas divinas segundo a proporção humana, tentarão descobrir quais são os desígnios secretos de Nosso espírito, submetendo-os a objetivos terrenos e a estudos parciais. Para cortar qualquer vã adulação, dizemos àqueles com toda sinceridade que Nós não queremos ser nada além [...] que ministro de Deus [...]. Os interesses de Deus são os interesses Nossos; e por, isso estamos determinados a gastar todas as Nossas forças e a própria vida [...].

[Injustamente os julgaremos] inconscientes ou descuidados quanto à guerra sacrílega que agora, pode-se dizer que em todo lugar, se move e se mantém contra Deus [...]. Vemos na maioria dos homens extinto todo o respeito a Deus eterno, sem mais deferência à sua suprema vontade nas manifestações da vida privada e pública; ao contrário, com todo esforço, com todo artifício, procura-se que até a memória de Deus e seu conhecimento sejam totalmente destruídos [...]. Tanta é a audácia e a ira com que se persegue em todos os lugares a religião, se combatem os dogmas da fé e se procura descaradamente extirpar e aniquilar toda relação do homem com a divindade! Em tal situação, aquilo que é [...] o caráter próprio do anticristo, o próprio homem, com infinita temeridade, se colocou no lugar de Deus, elevando-se acima de tudo o que se chama Deus! [...] Na verdade, ninguém em sã consciência pode duvidar com que sorte se combate esta luta dos homens contra o Altíssimo. O homem pode, abusando de sua liberdade, violar o direito e a majestade do Criador do universo; mas a vitória será sempre de Deus; e se torna mais próxima a queda quando o homem, na ilusão do triunfo, se torna mais audaz. De tal fato o próprio Deus nos assegura nos Santos Livros. Quem se esquece de sua força e de sua grandeza faz "vista grossa aos pecados dos homens" (Sb 11,23); mas rapidamente, depois destas aparentes retiradas [...], "esmaga a cabeça aos inimigos" (Sl 67,22), para que todos saibam que "Deus é o rei de toda a terra" (Sl 46,8), e "vejam que são homens!" (Sl 9,21).

[...] Nós, na medida do possível, nos empenhamos em acelerar a obra de Deus; não apenas orando assiduamente: "De pé, Senhor! Que o homem não triunfe" (Sl 9,20); mas, o que é mais importante, afirmando com fatos e palavras, à luz do sol, o supremo domínio de Deus sobre os homens e sobre todas as coisas, de maneira que o direito que Ele tem de comandar e a sua autoridade sejam plenamente estimados e respeitados [...].

Querer a paz, sem Deus, é absurdo; pois que onde é distante Deus também exila a justiça; e quando se retira a justiça, em vão se nutre esperança de paz. "A obra de justiça será a paz" (Is 32,17). Não são poucos os que, sabemos bem, levados por essa ânsia de paz, isto é, da "tranquilidade da ordem", se reúnem em sociedades e partidos, que chamam partidos "da ordem". Esperança e esforços perdidos! O partido "da ordem", que possa realmente reconduzir a paz na perturbação das coisas, é apenas um: o partido de Deus [...].

Aqui, portanto, é necessário voltar as nossas atenções, para reconduzir a humanidade para o império de Cristo [...]. Para que tudo isto se obtenha conforme o desejado, porém, é necessário que, de todas as formas e com todos os esforços, nós façamos desaparecer radicalmente a enorme e detestável perversidade, típica de nosso tempo, e substituir o homem por Deus![4]

"Deus é maior!"

Esta – escreve Sayyid Qutb – é uma declaração de guerra total contra todo poder humano, em qualquer forma que se apresente e qualquer ordenamento que adote; um conflito sem trégua, que existe onde quer que haja homens que se arrogam o poder [...]. O islamismo proclama que a autoridade usurpada de Deus deve ser restituída a Ele e os usurpadores (isto é, aqueles que governam com base em leis que estabelecem eles próprios como senhores dos outros, que são reduzidos à escravidão) devem ser expulsos. Em resumo, isso significa destruir o reino do homem para edificar o reino de Deus sobre a terra, segundo afirma o próprio Corão.[5]

Diz de fato o Corão: "Quem é o Senhor dos céus e da terra?". Responde: "Allah! [...] Allah é o Criador de todas as coisas, e Ele é o Único, o Irresistível" (sura 13, 16). "Ó crentes, não atraiçoeis Allah!" (sura 8, 27).

Nas cidades islâmicas, pelo menos cinco vezes por dia se eleva, como um coro de vozes envolventes, a chamada dos muezins nos minaretes de milhares de mesquitas: "*Allahu akbar! Allahu akbar!*" ("Deus é maior!"), para recordar a cada homem, envolvido em seus afazeres cotidianos, que existe algo mais importante que seus afazeres, que existe Alguém maior que as coisas humanas. Em muitos países árabes, ao longo das estradas, tanto na cidade como fora, além das placas rodoviárias, há freqüentemente grandes e vistosos cartazes com a escrita: "*Udhkuru 'llah!*" ("Lembre de Deus!").

É essa onipresença do divino que pode dar força a quem é chamado a defender a Sua religião, até com as armas, contra a tirania de um modelo de vida ocidental, materialista e hedonista, que tenta se impor em todos os lugares, com o dinheiro, com a força ou com a propaganda. "Mas o mito da superpotência [americana]", dirá Osama bin Laden, "foi abatido diante do grito dos *mujahidin*: '*Allahu akbar!*'".[6]

"A POBREZA É A MINHA GLÓRIA"

Para muitos muçulmanos, nascidos em países pobres e dilacerados pela guerra, que viveram na pobreza desde a infância, a perspectiva de emigrar para uma nação ocidental abastada ou, de qualquer forma, poder finalmente ter dinheiro, bem-estar e liberdade para viajar, é bastante sedutora. É fácil antegozar o prazer e a liberdade de comprar muitas roupas, uma grande casa nova, um belo automóvel. Mas um muçulmano que tenha aprendido a amar profundamente Deus e a própria religião prefere permanecer em seu país atrasado e pobre, onde pode circular apenas em velhos ônibus barulhentos, onde sua casa é simples e modesta, onde sua vestimenta é alguma mísera túnica e um longo e gasto turbante. Ali ele nasceu, ali nasceu sua família, ali viveram seus pais. Ali, principalmente, reina o islamismo; os minaretes não são mudos e o chamado para Deus é constante. Nas mesquitas, talvez pequenas, talvez de arquitetura pobre e atrasada, glorifica-se continuamente o Senhor. As montanhas escarpadas e o tórrido deserto são o orgulho de quem ama a própria terra, impregnada de islamismo, e de quem se sente orgulhoso também da própria religião e cultura, que nada tem em comum com o moderno mundo ocidental. Dizia Khomeini:

Quando certos Estados progridem no plano industrial e naquele científico, alguns de nós se tornam muito pequenos [...]. Mas deixemo-los ir a Marte ou aonde quiserem! Esses, na verdade, estão ainda atrasados no que se refere à garantia de felicidade humana, atrasados na difusão das virtudes morais, atrasados na criação de uma grandeza espiritual e intelectual semelhante àquela material.[7]

Aqueles homens de turbantes pesados e longas barbas, que passam horas sentados nos degraus das mesquitas, estão ali a testemunhar o seu "protesto contra a escravidão do trabalho e o culto do dinheiro".[8] Sem falar, dizem que existe algo de mais importante, dizem que Deus é maior. Então os trajes pobres e gastos, as comidas modestas, as estradas poeirentas, os transportes ineficientes se tornam uma honra, uma glória, porque testemunham que existe algo de mais importante com que se ocupar: os valores humanos, os valores espirituais, Deus. Maomé dizia: "*Al-faqru fakhrī*" ("A pobreza é a minha glória"). E Bin Laden irá pelo mesmo caminho:

> Pensam que um muçulmano possa negociar com sua religião. Mas para nós é muito melhor viver sob uma árvore aqui nas montanhas do que nos ricos palácios construídos [...] onde hoje domina a injustiça. Não há outra força que não em Deus![9]

O importante é ser orgulhoso do próprio atraso econômico e industrial; tal pobreza de fato significa que há coisas melhores a fazer do que pensar em dinheiro e no bem-estar material ou em acumular abundância: "Equipai-vos de provisões, mas sabei que a melhor provisão é a devoção. Temei-Me, pois, ó sensatos" (sura 2, 197). "E se temeis a pobreza, sabei que se a Allah aprouver, enriquecer-vos-á com Sua bondade" (sura 9, 28). É necessário ter a força de se opor à mentalidade ocidental capitalista, que coloca no dinheiro e nos ilusórios e efêmeros bens exteriores toda confiança e segurança.

Escreveu há alguns anos Rashid Gannushi, líder integralista tunisiano:

> Chegou o momento de pôr fim à cruzada do Ocidente contra o islamismo e de se opor com a oração à ocidentalização que, aproveitando a fraqueza do mundo islâmico, penetra nas nossas consciências.[10]

"Procurator pauperum Christi"

Islamismo e cristianismo se encontram, assim, alinhados sob uma mesma bandeira, na convicção comum de que a maior violência que é feita contra os pobres, os simples e os indefesos, aí incluídas as crianças, é persuadi-los de que serão felizes se conseguirem ter mais dinheiro, carros, televisores, roupas modernas e assim por diante. De tal forma eles são perversamente induzidos a gastar tempo, esforços, talvez se separar da família, de sua terra, de sua religião, para atingir uma meta ilusória: um verdadeiro e monstruoso equívoco. Contra essa situação as autoridades, sejam muçulmanas ou cristãs, convocam ou deveriam convocar os homens de fé para se mobilizarem: não é possível não reagir vendo essa clara violência ser feita contra pobres e crianças, que são cegados e conduzidos inconscientemente à sua ruína humana e espiritual.

Por esse motivo, aos "grandes mestres" da ordem religiosa e militar dos Cavaleiros de Malta foi atribuído, desde o início, o título de "servo de Deus e protetor dos pobres de Cristo".[11] Diz a Bíblia: "Não repilas o suplicante angustiado [...], livra o oprimido da mão do opressor" (Sr 4,4.9). Para libertar os oprimidos e os enganados, para tornar inofensivos os violentadores, para instaurar a justiça e a paz, muitas vezes não há outro caminho eficaz que não a guerra. Nesse caso, esta se torna verdadeiramente uma bênção e uma graça.

Trata-se de uma luta contra aqueles inimigos que, apesar de não usarem correntes ou armas de ferro, obrigam a sociedade, segundo as palavras do príncipe Ludovico de Orleans e Bragança, a "se tornar uma massa inorgânica e inerte, arrastada nas mais variadas direções pela 'psicoditadura' dos grandes grupos publicitários".[12] É contra essa mesma "psicoditadura" que se levantava, com sua típica linguagem ardente e incisiva, o beato Pio IX quando acusava "aqueles perversos ensinamentos, principalmente de filosofia, que iludem e corrompem, de modo deplorável, a juventude desprevenida e lhe ministram o fel do Dragão no cálice de Babilônia", e aqueles "lobos rapinantes [...] humildemente se insinuam, suavemente enlaçam, docemente apertam, ocultamente matam", e "a horrível infecção de todos aqueles volumes e opúsculos que surgem por todas as partes e ensinam a pecar [...], disseminam em todos os lugares doutrinas pestilentas, corrompem a mente e o espírito, especialmente dos incautos".[13] Por essa óptica, pode ser considerada santa a batalha que se combate para pôr fim a tal "ditadura", a tal opressão (representada hoje essencialmente pelos meios de comunicação de massa ocidentais).

Um discurso do arcebispo de Paris de 1852

Príncipes, soldados, o Deus de paz de que somos os ministros é, além disso, o Deus dos exércitos: eis por que o nosso posto, o posto da religião, é distinto nesta festa guerreira. Sempre houve uma religião dos combates: junto ao Povo Hebreu, Deus dirigia as batalhas, formava os grandes capitães, inspirava aos Profetas os acentos mais bélicos; os Romanos dispunham de deuses alados como águias, à frente de suas legiões. Constantino obteve suas grandes vitórias sob o estandarte da cruz; os nossos valentes cavaleiros, antes de combater os infiéis, eram armados e abençoados pela Igreja... Que coisa surpreendente! A Igreja que prega a todos a paz, a Igreja cuja santa milícia não derrama mais que o próprio sangue e detesta derramar o sangue dos inimigos, a Igreja também sempre concedeu, em abundância, as bênçãos a favor do soldado, das suas armas, das suas bandeiras. Não é difícil a explicação deste mistério... A paz é o desígnio de Deus: esse é o objetivo para o qual caminham as sociedades humanas, que seguem em seu curso regular os princípios da justiça e as inspirações do céu. A guerra não é legítima se não com a condição de conquistar a paz; os exércitos estão nas mãos de Deus como poderosos instrumentos de pacificação e de ordem pública. O direito faz uso da força para se fazer respeitar! Mas a força também precisa do direito para se manter como tal na ordem da providência. A paz é, portanto, sempre o objetivo; a guerra é, às vezes, o meio terrível, mas necessário, infelizmente, por conta das paixões que agitam o mundo. Eis por que Deus a aprova; por que os profetas a chamam santa: *sanctificate bellum*; por que a Igreja reserva a ela palavras de bendição, de encorajamento e quase de amor...[14]

A proclamação de Urbano II

Em 18 de novembro de 1905, o beato Urbano II abriu o Concílio de Clermont e no dia 27 do mesmo mês anunciou solenemente o início das cruzadas. Até julho do ano seguinte ele visitou diversas cidades da França, de Limoges a Angers, de Le Mans a Nimes, para divulgar oficialmente a guerra santa. De seus discursos (para o clero, os nobres e o povo) permaneceram diversas redações, transcritas por vários autores. Traduziremos aqui alguns trechos de seu sermão no Concílio de Clermont.

> Ouvimos, caríssimos irmãos, e vocês também ouviram – e não podemos falar disso sem uma profunda lamentação – sobre quantos infortúnios, quantas dificuldades, quantas penosas aflições torturam e oprimem nossos cristãos, nossos irmãos, membros de Cristo, em Jerusalém, em Antioquia e em outras cidades do Oriente [...]. Homens iníquos ocuparam as cidades santas. Os sórdidos e imundos turcos dominam nossos irmãos [...]. O sacerdócio de Deus é jogado ao chão e pisoteado, o templo de Deus foi profanado em todo lugar por homens ímpios [...]. Choremos, irmãos, choremos... Choremos a horrenda devastação da Terra santíssima!
>
> Agora escutem e compreendam bem aquilo que dizemos. Vocês, com suas armas, cheios de rancor, despedaçam aqui os seus irmãos e degolam-se uns aos outros [...]. É horrendo, irmãos, é horrendo que vocês estendam a mão rapace contra outros cristãos. Mas é um bem singular vibrar a espada contra os

Sarracenos! É na verdade caridade dar a própria vida pelos irmãos. Não se preocupem com as necessidades de amanhã e saibam que nada falta a quem teme a Deus e o ama sinceramente.

Seguem numerosas referências ao Antigo Testamento: as cruzadas são comparadas às guerras santas de Moisés contra os amalecitas e à luta armada dos macabeus contra os pagãos.

> Portanto, ó caríssimos, armem-se com o zelo de Deus, "cinge, valente, a espada fulgurante" (Sl 44,4). "Equipai-vos, sede valentes [...]. Para nós é preferível morrer na luta a presenciar a desgraça de nosso povo e de nosso Santuário" (1Mc 3,58-59). Se alguém tem zelo pela Lei de Deus, junte-se a nós! Vamos socorrer os nossos irmãos [...]. Partam! O Senhor estará com vocês. As armas que vocês até agora ensangüentaram ilicitamente, massacrando-se uns aos outros, devem ser voltadas agora contra os inimigos da fé e do nome cristão! [...]. Aqueles que morrerão ali em verdadeira penitência não devem duvidar que obterão a indulgência de seus pecados e o fruto da eterna recompensa.[15]

E quando forem ao assalto aos belicosos inimigos, seja este o grito de todos os soldados de Deus: "Deus o quer! Deus o quer!".[16]

O RELANÇAMENTO DA JIHAD

É difícil duvidar que as palavras de Urbano II fossem imbuídas de fé sincera. É difícil pensar que agisse por hipocrisia ou somente por interesses materiais, ou que os chefes da cruzada, que partiram abandonando suas casas e suas famílias, indo ao encontro de perigos, esforços e aflições de todo tipo, agissem por hipocrisia. Igualmente se deve considerar que boa parte dos chefes e dos membros dos governos islâmicos integralistas e das milícias da *jihad* agiam com fé sincera, por mais que suas convicções possam nos desagradar, como provavelmente nos desagradam também aquelas do beato Urbano II.

É difícil duvidar das justas intenções, por exemplo, do aiatolá Khomeini, o qual se dirigiu, um dia, aos seus discípulos de al-Najaf com estas palavras, retiradas de uma oração do mártir Husayn:

> Ó Deus, Tu sabes que aquilo que fizemos não foi lutar pelo poder nem procurar as coisas efêmeras deste mundo, mas restaurar as pedras miliárias da Tua religião e realizar as obras justas no Teu país, de modo que aqueles do Teu povo que foram ofendidos possam obter segurança, e as Tuas prescrições, que foram obstaculizadas, possam ser colocadas em prática.[17]

É discutível se uma semelhante sinceridade e pureza de coração possa ser atribuída também a uma figura como Osama bin Laden. Em seguida transcrevemos aqui, porém, algumas palavras de sua *Declaração de guerra contra os americanos*, em muitos aspectos semelhante, na forma e no espírito, à declaração de guerra contra os turcos do papa Urbano:

> Dirijo-me agora aos meus irmãos das forças militares e de segurança e às guardas nacionais – que Deus as proteja! [...]. Vocês, protetores da unidade e guardiãs da fé, descendentes dos antepassados que portaram a luz do Guia e a difundiram em todo o mundo [...], vocês que concorreram para se unir ao exército com a intenção de combater a guerra santa em nome de Deus para defender a fé do islamismo e a terra dos dois lugares santos! [...]. O regime [saudita] derrubou esses princípios e seu significado, humilhando o povo muçulmano e desobedecendo a Deus [...]. O regime é plenamente responsável por aquilo que aconteceu ao país e à nação, e o ocupante americano é a primeira e maior causa desta situação. Portanto, os esforços devem ser concentrados para destruir, combater e matar o inimigo até que, por graça de Deus, será completamente derrotado [...]. Vocês golpearão o agressor com seu punho de ferro. Restabelecerão o curso normal [da justiça], restituirão a todos os seus direitos e cumprirão os seus deveres de muçulmanos![18]

Gregório VII e Inocêncio III

A questão da sinceridade e retidão de quem proclama uma guerra santa nos conduz novamente ao mundo cristão. Muito significativo a esse respeito é o testemunho que nos foi deixado por Gregório VII, um papa que não teve receio, quando ainda era cardeal, de entregar a Guilherme o Conquistador um estandarte de guerra com a efígie de São Pedro e de exortá-lo a partir com ele para combater e reconduzir a Inglaterra à fé católica e à obediência à Igreja Romana. Em uma carta em que ele, já papa, escreveu ao mesmo Guilherme, confessa:

> Acredito que você tenha conhecimento [...] de quanto zelo eu estive imbuído para que você fosse elevado à alteza real. Por esse motivo, tive de suportar grande infâmia por parte de alguns irmãos, que murmuravam [contra mim] pelo fato de que eu teria concedido minha aprovação para que se cometessem numerosos homicídios. Mas Deus é testemunha em minha consciência e sabe com quanta retidão na alma eu tenha feito aquilo.[19]

Em uma outra carta escreveu: "Saibam bem o quanto seria perigoso para a nossa alma não os combater!"[20]

Também puro se pode acreditar que fosse o espírito de Inocêncio III, o papa que nos 18 anos de seu pontificado não deixou de proclamar guerras santas contra infiéis ou hereges. Dos seus escritos emerge um coração profundamente sensível e um olhar altamente espiritual: basta ler os seus *Sermões*, o seu *Encomium charitatis*, as suas orações e seus comentários sobre os Salmos. Basta ler as suas cartas, como aquela que escreveu a um abade cisterciense:

> Agora estou ocupado com mil obrigações [...]. Porém, de vez em quando, volto a atenção de minha mente para refletir sobre mim mesmo [...]. Vim em um vasto mar e as ondas me submergem [...]. Ajude a minha fraqueza com as suas orações especiais [...] [para que Deus] acalme a minha agitação interior.[21]

Inocêncio não tinha duas faces, de um lado o pio devoto e místico asceta e do outro o déspota e sanguinário; como não tinha duas faces São Bernardo, a quem também se poderia atribuir uma tal dicotomia. Aquelas que para nós se constituem patentes contradições (talvez vividas de boa-fé, mas sempre inevitavelmente contradições e incoerência) são em realidade profunda e sincera coerência, lúcida e consciente escolha de fé. Se hoje temos a convicção de que ser pessoas espirituais, sensatas e humanamente sensíveis implique automaticamente a recusa e a condenação de qualquer ato que envolva o uso da força ou das armas, esta não era, porém, a convicção de inumeráveis santos cristãos. Podemos dizer, na verdade, que não era a convicção de quase nenhum deles. Nesse sentido, Inocêncio III não faz mais que se inserir na trajetória de uma comprovada e milenar sapiência cristã. Leiamos o texto de sua solene constituição *Ad liberandam*, com a qual, em 1215, proclamou a V cruzada:

> Desejando ardentemente libertar a Terra Santa das mãos dos ímpios, com o conselho de homens prudentes, que conhecem perfeitamente as circunstâncias de tempo e lugar, e com a aprovação do Santo Concílio, determinamos que os cruzados se preparem de maneira que aqueles que pretendem realizar a viagem por mar, em primeiro de junho do ano próximo, se reúnam no Reino da Sicília [...]. Aqui, se Deus quiser, viremos também Nós pessoalmente, para que com o Nosso conselho e com a Nossa ajuda o exército cristão receba uma sã organização e possa partir com a bênção divina e apostólica [...]. Os sacerdotes e os outros membros do clero que farão parte do exército cristão, sejam simples clérigos como prelados, atendam com diligência à oração e à predicação, instruindo os cruzados com a palavra e o exemplo, para que tenham sempre diante dos olhos o temor e o amor de Deus e não digam ou façam coisa alguma que ofenda a divina Majestade. Se em algum momento caírem em pecado, levantem-se imediatamente mediante uma verdadeira penitência; sejam humildes no coração e no corpo; seja no modo de viver como no de vestir, conservem a justa moderação; evitem absolutamente os dissensos e as invejas; afastem de si todo rancor e toda malignidade, de modo que, munidos das armas espirituais e materiais, possam lutar com maior segurança contra os inimigos da fé, não se vangloriando da própria força, mas confiando no poder de Deus [...].

Para não transcurar nada daquilo que se pode fazer por esta causa que se refere a Jesus Cristo, queremos e ordenamos o que segue: que os patriarcas, os arcebispos, os bispos, os abades e os outros que cuidam das almas, com grande zelo preguem aos povos por onde estiver a Cruzada; esconjurem, em nome do Pai, do Filho e do Espírito Santo, único, verdadeiro, eterno Deus, os reis, duques, príncipes, marqueses, condes, barões e outros nobres, além das comunidades, vilas, fortalezas, que aqueles que não irão pessoalmente em ajuda à Terra Santa forneçam um conveniente número de soldados e somas necessárias às despesas por três anos, segundo as próprias possibilidades, em remissão de seus pecados [...]. Quanto àqueles que se recusarem a fazer isso, caso haja alguém tão ingrato diante do Senhor Deus nosso, proclamamos firmemente em virtude de nosso ofício apostólico que esses deverão responder ao severo exame do último dia diante do tremendo Juiz![22]

A PAZ DE DEUS E A PAZ DO MUNDO

Jesus disse: "Eu vos deixo a paz; dou-vos minha paz. Eu vo-la dou, não como a dá o mundo" (Jo 14,27). É colocada aqui uma clara distinção, quase oposição, entre a paz do mundo e a paz dada por Deus. Todas as religiões e todas as espiritualidades sempre estiveram conscientes do fato de que a única verdadeira paz é aquela interior. O bem-estar exterior, a ausência de guerras e de fadigas, a eficiência do sistema público não podem aliviar a inquietação do coração humano, a sua agitação, as suas angústias. Estas são pacificadas e resolvidas apenas por uma tranqüilidade conquistada dentro de si, por uma serenidade radicada no coração, uma serenidade que nasce da oração, da meditação, da entrega a Deus. Então aí, sim, existe a verdadeira paz, além da autêntica liberdade. Assim, nem a espada, nem as atribulações, nem a guerra podem nos separar da paz do coração e do amor de Deus. Assim como acreditar que o bem-estar econômico traga a felicidade é uma ilusão, também é uma ilusão acreditar que a ausência de guerra traga uma verdadeira paz. Se na alma há guerra e rebelião, nenhuma paz exterior poderá apaziguá-la.

A guerra se torna assim um sinal, um ensinamento: nos faz recordar qual é a paz autêntica, nos faz recordar que só Deus é nosso refúgio; a guerra – diz várias vezes a Sagrada Escritura[23] – coloca o homem à prova, examina e corrige as suas convicções, coloca-o em alerta quanto às ilusões do mundo. Tanto a Bíblia como o Corão são ricos de exemplos que mostram como Deus se serve, para chamar a si o homem, para livrá-lo do mal, para puni-lo por seus pecados, para educá-lo para o bem, de calamidades naturais, guerras, aflições, para puni-lo por seus pecados, para educá-lo para o bem, "coisas que são para nós como uma advertência"²⁴, um chamamento para Deus, para a verdade das coisas e os verdadeiros valores. Escreve São Gregório Magno:

> Terrores do céu [...], guerras, carestia, pestilências [...] são todas coisas que nos foram mandadas por este motivo: para que tenhamos a cura de nossas almas, à espera da hora da morte.²⁵
>
> As ruínas do mundo são o seu grito. O mundo, esquartejado por tantos golpes, precipitou-se de sua glória e mostra-nos assim um outro Reino, que está por vir, vizinho [...]. Muito fácil é agora, vendo a destruição de todas as coisas, libertar o nosso espírito do apego ao mundo!²⁶

Também Santo Agostinho, especialmente no *De civitate Dei*, escrito como reflexão espiritual em seguida ao trágico saqueio de Roma em 410, mostra o quanto as desgraças da guerra podem ser um bem para o homem. Os romanos

> perderam tudo o que tinham; mas também a fé? Também a piedade? Também o bem de uma consciência rica diante de Deus? Estas são as riquezas dos cristãos! E o Apóstolo, que era rico, dizia: "A religião é uma grande fonte de lucro, se nos contentamos com o que temos [...]. Portanto, tendo roupa e comida, fiquemos satisfeitos com isto. Quem quer ficar rico cai na armadilha, na tentação, numa multidão de desejos loucos e perigosos que precipitam os homens na perdição e na desgraça. Porque a ganância pelo dinheiro é a raiz de todos os males" (1Tm 6,6-10) [...]. Mas – se dirá – alguns bons, cristãos incluídos, foram submetidos a torturas! [...] Mas Cristo não foi perdido [...]. Portanto, eram talvez mais úteis as torturas que ensinavam a amar um bem incorruptível do que aqueles bens que, para se fazerem amar, torturavam os seus possuidores sem qualquer benefício [...]. Certamente quem, entre as torturas, testemunhava uma santa pobreza, testemunhava Cristo [...]. Mas uma fome prolongada – se dirá ainda – fez morrer muitos cristãos! Os bons fiéis reverteram também este fato a seu favor, suportando com fé. A fome, como a doença, libertou das amarras desta vida aqueles que ela extinguiu, e ensinou àqueles que não extinguiu a viver mais moderadamente e a jejuar mais.²⁷

"A guerra" – dizia Tucídides – "eliminando o bem-estar da vida cotidiana, se torna para nós um mestre sanguinário".²⁷ᵃ Além disso, não apenas a guerra e as suas desgraças nos são úteis, mas a própria vida militar em si, a qual – como dirá João XXIII, ex-sargento em guerra e capelão do exército – é um "enriquecimento espiritual", pois adestra os soldados naquela salutar "disciplina militar, que forma o caráter, modela a vontade, educando-a à renúncia, ao domínio de si, à obediência"²⁸, virtudes tipicamente cristãs e indispensáveis para tornar o homem são e maduro.

Diz o *De imitatione Christi*:

> É bom para nós sofrer de vez em quando dificuldades e contrariedades: elas com freqüência reportam o homem ao próprio coração, para que ele se recorde de

estar aqui em um exílio e não deposite a esperança em coisa alguma do mundo [...]. Quando um homem de boa vontade sofre atribulações e tentações ou é aflito por maus pensamentos, melhor compreende o quanto Deus lhe é necessário e que sem Ele não pode haver nenhum bem [...]. Então compreende com certeza que a perfeita segurança e a paz plena no mundo não se podem encontrar.[29]

É assim que para nós a perda dos bens, da saúde, as aflições, as perseguições se tornam um ensinamento incomparável, uma ajuda, um benefício, uma bênção. A guerra torna-se mestre de vida e tesouro de sapiência. Ela nos faz ver o verdadeiro vulto da realidade, a verdadeira natureza das coisas. Rompe as nossas ilusões de riquezas e de bem-estar. Destrói os bens efêmeros que nos rodeiam, para nos obrigar a levantar os olhos para aqueles bens que, sozinhos, poderão nos tornar verdadeiramente felizes.[29a]

Diz o Corão:

E que é a vida terrena, senão diversão e jogo? Certamente a morada no Outro Mundo é a verdadeira Vida. Se o soubessem! (sura 29, 64)

Aos homens foi abrilhantado o amor aos desejos: mulheres, filhos, entesouramento do ouro e da prata, os cavalos de raça, o gado e as sementeiras. Tal é o gozo da vida terrena; porém, a bem-aventurança está ao lado de Allah. (sura 3, 14)

Que não vos iluda a vida terrena, nem vos iluda o sedutor, acerca de Allah! (sura 31, 33)

A guerra, além disso, induz àquela constante *meditatio mortis* que coloca o homem diante da realidade de sua existência: a vida é destinada a acabar e a morte é destinada a sobrevir. Um soldado americano na guerra do Vietnã, depois de ter matado um homem, escreveu: "Percebia, com uma espécie de júbilo, que ele, quem quer que tenha sido, estava morto, enquanto eu, aquele eu único e especial, estava vivo".[30] "A guerra", recorda Sayyid Qutb, "liberta-nos das paixões vãs deste mundo e ajuda a mudar interiormente o espírito humano, preparando-o para a morte eventual em batalha"[31].

Ernst Jünger, em seu livro *A guerra como experiência interior*, observa como a guerra faz retornar o homem ao seu estado de natureza, à sua "pureza" originária. Diante da morte, da necessidade imediata de lutar para sobreviver e da possibilidade de desencadear todas as próprias "energias ancestrais", o homem, "dilacerado pela fome, na confusão ofegante dos instintos, no embate da luta mortal, torna a ser aquilo que sempre foi".[32] Nesse sentido, a realidade crua e atroz da guerra leva o homem à sua verdadeira dimensão, mostra-lhe a "verdade" de si próprio, despedaça-lhe entre as mãos todas as suas construções ilusórias, ligadas ao progresso tecnológico, ao bem-estar e a tudo aquilo que atordoa o homem com mil vaidades. A guerra revela "aquela insatisfação enorme que está no interior e que o rumor [da vida cotidiana] cobre e esconde".[33] Escreve Jünger:

> A nós, filhos de uma época embriagada de matéria, o progresso parecia a chave da semelhança com o divino, o binóculo e o microscópio pareciam os instrumentos do conhecimento. Mas sob esta casca sempre mais brilhante e polida, sob os enfeites com os quais nos adornávamos como ilusionistas de rua, permanecíamos nus e brutos como os homens da floresta e das estepes. Isso foi bem observado quando a guerra se abateu sobre os países da Europa.[34]

O homem se encontra, assim, diante de uma ambivalência radical: viver profundamente o próprio eu ou alienar-se de si deixando-se levar à mercê das coisas exteriores. Diz Deus no Corão: "Ó povo meu, sabei que a vida terrena é um gozo efêmero, e que a Outra Vida é a morada eterna!" (sura 40, 39). Um – diz ainda o Corão – é "o partido de Allah" (*hizbu'llàh*), o outro é o de "seguidores de Satanás" (sura 58, 19.22). O primeiro, diz Santo Agostinho, é constituído por "aqueles que querem viver na paz segundo o espírito", o outro, por "aqueles que querem viver na paz segundo a carne".[35] Uma é a paz interior, que não teme as guerras e nem é abalada por elas, e convive com o pensamento da morte e da fugacidade das coisas terrenas, guardando seu tesouro no coração e no Céu, lá onde a ferrugem não pode consumi-lo e ninguém pode roubá-lo[36]; a outra é a paz exterior, ilusória, "como a dá o mundo" (Jo 14,27), aquela que acumula riquezas que apodrecerão[37], e surge Deus e diz: "Louco, nesta mesma noite ela [a alma] te será tomada! E para quem ficará o que ajuntaste?" (Lc 12,20).

> Ninguém pode servir a dois patrões, porque odiará a um e amará ao outro, ou se afeiçoará ao primeiro e desprezará o segundo. Não podeis servir a Deus e ao dinheiro. (Mt 6,24)
>
> Portanto, quem quiser ser amigo deste mundo, torna-se inimigo de Deus. (Tg 4,4)

O mundo propõe os seus valores "carnais" (que a chamada civilização moderna transformou em valores próprios) e a religião propõe os seus valores "espirituais". Escreve a esse propósito Maryam Jameelah, expoente paquistanesa do islamismo integralista:

> Não é possível conciliar o islamismo com o "espírito do século XX". Quanto mais tentarmos reformar o islamismo para torná-lo "compatível" com a vida moderna, mais nos tornaremos fracos. Cresceremos em força e vigor não se seguirmos a tendência do tempo, mas só se lutarmos contra ela![38]

A VIDA MONÁSTICA

Não é casual que, entre os principais idealizadores, apoiadores e protagonistas das cruzadas, grande parte era composta por monges, isto é, homens que haviam escolhido o caminho da renúncia aos bens do mundo, o caminho da ascese, da contemplação e do seguimento total do Evangelho de Cristo. Os que promoveram as cruzadas não foram homens políticos, nem empreendedores ou comerciantes, interessados em fazer fortuna no Oriente, nem homens rudes e violentos que só conheciam poucos rudimentos da fé cristã. Foram, ao contrário, homens em sua maioria muito cultos, que liam e meditavam o Evangelho todos os dias, e eram familiarizados com toda a Sagrada Escritura e os pais da Igreja; homens para quem o alimento cotidiano eram livros como *De imitatione Christi*, que não cessa de inspirar sentimentos de humildade, paz, misericórdia, abandono. O primeiro chefe espiritual que partiu com o exército cruzado em 1096 foi Pedro o Eremita (depois beatificado pela Igreja Católica): combateu em Antioquia e Jerusalém, depois tornou à região de Flandres, onde fundou o monastério de Neufmoustier e viveu em recolhimento e oração.

Os ideólogos mais entusiastas da guerra santa contra os infiéis foram quase todos monges: recordamos, além de São Bernardo, que foi a pilastra das cruzadas, os beneditinos Guiberto di Nogent, Baldrico di Bourgeuil e Roberto Monaco; o abade de Cluny, Pedro o Venerável, além do próprio Urbano II, que havia sido monge em Cluny. Dentre os papas, no tempo das cruzadas, muitos haviam sido monges. Tudo isso nos deve fazer refletir. Eles conheciam o Evangelho muito melhor que nós, meditavam muito mais que nós e conduziam uma vida inteiramente dedicada à oração e ao crescimento espiritual; renunciavam a muitas comodidades, oportunidades, riquezas – às quais talvez nós não renunciaríamos muito facilmente – para seguir Jesus Cristo, levantar à noite para rezar, contentar-se com comida parca e escassa, praticar mortificações, jejuns e vigílias. Era essa a escolha, para usar mais uma vez a expressão de Santo Agostinho, de "viver na paz segundo o espírito" e não "na paz segundo a carne".

Viver em um monastério não é fácil. A sociedade, tanto na Idade Média como hoje, tenta implacavelmente desbotar e ofuscar o brilho do espírito, oferece alienações e distrações para o pensamento e torpor para a consciência, esconde a presença da morte e tenta aliviar a angústia da existência. Induz os homens a eludir a morte e a angústia, quase na desesperada tentativa de encerrá-las em um tenaz esquecimento. O monge, ao contrário, decide enfrentar a morte e a angústia, penetrá-las, vivê-las profundamente, como Cristo, que superou a morte e triunfou sobre ela "vivendo-a" em toda sua cruel e assustadora plenitude. Então, para viver essa dimensão profunda da existência, ou seja, para viver *realmente* a própria vida, só há um caminho: ser colocado em estado de defesa. De outra forma, os aliciamentos do caminho largo e fácil ("porque larga é a porta e espaçoso o caminho que conduz à perdição", Mt 7,13) tomam a dianteira e afastam do Único essencial, fazendo transcorrer a vida em um estado de sonolência e atordoamento, quase em um estado de morte da consciência de si. A vida monástica significa, assim, além de uma consagração da exaltação perpétua de Deus, ser colocado em estado de defesa. Quando se dirige, no coração da noite, passando lentamente através de espaços de um silêncio quase irreal, ao local do coro para o ofício noturno da oração, o monge não tem escapatória: está, com os olhos arregalados, diante do eterno, e não pode fugir. Tudo lhe remete ao eterno: o silêncio da noite, o frio das paredes, a salmodia do coro, a imagem da morte em todo lugar, nos crucifixos, nas caveiras de mármore, nas lápides dos muros, nas tumbas no chão. A cada dia o monge poderia ir embora, fugir, retornar para o travesseiro macio de uma vida comum e sem esforços. Mas ele, se consegue, persevera na tentativa extrema de não ceder aos valores do mundo, combate a cada dia, cada hora e cada instante de sua vida contra a tentação de "se deixar levar", de desistir dessa guerra interior, de se render. Prefere sofrer a solidão e o terror ao invés de abdicar ao próprio eu e jogar fora o tesouro infinitamente precioso desta única vida que nos é concedida, a qual, se não é vivida em profundidade, é desperdiçada.

Escreve Kierkegaard:

> Ah, fala-se tanto de penas e de misérias humanas (eu tento compreendê-las, conheci também diversos casos de perto); fala-se tanto de vidas desperdiçadas: mas desperdiçada é apenas a vida daquele homem que simplesmente a deixava passar, iludido pelas alegrias da vida e por suas preocupações, de modo que nunca se tornou, com uma decisão eterna, consciente de si próprio como espírito, como "eu", ou – e é a mesma coisa – porque nunca percebeu, porque nunca teve, no sentido mais profundo, a impressão de que existe um Deus e que "ele", que é o seu próprio eu, está diante desse Deus![39]

A VIDA COTIDIANA DOS TEMPLÁRIOS

A ordem dos soldados de Cristo, ou dos soldados do Templo, como já se havia mencionado no primeiro capítulo, foi a primeira ordem religiosa instituída com fins declaradamente militares. O seu objetivo era "defender os pobres, as viúvas, os órfãos e as igrejas"[40], além, em particular, dos peregrinos cristãos que se deslocavam à Terra Santa e eram incomodados pelos muçulmanos. Além desse comprometimento com a defesa armada dos oprimidos, a vocação primária e essencial dos templários foi, desde o início, excelentemente monástica e contemplativa: uma "fuga do furacão deste mundo e dos laços do diabo".[41] Assim exorta a *Regra* dos cavaleiros (aprovada pela Igreja Romana em 1128):

> Vocês que renunciaram à sua vontade e vocês que serviram ao Rei Supremo com cavalos e com armas, para a salvação de suas almas [...], esforcem-se em todo lugar, com pureza de vontade, de escutar o matutino e o ofício divino inteiro segundo a lei canônica [...]. O próprio Deus está com vocês, que prometeram desprezar as ilusões do mundo em nome do perpétuo amor divino, e não se preocupem com os martírios do corpo: sustentado pelo alimento de Deus, dessedentado e orientado pelos mandamentos do Senhor, ao final do ofício divino ninguém tema de se lançar em batalha, mas esteja pronto para munir-se com a coroa do martírio.[42]

A regra exorta os cavaleiros a "pegar as armas com valor e a extirpar da terra os inimigos de Jesus Cristo"[43], mas ao mesmo tempo dita os princípios e os costumes da mais rigorosa vida monástica. Os templários faziam voto de pobreza, obediência e castidade e conduziam uma vida quase idêntica àquela dos cistercienses.

Quando a noite ainda reinava e envolvia com seu silêncio os habitantes da terra, o sino convocando para as orações matinais soava no acampamento dos monges-guerreiros, como em qualquer monastério. "Ao som do sino do matutino, cada irmão deve levantar-se prontamente", prescrevem os *Estatutos*, "vestir a calça, sobrepor o manto, ir à Igreja e escutar a missa".[44]

O beato Raimundo Lullo, em seu livro sobre a cavalaria, recorda-nos que "deve ser hábito dos cavaleiros escutar a missa e a homilia, adorar, rezar e temer a Deus, porque por meio desse hábito o cavaleiro é induzido a pensar na morte e na miséria deste mundo".[45] E ainda, "depois das orações matinais, cada um deve se ocupar dos cavalos e da equipagem, se puder; e se há algo a perdoar, que seja perdoado".[46] Tudo isso ocorria no coração da noite, em um silêncio rompido apenas pelos gritos dos animais noturnos, pois os templários eram obrigados a calar religiosamente.

Depois da missa noturna, os templários se ocupavam dos cavalos e das armas, no interior daquele santuário, ou "Templo", que era o acampamento. São Bernardo descreve a cena com sua habitual retórica passional:

> Como todo templo, a entrada deste também é decorada, não com jóias, mas com armas; e o muro é coberto não com antigas coroas de ouro, mas com escudos aí pendurados; no lugar dos candelabros, dos incensórios e dos cálices, nesta casa se encontram por toda parte rédeas, selas e lanças.[47]

Tratava-se do toldo do acampamento ou, neste caso, do chamado Templo de Salomão em Jerusalém, o edifício onde logo os templários fixariam sua morada estável (quando então foram chamados com tal nome, em latim *Milites Templi* ou *Templari*).

O sol ainda não havia surgido e o monge podia tornar a dormir, "exceção feita para as visitas noturnas ao Sepulcro [de Cristo] e aos outros locais de oração".[48] Quando soava o sino das primeiras horas, o cavaleiro, se dormia, devia levantar-se e ir escutar

> a função da primeira hora e, se possível, de novo a missa; depois da missa, escutar ou recitar a hora terceira e sexta [...]. Em seguida, depois de haver deixado a capela, os irmãos devem se ocupar das equipagens e dos armamentos, consertando ou fazendo consertar o que precisa ser consertado.[49]

Terminados os trabalhos da manhã, havia o almoço; os monges recebiam parcos alimentos e eram convidados a dar aquilo que podiam aos pobres, em espírito de caridade e ascese.

> Ninguém deve cortar o pão, comer ou beber antes que seja dada a bênção. E mesmo se não houver um capelão, cada irmão deve recitar o *Pater noster* e observar as outras regras; depois disso, cada um poderá comer, por amor de Deus. E durante as refeições, onde quer que o convento se encontre, um clérigo lerá a Sagrada Escritura [...] e todos os outros devem comer em silêncio [...]. Depois de haver jantado [...], todos juntos devem se dirigir à igreja, se ela se encontrar nas imediações, e agradecer a Nosso Senhor, por aquilo que lhes é concedido [...]. Quando depois soar o sino para a nona hora, cada um deve ir escutar a função na igreja.[50]

Se os horários conventuais não tiveram de ser alterados ou cortados por conta de investidas em armas ou batalhas, então o dia se concluía com a salmodia das Vespertinas, ceia e Completa; depois do que, estabelecem os *Estatutos*,

> se pode dormir, mas quando estiver na cama o irmão deverá rezar um *Pater noster*, para que Deus o perdoe se cometeu qualquer falta depois da Completa. E, salvo em casos de emergência, cada irmão deve permanecer em silêncio da Completa até a hora primeira.[51]

Esse era o dia típico das ordens contemplativas.

No entanto, embaixo daquelas túnicas monásticas e daqueles mantos, havia uma espada não desprovida de sangue. E como o cavaleiro, antes de se deitar, via estampada em sua roupa uma cruz vermelha, recordando a morte que Cristo sofreu para libertar os homens do pecado e aquela cruz lhe trazia diante dos olhos o mistério do Deus infinito que se tornou carne e desceu entre nós, fraco e vulnerável, assim via, presa ao seu flanco, a espada forjada à guisa de cruz e com a qual talvez, naquele mesmo dia, tinha matado homens em nome de Deus: aquele ferro e aquele sangue estavam agora diante de seus olhos, no silêncio e na calma do dormitório, como um enigma insolúvel. Ele acreditava que a cruzada "é uma empresa que não vem do homem, mas vem do céu, e procede do próprio coração do amor de Deus".[52] No entanto, era difícil acreditar nisso, era árduo ter na consciência tantos mortos. Mas talvez, se não houvesse matado, se não houvesse tocado com as suas mãos o sangue, se não houvesse visto, a cada dia, a morte nos olhos, não teria sequer vivido profundamente a vida e nunca teria entrevisto o mistério profundo que está na base desta nossa existência.

A defesa da Terra Santa

Entre as tarefas principais das ordens de cavalaria estava a defesa armada do Santo Sepulcro do Senhor, dos lugares santos como Belém e o Monte das Oliveiras, e de todo o território de Israel, tocado e abençoado pelo Filho de Deus feito homem. Mas ao mesmo tempo em que eram defensores da Terra Santa, os cavaleiros também se tornavam guardiães da "terra interior" do Espírito. São Bernardo chegou a dizer que a missão dos templários era "custodiar sadia e fielmente um *depósito celeste*".[53] Deduz-se que a defesa armada da Palestina significa a defesa de um depósito celeste. As milícias cristãs se tornam dessa forma os guardiães da Fé; e não apenas da Fé, mas – podemos dizer – da espiritualidade do homem, daquela dimensão mais profunda que existe no homem, uma dimensão que o retira da rota do agir e do viver mecânico. O homem, como diz um salmo, é um "abismo" insondável, capaz de transcender a esfera da vida material e de se projetar no infinito do cosmo e da própria consciência. Daí a aspiração, constante na história e em todas as civilizações, de não se deixar levar pela própria animalidade, de se apegar de maneira sadia e fiel àqueles valores espirituais que fazem de um homem propriamente um homem. É a luta entre o espírito e a carne, entre ceder à própria natureza terrena e resistir firmemente na dimensão espiritual que palpita no profundo do ser humano.

Gibão de malha de ferro, viseiras cerradas, lanças fulgurantes, escudos tenazes, fileiras fechadas e clangor das armas para a defesa da Palestina, para a defesa ferrenha da dimensão humana e espiritual do homem. Nas longas vigílias noturnas, o monge guerreiro marchava, recitando junto com seus irmãos as litanias ou outras orações, ou permanecia em silêncio: o frio, o cansaço, o medo, a fome – tudo o convidava a ceder. O terror de possíveis inimigos em tocaia, a nostalgia da terra natal e da família, o senso de perda, quase de vertigem, uma angústia indefinível o colocavam em estado de atenção constante, diante do próprio eu eterno e diante do mistério da existência de Deus. Adotar a estrada da cavalaria significa entrar no caminho do próprio coração, enfrentar os próprios demônios interiores, revelar a consciência de si, comprometer-se a viver a própria existência humana profundamente.

É claro, portanto, que o monge guerreiro, e o homem de Fé em geral, combate uma guerra interior pela defesa daquela "terra" que é o coração, daquela "Palestina" que é o "depósito celeste" do homem. Os cavaleiros da fé são simbolizados por aqueles anjos que Deus colocou para proteger o acesso ao Paraíso terrestre, pondo em suas mãos uma espada flamejante (ver Gn 3,24). O termo "Paraíso" deriva, através do caldeu *pardes*, do sânscrito *paradesha*, literalmente o "lugar (*desha*) que está além (*para*)".[53a] Os anjos, portanto, e, à sua imagem, os guardiães da Terra Santa, estão ali, armados e inamovíveis, a testemunhar ao mundo inteiro que existe alguma coisa mais além (*para-desha*), algo de eterno que transcende o efêmero mundo das questões cotidianas e contingentes. Eterno, mas tão submerso por milhares de nuvens transitórias, que deve ser defendido vigorosamente e protegido enciumadamente, como o tesouro mais precioso do homem.

Hoje somos levados a pesquisar, principalmente, nos fenômenos históricos, as causas econômicas, políticas, de interesse, eventualmente também sociológicas e psicológicas, mas raramente levamos em consideração motivações primariamente espirituais. E são exatamente essas últimas que levaram milhares de homens a deixar sua terra, a se separar de seus entes queridos, a realizar viagens árduas e penosas e a arriscar a vida e a saúde, todos os dias, para combater em nome de Deus. Na base havia, na maioria dos casos, e principalmente entre os cavaleiros das ordens militares, uma profunda convicção religiosa. Certamente no ânimo de cada cruzado poderiam se introduzir motivos egoístas, avidez, orgulho, crueldade, mas isso não deve fazer acreditar que tais paixões fossem as razões decisivas. Os guerreiros da fé eram homens que, apesar de empenhados em ações bélicas e atentos às estratégias militares e políticas, carregavam estampado o sinal da cruz transcendental em sua túnica, em seu manto, em seu elmo e em seu coração.

A VIGÍLIA DA ORAÇÃO

Antes de se tornar cavaleiro, no tempo das cruzadas, o "noviço" tinha de se purificar na alma e no corpo. Devia jejuar, confessar-se e ser assíduo na oração. Um dia antes de ser ordenado solenemente cavaleiro, fazia um banho ritual, sinal de limpeza da alma, e vestia roupas brancas, sinal de pureza e de boas intenções. Depois ia à igreja, geralmente sozinho, e rezava durante toda a noite, em pé, à luz de poucas candeias e no silêncio da obscuridade, diante do altar sobre o qual estavam as armas que ele cingiria a partir do dia seguinte, quando se tornaria soldado de Cristo. A bênção das armas, como permaneceu por séculos no *Pontificale Romanum*, soa assim:

> Deus Onipotente, em cujas mãos está a plena vitória, Tu que deste força admirável a Davi para abater o rebelde Golias, nós com humilde prece suplicamos a Tua clemência de dignar-Te a abençoar estas armas com benigna piedade e de conceder ao Teu servo N., que deseja portá-las, de usá-las livremente e vitoriosamente em defesa da Santa Madre Igreja, dos órfãos e das viúvas, contra o assalto dos inimigos visíveis e invisíveis. Pelo nosso Senhor Jesus Cristo, Teu Filho que é Deus e vive e reina contigo na unidade do Espírito Santo por todos os séculos dos séculos.[54]

É difícil pensar que, naquela noite de solidão, vigília e oração, na mente do futuro cavaleiro não surgissem tumultuosos pensamentos contrastantes: de um lado a alegria, o entusiasmo, a honra; do outro, o medo, os escrúpulos, a suspeita terrível de que aquela veste branca de pureza, aquele altar abençoado, aquelas mãos limpas e inocentes seriam logo silenciadas diante da realidade da tarefa para a qual o cavaleiro era chamado: usar aquelas armas para matar e tomar para si a responsabilidade de inumeráveis vidas interrompidas. Certamente ele estava convencido de que "Deus o quer", e que combater pela fé e por Deus é algo santo, porque existe um Deus no céu que dispõe tudo segundo o seu imperscrutável desígnio e expressa a sua vontade aos homens por meio da Igreja. Mas esse Deus nunca ninguém viu. Dizia Santo Anselmo:

> Se Te encontrei, ó Deus, por que agora minha alma não Te sente? [...]. Ela se esforça por ver mais, mas, além daquilo que compreendeu, não vê nada mais que trevas! [...]. Tentei elevar-me à luz de Deus, mas eis que caí novamente em minha obscuridade [...]. Mas então o que és Tu, Senhor, o que és? [...]. Nunca Te vi, ó Senhor meu Deus, não conheço o Teu vulto! [...]. Tu és o meu Deus e o meu Senhor, e eu nunca Te vi! [...]. Mostra-Te finalmente a mim, que Te procuro [...]. Desejo muito encontrar-Te, mas não sei onde Tu estás [...]. Estás em todos os lugares, mas eu não Te vejo! [...]. Se estás em todos os lugares, por que eu não Te vejo?[55]

É por este Deus, em nome deste Deus e confiando neste Deus que o cavaleiro empunhará as suas armas.

E a esse propósito, não nos parece inoportuno citar um trecho de uma carta escrita por um soldado, na Segunda Guerra Mundial, durante o cerco de Stalingrado. O contexto histórico e cultural é completamente diferente daquele das cruzadas, as motivações de guerra igualmente diversas, mas a psicologia humana é a mesma e o testemunho mais contemporâneo a nós pode nos ajudar a compreender o estado interior dos guerreiros da Idade Média:

> Procurei Deus em cada vala, em cada casa destruída, em cada esquina, em cada meu camarada, quando estava na trincheira, e no céu. Deus não se mostrou, quando meu coração gritava por ele. As casas eram destruídas, os camaradas eram tão heróicos ou tão velhacos como eu, sobre a terra havia fome e homicídio, e do céu caíam bombas e fogo. Somente não havia Deus.[56]

A INVESTIDURA DO CAVALEIRO

O cerimonial para a investidura do cavaleiro cristão foi inserido pela Igreja Católica no *Pontificale Romanum*. Citamos em seguida a edição de 1848: o texto essencialmente não mudou desde os tempos das cruzadas.[57]
Antes de tudo é prevista a bênção da espada pelo bispo:

> Oremos. Atenda, ó Senhor, as nossas súplicas, e digna-Te de benzer, com a Tua Majestade, esta espada que este Teu servo deseja cingir; que ela possa ser a defesa das Igrejas, das viúvas, dos órfãos e de todos aqueles que servem a Deus, contra a ferocidade dos pagãos e dos hereges, e seja terror e espanto para todos aqueles que a insidiarão. Por Cristo nosso Senhor. Amém.

Segue uma outra oração e depois o canto do salmo 143:

> Bendito o Senhor meu Deus,
> que adestra minhas mãos para a guerra
> e meus dedos para a batalha...

Depois o bispo prossegue:

> Senhor Santo, Pai onipotente e eterno Deus, Tu apenas ordenes todas as coisas e as dispões justamente, e para reprimir a malícia dos maus e para proteger a justiça permitiste aos homens, para Tua salutar disposição, o uso da espada sobre esta terra e quiseste que fosse instituída uma ordem militar para a defesa do povo [...]; nós humildemente suplicamos a Tua clemência, Senhor [...], como fizeste triunfar Judas Macabeu diante das perfídias daqueles que não invocavam o Teu nome, assim agora para este Teu servo, que estende a nuca para o jugo da milícia, concedas, pela Tua celeste piedade, força e coragem para a defesa da fé e da justiça; e concede-lhe aumento de fé, esperança e caridade, e dá-lhe o Teu temor e amor juntos, além de humildade, perseverança, obediência e boa paciência, e dispõe justamente nele cada coisa, para que não atinja ninguém injustamente com esta ou outra espada [...] e estende a Sua caridade para o próximo.

Depois o bispo asperge a espada com a água benta. Nesse momento, sentado no trono com a mitra, estende a espada nua ao novo cavaleiro ajoelhado aos seus pés e lhe diz:

> Recebe esta espada em nome do Pai, do Filho e do Espírito Santo e usa-a para tua defesa e da Santa Igreja de Deus, para a confusão dos inimigos de Cristo e da Fé Cristã [...]. Agora cinge valorosamente a espada a teu flanco e recorda-te que os Santos derrotaram os reinos não com a espada, mas com a Fé.

Depois dessas palavras, o soldado se levanta,

> desembainha a espada e a estende virilmente três vezes [...]. Depois o bispo dá no novo cavaleiro o beijo da paz, dizendo-lhe: "A paz esteja contigo". Em seguida, tomando novamente a espada nua em sua mão direita, golpeia com ela levemente os ombros do novo cavaleiro, ajoelhado diante de si, e lhe diz: "Seja um soldado operador da paz [*pacificus*], fiel e devoto a Deus".

Seguem algumas outras palavras e orações:

> Deus Onipotente e eterno, infunde a graça da Tua bênção neste Teu servo [...] e faze que ele, confiando no poder de Tua mão direita, seja armado com as celestes proteções contra todas as adversidades, para que não seja nunca inquietado neste mundo pelos abalos das guerras. Por Cristo nosso Senhor. Amém.

Assim termina a cerimônia segundo o *Pontificale Romanum*.

Muito semelhante é o ritual em uso junto às ordens de cavalaria regulares. Algumas variantes são, no entanto, significativas: por exemplo, no ritual de ordenamento dos cavaleiros do Santo Sepulcro, segundo o texto em vigor em 1930[58], se diz que a espada deverá servir não apenas à "vossa própria defesa e à confusão dos inimigos de Cristo", mas também à "propagação da Fé Cristã". Variação que não deve ser transcurada. E ao cavaleiro são dadas as esporas com estas palavras, tão repletas de fé como excepcionalmente anacrônicas para o século XX: "Recebe estas esporas que poderão um dia ajudar-te a percorrer a Santa Cidade para ficar fielmente de guarda no Santo Sepulcro". Além disso, o ritual dos cavaleiros do Santo Sepulcro não faz parcimônia em usar a costumeira linguagem militar: fala de "soldado de Cristo", de "esta Sacra milícia", e invoca "o Senhor Deus dos exércitos".

Também interessantes são as diferenças que, em relação ao *Pontificale Romanum*, encontramos no moderno cerimonial de investidura dos cavaleiros de Malta[59], no qual o dever do cavaleiro é definido com estas palavras: "Defesa da Santa Igreja Católica contra os infiéis, e contra os inimigos da religião Cristã". Particularmente incisivo é o modo em que, neste cerimonial, é frisado o rito, já presente no Pontificale, da *vibratio gladii*:

Aqui o Dante dará em mãos ao Cavaleiro a espada nua, o qual três vezes a vibrará para o alto, representando com este ato a ameaça contra os inimigos de nossa Fé, e depois dirá o Dante: "Com tua inteligência sabe que estas três voltas significam que em nome da Santíssima Trindade desafiaste todos os inimigos da Fé Católica, com a esperança da vitória, que o Senhor Deus a possa sempre conceder. Guarda-a agora, conservando-a sempre limpa e imaculada". Então o Cavaleiro, limpando a espada no braço esquerdo [como se já estivesse banhada de sangue], a recolocará na bainha.

Há cerca de dois séculos os membros das ordens militares da Igreja não combatem mais os infiéis, mas, como se vê, seus rituais continuam a ser declaradamente guerreiros.

As canções de cruzada

Como hoje e mais que hoje, na Idade Média os peregrinos eram acompanhados por cantos ou hinos. O mesmo se dava com os cruzados, para os quais, em sua longa viagem rumo à Terra Santa, foram compostas muitas canções, que, com as palavras e a melodia, aumentavam o fervor dos ânimos para a guerra santa. Esses cantos, também por causa de seu caráter poético, são, mais que outros textos, adequados a nos fazer compreender e "sentir" o espírito das cruzadas.

> Senhores, saibam: quem agora não for
> àquela terra em que o Redentor foi morto e ressuscitou
> e quem não portar a cruz de ultramar,
> é difícil que consiga entrar no Paraíso.
> Quem leva consigo piedade e lembrança
> deve realizar vingança pelo alto Senhor
> e libertar a Sua terra e o Seu país.

> Permanecerão aqui todos os maus
> que não amam Deus, nem o bem, nem a honra, nem o mérito;
> e cada um deles diz: "A minha mulher o que fará?
> Não deixarei por nenhuma razão os meus amigos!".
> Esses se perdem em preocupações irracionais demais
> porque não existe amigo fora Daquele, na verdade,
> que por nós foi colocado na Santa Cruz! [60].

E ainda:

> Sigam o exemplo do [rei] Luís,
> que possui mais bens que vocês:
> ele é rico e poderoso,

cingindo uma coroa superior àquela de todos os outros reis.
Abandonou peliças pardas e cinzentas,
castelos, países e cidades,
voltou-se Àquele
que por nós foi martirizado na Cruz![61].

A cruzada é apresentada como um socorro a que somos convocados a prestar para nossa doce mãe, a Terra Santa, e como um caminho de ascese, de renúncia aos bens do mundo para ir ao encontro de Deus. Esta poesia propõe, assim, uma verdadeira e própria *mística da guerra*:

> Jerusalém chora e lamenta
> pelo socorro que demora demais!
> ....
> Príncipes, duques, condes, que têm
> neste mundo todas as suas satisfações,
> Deus exortou-os e convocou-os:
> deixem as cidades e castelos!
> Partam para encontrar o Esposo![62].

LIBER AD MILITES TEMPLI

Da importância de São Bernardo na elaboração de uma coerente teologia cristã da guerra santa já falamos no primeiro capítulo. Agora transcreveremos aqui alguns trechos reveladores de sua longa carta exortatória aos templários, o *Liber ad milites Templi de laude novae militiae*, um verdadeiro manifesto da espiritualidade guerreira no cristianismo.

> É este, portanto, um novo gênero de milícia – desconhecido no mundo –, pelo qual se combate uma dupla batalha, ao mesmo tempo contra a carne e o sangue, e "contra os principados, as potestades, os dominadores deste mundo das trevas, e os espíritos malignos dos ares" (Ef, 6,12) [...]. O impávido guerreiro [...], como veste no corpo a armadura de ferro, também veste no espírito "por armadura a fé e a caridade, e por capacete a esperança da salvação" (1Ts 5,8). Munido dessas armas, não teme o demônio nem o homem. E não tem medo da morte aquele que deseja morrer. O que teme, em realidade, na vida e na morte, aquele pelo qual "o viver é Cristo e o morrer um lucro" (Fl 1,21)? [...]. Prossigam, portanto, seguros, ó guerreiros, e com ânimo intrépido afastem os inimigos da cruz de Cristo, certos de que nem a morte nem a vida poderão separá-los do amor de Deus [...]. "Porque se vivemos, vivemos para o Senhor, e se morremos, morremos para o Senhor" (Rm 14,8) [...]. Alegre-se, ó forte atleta, se vive e vence no Senhor; mas exulte ainda mais e cubra-se de glórias se morrer e se unir ao Senhor! [...].

Os soldados de Cristo combatem seguros as batalhas de seu Senhor, sem temer pecado no massacre dos inimigos, nem temer dano na própria morte, a partir do momento em que a morte por Cristo, infligida ou sofrida, não tem nada de pecaminoso; ao contrário, merece grande glória! [...]. O soldado de Cristo mata seguro, e ainda mais seguro morre [...]. Ele é ministro de Deus pela vingança contra os maus. [...]. Por isso, quando mata um mau, não é um homicida, mas – por assim dizer – um "malicida" e é o vingador de Cristo.[63]

A GUERRA INTERIOR

As palavras de São Bernardo nos revelam sua concepção da guerra e da morte (sofrida ou infligida) em uma dimensão claramente mística. Em verdade, desde suas origens, o cristianismo desenvolveu fortemente uma concepção da guerra espiritual e metafísica que jamais será abandonada. São Paulo descreve, com uma terminologia abertamente militar, a guerra do homem contra o Mal:

Revesti-vos da armadura de Deus, para que possais resistir às ciladas do Diabo. Pois não temos de lutar contra a carne e o sangue, mas contra os principados, as potestades, os dominadores deste mundo das trevas, e os espíritos malignos dos ares. É por isso que deveis revestir-vos da armadura de Deus, para que possais resistir no dia mau e, depois de tudo superar, continuar de pé. Portanto, ficai em posição de alerta, tendo a verdade como cinturão de vossos rins, a justiça como armadura de vosso corpo, e o zelo em propagar o Evangelho da paz, como vosso calçado. Empunhai o escudo da fé, com o qual podereis apagar todas as flechas incendiárias do Maligno. Tomai, enfim, o capacete da salvação e a espada do Espírito, isto é, a palavra de Deus. (Ef 6,11-17)

Trata-se claramente de uma verdadeira guerra, que precisa, no entanto, de novas armas, não feitas de ferro e de bronze: "Embora sejamos homens, não combatemos com armas puramente humanas. As armas com que combatemos não são carnais, de origem humana, mas têm, da parte de Deus, o poder de destruir fortificações" (2Cor 10,3-4).

Esse espírito guerreiro era muito acentuado nos primeiros séculos do cristianismo e impregnou toda a epopéia dos mártires, verdadeiros soldados prontos a morrer e a sacrificar qualquer coisa para permanecerem fiéis a Deus e íntegros no espírito. Santa Perpétua, condenada a ser devorada pelas feras, escreveu antes de seu martírio: "Compreendi que devia combater não contra as feras, mas contra o diabo".[64] E da mesma forma os escritos do mártir São Cipriano e de muitos outros são repletos de referências a essa guerra sem fronteiras que se combate entre o Bem e o Mal e que também leva a embates cruéis, como no caso dos mártires.

A idéia de que a guerra para a qual o fiel é chamado é essencialmente uma batalha interior permaneceu inalterada mesmo quando a Igreja começou a permitir ou ordenar a seus fiéis o uso de armas não mais metafóricas. "Antes de tudo", advertia Gregório VIII em seu chamamento para a III cruzada, "devemos colocar dentro de nós o remédio para o mal que cometemos e só depois podemos voltar a nossa atenção à traição e à perfídia do inimigo".[65] Além disso, as próprias armas materiais eram vistas, no mundo da cavalaria, tanto como instrumentos de morte como *símbolos* da luta interior: "A lança se dá ao cavaleiro para significar a verdade", escrevia Raimundo Lullo no século XIII. "A couraça significa castelo e muralha contra os vícios e os erros".[66]

Idêntica será a posição do islamismo. A verdadeira guerra do homem – diz Sayyid Qutb – a "grande *jihad*", é a batalha interior "contra o demônio, as paixões, os desejos, as ambições"[67], e a guerra santa exterior não é mais que um "prolongamento" desta dimensão espiritual: "O recurso à guerra é, portanto, antes de tudo um exercício moral e espiritual para os fiéis que nela estão engajados".[68]

"Para nós é preferível morrer"

A disposição para a guerra é uma luta interior, à medida que é um esforço contínuo para se permanecer fiel aos valores da justiça, da honestidade e da religião. São Gregório V escreveu para Burcardo de Halberstadt em 1074:

> Se nós quiséssemos tacitamente consentir aos poderosos e aos ricos de sua terra de governar a seu bel prazer e de atropelar a justiça, poderíamos certamente obter da parte deles amizade, doações, serviços, elogios e magníficos reconhecimentos. Mas isso não é absolutamente adequado ao posto que ocupamos e à função que nos é própria: porque nada existe que possa nos separar do amor de Cristo, com a sua proteção. Para nós é preferível morrer do que abandonar a sua lei ou, pela glória mundana, voltar os nossos olhos mais aos ímpios, mesmo que sejam poderosos, que àqueles que, por mais pobres que sejam, procuram a lei de seu Criador, amam seus mandamentos e renunciam à vida antes que à justiça![69]

Isso significa não querer trair a justiça e querer permanecer firme e resistir até o martírio na própria integridade.

Na carta que em 1979 Khomeini escreveu ao papa João Paulo II, em referência às intenções do governo americano do presidente Jimmy Carter de atacar militarmente o Irã ou de, pelo menos, impor um embargo econômico, o aiatolá se expressou da seguinte forma:

Carter também propôs um assédio econômico a este país, mas vos digo que nós não temos medo nem de uma intervenção militar nem de um bloqueio econômico [...]. Neste embate Carter não nos assusta! Somos combatentes e, mesmo não contando com armas e equipamentos militares, temos os nossos corpos. No que se refere ao bloqueio econômico, somos uma nação habituada com a fome [...]. Com o trigo e o centeio que cultivamos em nossa terra podemos fazer frente à situação e a quantidade de que dispomos nos será suficiente [...]. Portanto não nos causam medo essas ameaças! Se tivermos de escolher entre defender a nossa honra e encher o estômago, preferiremos a defesa da honra à satisfação do apetite![70]

As alianças estratégicas

A integridade moral absoluta, o não se dobrar a compromissos com as dinâmicas do mundo, o não ceder às lisonjas do dinheiro, da comodidade, da aprovação dos outros – tudo isso corre, porém, o risco de se transformar em estéril obstinação, quase teimosia e, até mesmo, arrogante encalacração. Os macabeus, por exemplo, haviam decidido permanecer fiéis à Lei de Deus sem compromissos e de combater até o martírio para defendê-la. Tal atitude levou-os, no entanto, a se encontrar em situações dramáticas, como quando cerca de mil de seus homens sofreram o ataque dos pagãos mas não reagiram, porque era dia de sábado. Para não transgredir o divino mandamento do repouso no sábado, todos se deixaram massacrar (conferir 1Mc 2,31-41).

Este episódio fez Matatias refletir: "Se fizermos tudo como fizeram os nossos irmãos [...], nos farão desaparecer em breve da terra". Como consequência, ele permitiu que em casos como esse se combatesse mesmo no sábado. Poder-se-ia acusar Matatias de ter-se engajado em compromissos com as lógicas do mundo, de haver abdicado de sua integridade inicial. Na verdade tratou-se de uma escolha de comportamento exterior funcional a favor de sua luta e a serviço dela; a integridade interior permaneceu intacta, mas exatamente para permanecer intacta é que ele teve de escolher o caminho deste aparente e somente exterior compromisso. Da mesma forma, depois da morte de Matatias, Judas Macabeu decidiu se aliar com os romanos: decisão à primeira vista sem dúvida escandalosa, sendo aqueles pagãos, mas funcional para a luta santa por Deus.[71] Também Jônatas Macabeu tentou cair nas graças dos poderosos deste mundo, em particular do rei Alexandre Bala e do rei Ptolomeu do Egito, ambos pagãos, oferecendo a eles até ouro e prata, com o que "conquistou a simpatia deles".[72] Pareceria uma simples e não muito elogiável manobra política, quase uma traição dos ideais do povo de Israel, mas foi o instrumento com o qual Jônatas, conquistando poder e respeito aos olhos das nações, conseguiu tornar mais eficaz a própria ação de reforma em Israel, levando assim este último à observância da Lei de Deus.

De um comportamento semelhante, rotulado como hipocrisia e mascaramento de interesses e ambições políticas, são freqüentemente acusados também a Igreja, especialmente a católica, e o islamismo integralista. Repete-se que seus verdadeiros interesses são econômicos e políticos e que a religião não é mais que um pretexto. Da mesma forma as cruzadas, com suas indulgências regulares, promovidas no século XIII por Gregório IX e Inocêncio IV contra o imperador excomungado Frederico II e depois contra seu filho Manfredo de Alexandre IV (o qual confiou a liderança do exército a um cardeal, Ottaviano degli Ubaldini) poderiam ser consideradas nada mais que estratégias do poder temporal da Igreja, ou seja, ações *políticas*. E políticas indubitavelmente foram, pois a política se torna aqui *instrumento da religião*, a serviço da fé. "Como o Estado", dirá Pio XII, "também a Igreja possui um direito soberano sobre tudo aquilo de que ela precisa para atingir o seu fim, incluindo os meios materiais".[73]

Se, portanto, tanto a Igreja como o islamismo se envolvem em questões políticas e econômicas, isso não desabona a pureza de seu fim, tratando-se simplesmente de meios materiais necessários para se atingir um fim espiritual. Além disso, é preciso levar em conta que hoje somos habituados a ver na religião um fato puramente "interior" e separamos claramente religião e política. Mas, como a Igreja sempre ensinou e demonstrou e como o islamismo integralista ainda agora coloca em evidência, "a religião não é algo a ser confinado em um canto tranqüilo ou em algumas horas de festa, mas deve ser raiz e fundamento de *toda a vida*"[74]; e nem a política, nem a economia, como partes integrantes da vida do homem, estão excluídas do raio de ação totalizante da religião, com os seus ensinamentos morais e espirituais.

Os monastérios fortificados

Como os cavaleiros das ordens militares da Igreja, também os muçulmanos que combatiam pela guerra santa contavam com fortalezas que eram, ao mesmo tempo, conventos. Elas são conhecidas com o termo árabe *ribat*. São verdadeiras fortalezas militares circundadas por muros imponentes, que serviam como lugar de oração, retiro e contemplação e também como base armada para as expedições de guerra. Um dos mais célebres *ribat* medievais islâmicos é aquele de Monastir, na Tunísia, fundado em 796, e conhecido pelo povo como "monastério": ali habitavam sufis e outros homens dedicados à oração e ao silêncio, e uma grande parte da fortaleza era utilizada como mesquita; ao mesmo tempo, porém, o minarete do qual se anunciava que "Deus é maior" servia também como torre de vigilância contra os inimigos e, ao lado da mesquita, diversos locais do convento eram depósitos de armas. O *ribat* constitui, na verdade, um peculiar exemplo de perfeita fusão entre religioso e militar. Maomé dizia que "passar um dia e uma noite em um *ribat* é melhor que um mês de jejum e de noites de vigílias pias".[75]

Algo de muito semelhante aos *ribat* também existiu no mundo cristão: os castelos dos cavaleiros de Malta e, principalmente, dos teutônicos nas regiões bálticas. Nesses locais se conduziam juntamente vidas monástica e militar. Naqueles territórios nórdicos povoados por pagãos, essas fortalezas sobre as quais se erguiam cruzes imponentes representavam baluartes da fé cristã; e do alto daqueles muros austeros os monges-cavaleiros dominavam os pântanos circunstantes e viviam em solidão, nos limites extremos do mundo cristão, em territórios ignotos e hostis, como defensores tenazes da fé. E a defesa armada da fortaleza contra as incursões dos pagãos se identificava com a defesa da fortaleza interior do coração do ataque dos demônios e dos vícios. Enquanto outros homens comercializavam com os pagãos, enriqueciam, viajavam, aqueles permaneciam ali, enclausurados em suas inexpugnáveis fortalezas, nas quais, da manhã à noite, ressoava o canto dos Salmos e a leitura dos livros sagrados; permaneciam lá em cima, encerrados dentro daqueles muros intransponíveis, "votados à defesa dos valores espirituais"[76] e eternos do homem. "Resisti-lhe firmes na fé", aconselhava São Pedro (1Pd 5,9), "porque tudo é repleto de inimigos".[77]

O DESERTO E A NATUREZA

Muitos santos escolheram o caminho do deserto. O deserto (em grego *eremos*) significava ascese, solidão, renúncia, ser esquecidos pelos homens. A Bíblia diz que Elias retirou-se no deserto (conferir 1Rs 19) e se refugiou em uma caverna, distante do mundo humano. Seu exemplo inspirará a experiência dos monges carmelitas, que começou no deserto da Palestina quando os cruzados aí chegaram. Também Matatias "fugiu, com seus filhos, para as montanhas, abandonando tudo o que possuíam na cidade. Grande número de homens, seguidores da justiça e da Lei, desceu e foi morar no deserto – eles e seus filhos, suas esposas e seus rebanhos – porque as desgraças os oprimiam cruelmente" (1Mc 2,28-30). Os zelotes, dentre os quais Jesus escolheu o apóstolo Simão, O Zelote, viviam também no deserto, quase como bandidos, seguindo o exemplo dos macabeus, para defender vigorosamente a Lei de Deus, com a oração e com as armas. Tratava-se de uma escolha radical, como aquela monástica: abandonar tudo para seguir Deus, deixar os bens do mundo e emigrar das cidades onde reina a injustiça e o sacrilégio. É sabido que entre os santos da Igreja antiga houve numerosos "Pais do deserto", homens que haviam decidido viver na solidão e na pobreza, sozinhos com Deus.

Santa Sinclética, eremita do deserto, dizia: "Não te seduzam as delícias dos ricos do mundo, como se aquele prazer vazio tivesse qualquer utilidade. Eles adoram a arte culinária e tu, ao jejuar, superas com comidas simples a abundância dos alimentos deles".[78] Narra-se também que um dia alguns gregos foram a Ostracina, no deserto, para oferecer esmola a quem tivesse necessidade; encontraram um leproso e lhe ofereceram dinheiro. "Mas ele recusou, dizendo: 'Eis, tenho estas poucas palmas, as quais trabalho e entrelaço, e com elas ganho para viver'". Depois foram até uma pobre viúva que trabalhava como lavadeira: "ofereceram-lhe roupas e dinheiro e [...] insistiram para que ela aceitasse, mas ela recusou, dizendo: 'Tenho Deus que toma conta de mim, por que querem retirá-lo de mim?'".[79]

É como dizer: nós não queremos as suas riquezas, as suas cidades plenas de prazeres e de seduções, cheias de rumores e de cores, os seus carros, as suas indústrias; basta-nos Deus, e este deserto silencioso e calmo, estas dunas humildes, as nossas pobres tendas, comida escassa e animais venenosos; estes escorpiões, as serpentes e os abutres nos são mais amigos que as ilusões do mundo e do progresso; amamos a areia queimante do dia e o gélido vento da noite e refutamos as suas seduções. Não temos necessidade de seus livros, de suas descobertas, de suas viagens, como disse o santo pai Moisés de Scete: "Permanece sentado na tua cela, e a tua cela te ensinará todas as coisas".[80] Não nos deixamos confundir com as suas agressões, com o seu tumulto, não temos necessidade das suas ofertas de comida, de rumores, de novidades, porque sabemos que "as coisas exteriores não chegam a tocar a alma, mas permanecem sempre fora, imóveis, enquanto qualquer perturbação provém apenas da nossa opinião interior"[81] e, portanto, "vocês podem, sim, nos matar, mas não podem nos causar danos".[82]

Diz o Corão:

> Allah é a Luz dos céus e da terra. O exemplo da Sua Luz é como o de um nicho em que há uma candeia; esta está num recipiente; e este é como uma estrela brilhante, alimentada pelo azeite de uma árvore bendita, a oliveira, que não é oriental nem ocidental, cujo azeite brilha, ainda que não o toque o fogo. É luz sobre luz! Allah conduz a Sua Luz até a quem Lhe apraz. Allah dá exemplos aos

humanos, porque é Onisciente [...]. Quanto aos incrédulos, as suas ações são como uma miragem no deserto; o sedento crerá ser água e, quando se aproximar dela, não encontrará coisa alguma. Porém, verá ante ele Allah, que lhe pedirá contas, porque Allah é Expedito no cômputo. Ou (estará) como nas trevas de um profundo oceano, coberto por ondas; ondas, cobertas por nuvens escuras, que se sobrepõem umas às outras; quando (o homem) estender a sua mão, mal poderá divisá-la. Pois a quem Allah não fornece luz, jamais a terá. Não reparas, acaso, em que tudo quanto há nos céus e na terra glorifica a Allah, inclusive os pássaros, ao estenderem as suas asas? Cada um está ciente do seu (modo de) orar e louvar. E Allah é Sabedor de tudo quanto faz. A Allah pertence o reino dos céus e da terra e a Allah será o retorno. (sura 24, 35-42)

Para uma visão materialista da realidade, tudo isso não é mais que sinônimo de atraso e de pobreza; podemos muito bem acreditar ser por esse motivo que a jornalista italiana Oriana Fallaci, em seu recente livro *A raiva e o orgulho*, se atira com tanto rancor contra as sociedades islâmicas tradicionais, vendo no islamismo nada mais que uma "montanha" imóvel:

> Aquela Montanha que há 1.500 anos não se move, não sai dos abismos de sua cegueira, não abre as portas para as conquistas realizadas pela civilização, não quer saber de liberdade e justiça e democracia e progresso. Aquela Montanha que, apesar das escandalosas riquezas de seus patrões (basta pensar na Arábia Saudita) vive ainda em uma miséria da Idade Média, vegeta ainda no obscurantismo e no puritanismo de uma religião que sabe produzir apenas religião. Aquela Montanha que se afoga no analfabetismo (nos países muçulmanos o percentual de analfabetismo não desce nunca abaixo dos sessenta por cento), de maneira que as "notícias" que as alcançam são apenas as vinhetas dos desenhistas vendidos à ditadura dos *mullahs* e dos imãs. Aquela Montanha que, sendo secretamente invejosa de nós, secretamente atraída pelo nosso sistema de vida, atribui a nós a culpa de suas pobrezas materiais e intelectuais.[83]

Mas o deserto inóspito e as íngremes montanhas áridas são exatamente o lugar onde se podem refugiar, distantes da presumível civilização do progresso inútil e da liberdade ilusória, aqueles que desejam permanecer fiéis a Deus e à dimensão espiritual do homem. Dizia Khomeini:

> Foi-nos confiada a tarefa de purificar a nós mesmos e de guiar os outros para longe das coisas efêmeras deste mundo. Para aquilo que nos diz respeito, preparem-se para conservar a fé em Deus, que Ele depositou em suas mãos. Sejam fiéis à sua religião e não contem com este mundo, nem tenham confiança nele. Distanciem-se daquilo que é garantido nesta vida, nobilitem-se, tenham temor a Deus e sejam submissos a Ele. Se vocês – Deus não queira – estão estudando as ciências religiosas para abrir caminhos na vida, asseguro-lhes que deste modo não chegarão a lugar algum [...]. Abandonem os luxos da vida e contentem-se com uma existência sóbria, de maneira que o povo possa seguir o exemplo de

sua moderação, da dignidade e da nobreza de seus espíritos, e de maneira que possam ser um bom modelo para ele. Sejam os soldados de Deus e façam com que as bandeiras do islamismo sejam desfraldadas em todo lugar.[84]

O deserto é o lugar onde a dureza da vida, a fome, as feras, o medo, a solidão, as víboras letais se tornam familiares e amáveis, porque representam a alternativa à civilização humana arrogante e nauseabunda. Aqueles animais que caminham na areia, dóceis a Deus e resignados, significam: "não ao ensoberbecer do homem, não à sua expansão, não à sua arrogante confiança em si próprio, não ao seu cimento, ao seu ferro, ao seu ouro!".

Um bandido da Arábia do século VI, Shànfara Azd, escrevia, dirigindo-se aos "homens de bem":

Meus companheiros, ao invés de vocês,
são um chacal veloz, uma lisa pantera malhada
e uma hiena manca de crineira hirta

Tenho em compensação três amigos: um coração exaltado,
uma espada branca desembainhada e um arco comprido de madeira amarelada

Não tenho medo da treva noturna, quando um deserto assustador
aventa-se contra o camelo amedrontado, que parte em galope cego

Eu torço as vísceras em meu ventre vazio,
como se torcem os fios trabalhados por um tecelão,
e parto de manhã depois de uma magra refeição,
assim como parte um chacal cinzento de flancos magros,
que passa de deserto em deserto, prossegue errando faminto,
contra o vento, descendo ao fundo dos vales em vagar troteiro

E se você me vê, ó mulher, tostado
como um avestruz, miserável, descalço,
saiba que eu sou o homem da paciência,
que visto a sua armadura
em um coração como de bastardo de hiena, e me calço de fortaleza.

Às vezes estou na pobreza, às vezes na riqueza,
aquela riqueza que só o bandido
sem morada fixa pode atingir

Quantos dias de caniço, de ofuscação fundente,
em que as víboras se torcem nas pedras abrasadas do sol,
enfrentei eu com o rosto sem proteção alguma nem véu,
fora um belo manto listrado, mas reduzido a farrapos

Ao meu redor pastam fulvas cabras montesas,
como crianças cobertas com roupas com caudas,
e descansam ao meu redor à tarde,
como se eu fosse um cabrito montês malhado de chifres recurvados,
que sobe a um refúgio inacessível
por uma trilha íngreme da montanha.[85]

Ele preferia ser chamado de bandido, fora-da-lei, chacal, ser desprezado pelos homens, mas viver em seu deserto, com a natureza, em sinal de revolta contra os valores do mundo, como Moisés, sobre quem está escrito: "Tinha por maior riqueza o opróbrio de Cristo do que os tesouros do Egito" (Hb 11,26); e como os santos antigos dos quais São Paulo nos recorda que "sofreram zombarias, açoites, algemas e encarceramentos. Foram apedrejados, cortados com serra, torturados, passados ao fio da espada; andaram ao acaso, cobertos com peles de ovelhas e de cabra, necessitados, atribulados, maltratados. Andaram por desertos e montes, por cavernas e antros da terra" (Hb 11,36-38).

Banditismo e terrorismo

Ser um bandido, um fora-da-lei, um terrorista, é uma escolha que freqüentemente é ditada por motivos de fé e por um desejo ardente de defender a própria identidade histórico-cultural e religiosa. Como diz Osama bin Laden: "Se libertar o meu país me leva a ser rotulado como terrorista, é uma grande honra para mim sê-lo".[86]

Um caso particularmente significativo é representado pelos *klefti*, bandidos que infestavam a Grécia nos séculos XVII e XVIII. Eram homens voltados à defesa da Grécia cristã contra os dominadores turcos. Viviam em regiões inóspitas e remotas, sobretudo entre as escarpadas montanhas da Rumélia. Realizavam emboscadas e saques, assassinavam os infiéis e hoje não poderiam ser chamados senão de terroristas.

O rico tem os seus florins
e também o pobre tem as suas distrações
uns enaltecem o paxá, outros o vizir

mas eu enalteço a espada
de sangue turco banhada.[87]

Os cantos populares que nos transmitiram os gestos e as palavras dos *klefti* são repletos de sangue, mas onipresente é a menção da cruz:

> Fosse eu pastor em maio, vindimador em agosto,
> e no coração do inverno fosse taberneiro.
> Mas melhor ainda se eu fosse bandido ou *klefta*,
> bandido nas montanhas e *klefta* na planície,
> tivesse as rochas por amigos, as árvores por parentes,
> as perdizes deitassem comigo, me acordassem os rouxinóis,
> e sobre o cume do monte Liácura eu fizesse o sinal da cruz.[88]

Este amor pela natureza selvagem, pelos picos majestosos e remotos dos montes, significa: resistimos ao avanço arrogante do homem, fazemos aliança com os lobos e com a noite, com as corujas solitárias e com os carvalhos antigos, contra o homem afastado de Deus e sua ascensão. Diz um salmo:

> De pé, Senhor! Que o homem não triunfe,
> e julguem-se as nações diante de ti.
> Eis que o Senhor as enche de terror,
> os orgulhosos vejam que são homens! (Sl 9,20-21)

A NATUREZA ALIADA DE DEUS CONTRA O HOMEM

As calamidades naturais, as guerras, as pestilências são, segundo a Bíblia, os instrumentos de que Deus se serve para castigar a soberba do homem: "A criação submissa a ti, seu Criador, aumenta de intensidade para castigar os injustos, e abranda-se em favor dos que confiam em ti" (Sb 16,24).

> É impossível escapar à tua mão: os ímpios, que recusavam reconhecer-te, foram flagelados pelo teu braço poderoso, perseguidos por aguaceiros insólitos, saraivadas, chuvas implacáveis, e aniquilados pelo fogo [...]. O universo luta pelos justos. Pois ora a chama se abrandava, para não consumir os animais enviados contra os ímpios, e para que compreendessem, à vista disso, que eram perseguidos por julgamento divino. (Sb 16,15-18)

E Deus também se serve das guerras para humilhar a arrogância do homem, "para aliviar", como dizia Eurípides, "a mãe terra do peso dos muitos mortais".[89] Os homens que infestam o mundo com sua presença ávida e arrogante e por todos os lugares levantam a bandeira do antropocentrismo construindo estradas, indústrias, centros comerciais e erguendo grandiosos arranha-céus como símbolos da civilização do poder do homem e do dinheiro, são, por graça de Deus, arrasados por terremotos, por epidemias, por guerras.

> Montes de cadáveres até a terceira geração
> estarão diante dos olhos dos homens
> como sinais sem voz, a nos recordar
> que os mortais não devem conceber
> pensamentos superiores à sua condição.[90]

Um trecho do *Levítico* é sem dúvida o mais idôneo a nos ajudar a compreender este conceito de "castigo" de Deus, pelo qual a guerra se torna um instrumento santo para levar o homem de volta a seu lugar e não lhe permitir brincar com Deus, e a própria morte se torna uma bênção: "Louvado seja, meu Senhor, ter por irmã nossa morte corporal"[91], a única diante da qual a arrogância do homem é obrigada a se curvar, a única que rende justiça a Deus, a única capaz de abater a desfaçatez do homem diante do Altíssimo.

Diz o Levítico:

> Mas se vós não me ouvirdes [...], se desprezardes minhas leis e rejeitardes meus mandamentos [...], eis, por minha vez, o que farei: eu vos punirei pelo terror, pela indigência e pela febre, que extingue os olhos e consome a vida. Lançareis em vão vossa semente; vossos inimigos a comerão. Eu me voltarei contra vós e vós sereis derrotados por vossos inimigos; os que vos odeiam terão poder sobre vós e vós fugireis sem que ninguém vos esteja perseguindo. Se, depois disto, não me ouvirdes, castigar-vos-ei sete vezes mais por vossos pecados. Triturarei o orgulho de vossa força, tornarei vosso céu como ferro e vossa terra como bronze. Vossa força se esgotará inutilmente [...]. Soltarei contra vós as feras que devorarão vossos filhos e exterminarão vosso gado [...]. Se com isto não aceitardes minha correção e se caminhardes contra mim, também eu caminharei contra vós e vos ferirei, eu também, por vossos pecados. Enviarei contra vós a espada vingadora de minha aliança; e se vós vos retirardes em vossas cidades, enviarei a peste entre vós e sereis entregues às mãos do inimigo [...]. Colocarei no coração daqueles que dentre vós sobreviverem ao espanto na terra de seus inimigos: o rumor de uma folha agitada pô-los-á em fuga [...]. Confessarão sua falta e a falta de seus pais [...]. Então, seu coração incircunciso se humilhará e aceitarão a pena de suas faltas. (Lv 26,14-41)

A NEVE E O SANGUE[92]

É sabido que no misticismo cristão (especialmente a partir da Idade Média latina) o sangue de Cristo sempre teve um papel de primeiro plano. Basta pensar nas contemplações da beata Juliana de Norwich, da Santa Verônica Giuliani, da Santa Gemma Galgani e, sobretudo, da Santa Catarina de Siena. Não se trata somente do sangue redentor de que falam os teólogos, aquele com o qual o Salvador redimiu a humanidade do pecado; na mística, o sangue de Cristo adquire um valor especial e uma conotação afetiva e emocional. Nas cartas de Santa Catarina se encontram expressões como: "Afoguem-se no sangue de Cristo crucificado!"[93], e "Que docemente nos inebriemos no sangue de Cristo crucificado"[94]. O sangue é aqui o objeto da paixão, é a linfa purpúrea e quente que faz desejar ardentemente sofrer com Cristo, de morrer para o mundo, de se afogar em sua Paixão. Diz Santa Maria Madalena de Pazzi:

> Minha alma se transformava no sangue, tanto que não percebia nada mais que sangue, não via além de sangue, não sentia outro gosto que não o de sangue, só sentia o sangue, só pensava em sangue [...]. E tudo o que fazia a submergia e aprofundava nesse sangue![95]

Para o místico o mundo inteiro se tinge do sangue do Redentor, sangue ao qual, por sua vez, se reúne o dos mártires e de todos os homens. O sangue se torna, assim, a linfa vital do povo de Deus e assume um valor simbólico fortíssimo. A Bíblia já dizia: "A vida de toda carne está no sangue" (Lv 17,14).

Não é de surpreender que essa exaltação mística do sangue tenha encontrado terreno fértil na espiritualidade das ordens militares de cavalaria, cujos membros conheciam bem o seu odor. Quando os cavaleiros teutônicos, depois das primeiras décadas dedicadas à guerra na Palestina, transferiram seu quartel-general para as regiões do Báltico (Estônia, Lituânia, Prússia etc.), voltaram a viver de acordo com os mais arcaicos traços de suas raízes germânicas. Eles se tornaram o terror de seus inimigos e até os cristãos e os papas os observavam com certa desconfiança. Incutiam terror porque na guerra (e para eles era sempre guerra) vestiam, além de longos mantos brancos de lã pesada com uma austera cruz negra e da poderosa espada em forma de cruz, grandes elmos de ferro que cobriam toda a cabeça e possuíam apenas uma pequena abertura, também em forma de cruz, no rosto, sobre os olhos; do alto do elmo se erguiam grossos chifres, ou no centro era cravada uma grande garra de águia, voltada para cima, em ato de agarrar. "Não se lavavam quase nunca, tinham a cabeleira descuidada e hirsuta, viviam sujos de pó, enegrecidos pelo ferro da armadura e pelo sol sobre o rosto [...]. Não pretendiam agradar, mas aterrorizar".[96] Palavras com as quais

São Bernardo descrevia os seus templários, mas que também podem ser bem aplicadas aos teutônicos e à sua virilidade guerreira.

No Báltico, durante muitos meses do ano, a companheira dos cavaleiros combatentes era a neve. Do alto dos muros nevados viam a neve recobrir seus castelos-monastérios, as imensas planícies ao redor e até seus elmos, os chifres e os mantos, quando, antes da batalha, assistiam à santa missa celebrada no campo. No início da leitura do Evangelho, desembainhavam em silêncio a espada e a mantinham levantada e imóvel até o fim da sacra leitura. Depois, como em todas as missas, seguia a consagração do pão e do vinho no corpo e sangue de Cristo. Quando o sacerdote levantava o cálice e dizia: "*calix sanguinis mei*", os soldados não podiam deixar de pensar no sangue que viam e tocavam em cada batalha... E é a própria *Regola* da ordem teutônica que estabelece essa conexão[97]; o sacerdote é convidado a espremer à mão uvas ou amoras e a mostrar aos cavaleiros aquele "sangue" vermelho escuro gotejante, "memorial do Senhor crucificado, para estimulá-lo para a batalha". Acredito que essas poucas palavras sintetizam de maneira exemplar aquilo que podemos chamar de misticismo das cruzadas. E aqui não falamos de *doutrina* da guerra santa, mas de *mística*. A nossa mente, portanto, para compreender, não deve aqui voltar-se a raciocínios abstratos; e não se trata de aprovar ou desaprovar, mas de entender e captar com a sensibilidade do coração esta emanação mística que constituía o espírito das cruzadas. Trata-se de tentar imaginar e *sentir* emotivamente aquela realidade: o derramamento do "sangue de amoras e uvas" nas mãos do sacerdote e sobre o solo branco nevado, o sibilo do vento entre as árvores, os olhares mudos dos cavaleiros, a ansiedade da batalha que se aproxima...

Os cavaleiros teutônicos eram monges que, de manhã, assistindo à missa, podiam contemplar as cruéis e horrendas chagas de Cristo, pregado na cruz. Depois partiam para atacar, em batalha, os infiéis, e a imagem do sangue estava estampada em seu coração e em seus olhos. A guerra se transformava em um verdadeiro ato ritual e uma experiência mística, na qual o soldado de Cristo *se inebriava* de sangue e se afogava em sangue, como se afoga no mar do mistério da existência e no mar do incompreensível ser de Deus. Trata-se, portanto, de um autêntico percurso ascético e espiritual, apesar disso nos fazer horripilar, pois era um percurso feito de sangue e de mortos. É, porém, exatamente no sangue derramado em batalha com as espadas em forma de cruz e na morte tornada irmã e companheira em cada momento da vida que o cavaleiro de Cristo tocava a realidade mais profunda, mais verdadeira da existência humana. Nos olhos gelados da morte que se aglomeravam em torno ao cavaleiro, dos inúmeros mortos, ele percebia e contemplava o enigma deste mundo, de cada homem, de si próprio.

"Morram, morram!"

Talvez não seja inoportuno neste ponto citar uma ode retirada do cancioneiro do grande místico persa Jalal al-Din Rumi (1207-1273):

> Morram, morram, deste amor morram,
> se de amor morrerem, todos serão Espírito!
> Morram, morram, desta morte não tenham medo,
> desta terra voem para cima e agarrem o céu com as mãos!
>
> Morram, morram, diante do belíssimo Soberano:
> mortos que serão diante Dele, serão sultões e ministros!
> Morram, morram, saiam desta nuvem,
> assim que sairão, lua brilhante serão!
> Calem, calem, o silêncio é sussurro de morte;
> toda a vida está nisto: sejam uma flauta silenciosa.[98]

Cristo crucificado

A contemplação de Cristo agonizante na cruz foi talvez o estímulo principal para a empresa cruzada. Dizia Santa Clara de Assis:

> Olha, considera, contempla no desejo de imitá-lo, o teu Esposo, belo "mais que qualquer dos homens" (Sl 44,3), para tua salvação transformado no mais vil dos homens, desprezado, espancado, flagelado em todos os seus membros, moribundo entre as angústias da cruz![99]

E o monge Baldrico de Bourgueil convidava às cruzadas com estas palavras:

> Dirijo-me aos pais, filhos, irmãos, netos: se um estranho golpeasse um de seus parentes, não vingariam, talvez, o seu consangüíneo? Quanto mais, portanto, não deveriam vingar o seu Deus, que é seu Pai, seu Irmão, e que vêem desprezado, banido, crucificado, e que escutam invocar chamando-os desoladamente em seu socorro![100]

Boemundo de Taranto, Goffredo de Buglione e os outros chefes da primeira cruzada, depois das vitórias iniciais na Terra Santa, escreveram uma carta a Urbano II:

> Tomamos Antioquia e os turcos, que muitas injúrias lançaram contra Nosso Senhor Jesus Cristo, foram capturados e mortos, e nós, jerosolimitanos, vingamos as ofensas infligidas contra Jesus Cristo, Deus supremo![101]

E depois de quase duzentos anos, em 1274, no Concílio II de Lion, o beato Gregório X reafirmava em tom arrebatado esta mesma dimensão cristocêntrica da guerra santa, compreendida como missão sacra e espiritual e como *dever de amor diante de Cristo*:

> O zelo da fé, o fervor religioso e um sentimento de compaixão devem excitar o coração dos fiéis, porque todos os que se vangloriam do nome de cristãos, tocados até nas mais recônditas fibras de seu coração pela ofensa feita contra seu Redentor, abertamente e com força colocam-se em defesa da Terra Santa e em socorro da causa de Deus. E quem, iluminado pela luz da verdadeira fé e meditando piamente sobre os maravilhosos benefícios que o nosso Salvador doou generosamente para o gênero humano na Terra Santa, não se sentirá estimular por um sentimento de devoção, não arderá de amor e não sentirá, na intimidade do coração e com todo o ardor de sua mente, compaixão por aquela Terra Santa, parte da herança do Senhor? [...]. Isso e outras coisas, que o espírito não pode completamente conceber, nem a língua dizer, acendeu nosso coração e excitou o nosso espírito, de maneira que nós [...] nos levantássemos, segundo as nossas possibilidades, para vingar a injúria feita ao Crucificado, com a ajuda daqueles que o zelo da fé e da devoção levará a essa empresa. E como a libertação da Terra Santa deve dizer respeito a todos aqueles que professam a fé católica, ordenamos a convocação deste Concílio.[102]

Além disso, a própria espada usada pelos cruzados era propositalmente feita à imagem da cruz de Cristo. Ela simbolizava a "espada do espírito" (Ef 6,17) e, como diz Raimundo Lullo,

> tem a forma de uma cruz para significar que, como Nosso Senhor Jesus Cristo na cruz venceu a morte à qual estávamos sujeitos pelo pecado de nosso pai Adão, da mesma forma o cavaleiro com a espada deve vencer e destruir os inimigos da cruz.[103]

As espadas dos cavaleiros medievais, além disso, traziam com freqüência, dentro da empunhadura, relíquias preciosas; tornavam-se assim objetos sacros, dignos de serem religiosamente venerados e beijados como o anel de um bispo ou um crucifixo.

Deus começo e fim

"O combate por Deus [*jihad*], não tem outro objetivo que o próprio Deus", dizia Sayyid Qutb.[104] A guerra se torna chama mística da qual é retirada a fagulha, isto é, o ânimo, e na qual enfim é queimado e consumido, pois Deus é um "fogo devorador" (Dt 4,24). Deus, início e fim de todas as coisas, "alfa e ômega" (Ap 1,8), meta de todo homem e de toda criatura, é Aquele para o qual tende inexoravelmente a alma espiritual e em quem ela deseja ardentemente consumir-se, extinguir-se e "partir" (Fl 1,23). Dizia

São Paulo: "Para mim, verdadeiramente, o viver é Cristo e o morrer um lucro" (Fl 1,21). E por essa razão Urbano II incitava os cruzados a combater em Jerusalém: "Gostai de morrer por Cristo naquela cidade em que Cristo morreu por vós!".[105] Partir para a guerra santa significava não tanto ir para matar por Deus, mas ir morrer por Deus (além disso, como dizia um soldado de nossos dias, "só quando aceitar a própria morte será verdadeiramente capaz de matar, porque você não se importará mais por morrer").[106] Quando São Francisco decidiu partir para a cruzada no Egito, escreve o seu biógrafo:

> como intrépido soldado de Cristo, esperando assim poder atingir o mais rapidamente o seu propósito [de morrer mártir], colocou se a caminho, por nada hesitante com o medo da morte, mas ao contrário impulsionado pelo desejo de encontrá-la.[107]

Escrevia um místico islâmico do século IX:

> Matem-me, amigos meus,
> se me matarem eu vivo.
> Para mim morrer é viver
> e viver é morrer.
> Matem-me, queimem-me
> dentro estes ossos efêmeros.
> Encontrarão os meus restos mortais
> em sepulcros consumidos.
> O segredo do Amado
> encontrarão entre esses restos.[108]

Maomé, entre os seus vários *hadith* que convidam à *jihad*, disse: "Sem dúvida, não há nada melhor do que ser morto no caminho do Senhor"[109], pois "a nossa morte é o casamento com o Eterno".[110]

Escrevia em 1376 Santa Catarina de Siena para o prior toscano dos cavaleiros de Malta:

> Eu quero, caríssimo padre e filho, que vós, com toda a vossa companhia [na verdade milícia] colocai-vos por objeto Cristo crucificado, isto é, o sangue precioso dulcíssimo seu, o qual foi derramado com tanto fogo de amor.[111]

O objetivo da guerra santa, portanto, deveria ser única e exclusivamente Deus.

Na mesma carta, Catarina explica que a maior vitória é a morte; morrer é a glória dos mártires e o próprio Cristo venceu o mundo – como um destemido soldado que derrota os inimigos – morrendo na cruz pobre e desarmado:

> O nosso Rei era como um verdadeiro cavaleiro que persevera na batalha até que sejam derrotados os inimigos. Por isso, com a mão desarmada, cravada e pregada na cruz, venceu o príncipe do mundo, tomando como cavalo a madeira

da santíssima cruz [...]. O elmo na cabeça: a penosa coroa de espinhos, afundada até o cérebro. A sua espada: a chaga no flanco, que nos mostra o segredo do coração [...]. As luvas na mão e as esporas no pé são as suas chagas vermelhas das mãos e dos pés deste doce e amoroso Verbo. E quem o armou? O amor.

Aqui a santa claramente mostra que a verdadeira guerra é aquela interior e que vencer significa derrotar a morte e o pecado. Mas ao mesmo tempo fala de "duas batalhas" paralelas: uma que nos defende "dos nossos inimigos, isto é, do demônio, e da própria carne e da perversa sensualidade"; e a outra, que se combate "com as armas materiais". A ênfase dada à interioridade e à luta espiritual não exclui, mas, ao contrário, incorpora a guerra real contra os inimigos da fé.

A fé em Deus

A fé que moveu os antigos patriarcas e profetas foi a base também da empresa das cruzadas. Diz a Bíblia:

> Foi pela fé que Noé ouviu as advertências de Deus sobre as coisas que iam acontecer e, então, não podiam ser vistas. E construiu, com piedoso temor, a arca para a salvação da sua família. Com isso, ele condenou o mundo [...]. Foi pela fé que Abraão, obedecendo ao chamado de Deus, partiu rumo ao país que lhe caberia em herança. Ele partiu de seu país sem saber para onde ia [...]. Foi pela fé que Abraão, submetido à prova, ofereceu Isaac em sacrifício. Era seu filho único que assim oferecia, aquele que era o depositário da promessa [...]. Pela fé, Moisés, já adulto, recusou ser chamado filho da filha do faraó. Ele preferiu tomar parte nos sofrimentos do povo de Deus a desfrutar as delícias passageiras do pecado. Tinha por maior riqueza o opróbrio de Cristo do que os tesouros do Egito, porque ele fixava os olhos na recompensa futura. Foi pela fé que Moisés deixou o Egito sem medo das iras do rei; permaneceu firme no seu propósito, como se visse o invisível. (Hb 11,7-27)

E assim, "por fé os cavaleiros de bons costumes vão em peregrinação à Terra Santa, combatem contra os inimigos da cruz e morrem mártires para exaltar a santa fé católica".[112] Acreditam, realmente, que esta guerra é "uma obra de piedade, na qual", para usar as palavras do Concílio Ecumênico de Lion, "procura-se apenas a glória de Deus e a salvação dos fiéis".[113]

Quando os cruzados chegaram a Jerusalém em 1099, estavam animados com um intenso fervor religioso. Apesar do cansaço, da fome, do calor, das epidemias, durante o assédio da cidade santa não deixaram de fazer jejuns e procissões penitenciais. Exatamente uma semana antes de expugnar a cidadela, em 8 de julho, seguindo as indicações de um asceta, uma grande procissão penitencial de cruzados se deslocou para fora das muralhas, indo de um lugar santo a outro e reunindo-se finalmente no Monte das Oliveiras para escutar os sermões. Pareciam tornados os tempos de Josué, quando este conquistou a cidade de Jericó com apenas a força de sua fé, de sua devoção e da ajuda de Deus.[114]

O EXTERMÍNIO DOS MADIANITAS E DOS AMALECITAS

No Antigo Testamento se encontram ordens terrificantes, ditadas diretamente da boca de Deus. Os extermínios (anátemas), que Deus prescreve várias vezes, são incompreensíveis e inaceitáveis, a não ser à luz da mais pura fé. Não se tratava de guerras justas, ou de defesa, de guerras para restabelecer a paz e a ordem ou de guerras punitivas; mas de *guerras santas*, extermínios totais, holocaustos sacros. E o que motivava estas guerras não era nem a "justiça" humana nem a conveniência, mas apenas a vontade imperscrutável de Deus.

Javé falou a Moisés, dizendo: "Atacai os madianitas e derrubai-os; pois foram eles que vos atacaram com as artimanhas que maquinaram contra vós". (Nm 25,16-18)

> "Executa a vingança dos filhos de Israel contra os madianitas [...]". E Moisés falou ao povo, dizendo: "Armais vossos homens para partir em campanha contra Madiã, para executar a vingança de Javé sobre Madiã [...]". Eles travaram batalha contra Madiã, como Javé ordenara a Moisés, e mataram todos os do sexo masculino [...]. Os filhos de Israel aprisionaram as mulheres dos madianitas juntamente com seus filhos, levaram todo o seu gado, todos os seus rebanhos e bens. Incendiaram todas as cidades por eles habitadas e todos os seus acampamentos. Tendo levado todos os despojos e todas as presas em pessoas e animais, levaram os prisioneiros, as presas e os despojos a Moisés, a Eleazar, o sacerdote, e à comunidade dos filhos de Israel, no campo, nas planícies de Moab, perto do Jordão, junto de Jericó. (Nm 31,1-12)

Neste ponto aconteceu um fato terrível: Deus havia ordenado *exterminar* os madianitas e de não poupar ninguém. Por isso,

> irritou-se Moisés contra os comandantes do exército [...]. E disse-lhes: "Poupaste a vida de todas as mulheres? Mas foram elas que, por sugestão de Balaão, levaram os filhos de Israel à infidelidade para com Javé [...]. Matai, portanto, todos os do sexo masculino entre as crianças, e matai toda mulher que manteve contato com homem".

E o texto conclui: "Moisés e Eleazar, o sacerdote, fizeram como Javé ordenara a Moisés" (Nm 31, 13-31).

Tal episódio poderia hoje facilmente ser chamado de "blasfêmia". Mas para quem acredita em Deus e em seu livro não é blasfêmia, mas sim Palavra de Deus e verdade de Deus, por mais que possa nos repugnar e parecer inconcebível. Além disso, não chamaríamos talvez de blasfêmia e insulto ao Deus do amor e da misericórdia o capítulo XXII do *Gênese*? Nele, o Senhor, o Deus de Israel, o Deus de Jesus Cristo, ordena a Abraão um sacrifício humano: "Toma teu filho, teu único filho, que tanto amas, Isaac, e vai à região de Mória e lá oferecê-lo-ás em holocausto sobre um dos montes que te indicarei" (Gn 22,2). E se um tal Deus está radicalmente em contraste com a nossa maneira de conceber a divindade, então significa ou que a Bíblia não é a palavra fiel de Deus e que, portanto, nos apresenta uma imagem de Deus distorcida e que não corresponde à verdade, ou que a idéia que nós construímos de Deus (um Deus que jamais ordenaria matar alguém, muito menos o próprio filho ou crianças) é falsa e deve, assim, ser corrigida com base naquilo que nos ensina a Sagrada Escritura.

Com isso não se quer sustentar que um episódio como o sacrifício de Abraão seja compreensível e aceitável. Não é nem compreensível nem aceitável, e Deus o quis e fez de Abraão nosso "pai na fé". Como explica bem Kierkegaard, comentando esse trecho da Bíblia, Abraão, ao se dispor a matar seu filho para obedecer a Deus, encontra-se no "isolamento absoluto", no "martírio da incompreensão".[115] E não apenas na incompreensão por parte dos outros: ele próprio permanece incompreendido a si mesmo.

> A cada passo até o monte Mória, ele está em tempo de voltar atrás, poderia se arrepender do mal-entendido de se achar convocado para ser tentado em semelhante luta, poderia confessar de não ter a coragem.[116]

> A cada momento, Abraão pode desistir, pode se arrepender de tudo como de um escrúpulo: assim pode falar, assim todos podem compreendê-lo, mas assim ele não é mais Abraão.[117]

A Bíblia é clara: assim como o sacrifício de Abraão, as guerras de extermínio, como aquela contra os madianitas, eram desejadas por Deus. Além disso, querer que esses passos não sejam lidos em sentido literal, mas apenas em sentido metafórico e "espiritual", seria algo totalmente arbitrário: a Bíblia apresenta-os como episódios reais e históricos e a própria tradição dos pais e do magistério, mesmo aceitando a possibilidade de uma leitura simbólica, nunca negou o sentido literal e histórico de tais relatos. Leiamos agora a narração do extermínio dos amalecitas (1Sm 15).

> Assim fala Javé: "Vingarei tudo o que Amalec fez a Israel [...]. Vai agora, e esmaga Amalec, tu o votarás ao anátema com tudo o que ele possui; não terás

compaixão dele, matarás homens e mulheres, crianças e bebês, bois e ovelhas, camelos e burros".

São palavras que não dão escapatória. O rei Saul reuniu o exército, em obediência a Deus, e "derrotou os amalecitas [...], prendendo vivo o rei dos amalecitas, Agag, e passando todo o povo a fio de espada. Mas Saul e o povo pouparam Agag, bem como as melhores cabeças de ovelhas, gado, animais cevados e cordeiros". Deus havia, porém, ordenado a exterminação todos e de não poupar nenhum. O profeta Samuel então se irritou e "a palavra de Javé foi assim dirigida a Samuel: 'Arrependo-me de ter feito rei a Saul, porque ele me virou as costas, não cumprindo as minhas ordens'". Samuel censurou Saul severamente:

> "Por que então não obedeceste a Javé? Por que, precipitando-te sobre os despojos, fizeste o que desagradava a Javé? [...]. Porque rejeitaste a palavra de Javé, ele te rejeitou da realeza".

Depois disso, Samuel remediou a gravíssima desobediência de Saul e "degolou Agag diante de Javé".

Em outras ocasiões[118] Deus ordena exterminar as cidades idólatras, matando todos os seus habitantes e todos os animais. "Ajuntarás todo o seu despojo na praça, queimando-o em holocausto a Javé, teu Deus; será para sempre um montão de ruínas e não será mais reconstruída". Deus exige isso, portanto, como "sacrifício" para si, sacrifício total (*holocausto*), que não exclui nem os animais, nem as mulheres, nem as crianças. Comentando esse trecho bíblico, São Cipriano explicará: "Se antes da chegada de Cristo foram observados tais preceitos referentes ao culto de Deus e a rejeição dos ídolos, quanto mais devem ser observados agora, depois da chegada de Cristo!".[119]

A Bíblia insiste no fato de que estas ações de extermínio são ordenadas por Deus e que quem desobedece peca contra Deus. Há, além disso, uma contínua exortação para que não se tenha medo de cumpri-las, para não se temer os inimigos. Diz o Deuteronômio:

> Quando vos dispuserdes para o combate, o sacerdote avançará e falará ao povo. Dir-lhe-ás: "Escuta, Israel. Preparai-vos, hoje, para o combate contra os vossos inimigos; não se enfraqueça o vosso coração. Estejais sem temor nem susto. Não tremais diante deles; porque Javé, vosso Deus, marcha convosco, para combater, por vós, contra os vossos inimigos e dar-vos a vitória". (Dt 20,2-4)

É ainda no Deuteronômio que encontramos: "Devorarás todos os povos que Javé, teu Deus, te entrega; teu olho não terá compaixão deles e não servirás aos seus deuses, pois seria um tropeço para ti" (Dt 7,16). O Corão faz eco a essas palavras da Bíblia quando, prescrevendo a pena da fustigação para os adúlteros, diz:

Que a vossa compaixão não vos demova de cumprirdes a lei de Allah, se realmente credes em Allah e no Dia do Juízo Final. (sura 24, 2)

Se vossos pais, vossos filhos, vossos irmãos, vossas esposas, vossa tribo, os bens que tenhais adquirido, o comércio – cuja estagnação temeis – e as casas nas quais residis, são-vos mais queridos do que Allah e Seu Mensageiro, bem como a luta por Sua causa, aguardai, até que Allah venha cumprir os Seus desígnios. (sura 9, 24)

Entretanto, vós, (ó incrédulos) preferis a vida terrena, ainda que a Outra seja preferível, e mais duradoura! (sura 87, 16-17)

"SÓ O TERROR VOS FARÁ COMPREENDER!"

O leitor perceberá que, se por um lado existe, tanto no cristianismo como no islamismo, uma precisa *teologia da guerra*, segundo a qual em determinados casos é justo e santo recorrer às armas (por exemplo, para libertar os oprimidos, para tornar inócuos os maus, para defender a fé etc.), existe também uma *mística da guerra* que, apesar de ligada à teologia e fundada nela, pode avançar além dos limites do teologicamente e moralmente lícito; a mística não é mais um raciocínio do intelecto, mas uma paixão ardente do coração, um fogo devorador. E como o amor por Deus vivido pelos místicos os leva às vezes a dizer "loucuras" e a cair em excessos, desculpáveis apenas em consideração ao louco amor ardente que os causou, igualmente um ardoroso zelo por Deus pode levar os místicos a excessos de violência inauditos. Dessa forma, por exemplo, São Pio V, imbuído de um passional e violento amor por Deus, escreveu a Catarina de Médici:

> Se Vossa Majestade continuar a combater abertamente os inimigos da religião católica, até que sejam todos massacrados, estai certa de que a ajuda divina não faltará nunca [...]. É somente com o extermínio total dos hereges que o rei poderá restituir a este nobre reino a antiga devoção à religião católica, para a glória de seu nome e a vossa glória eterna.[120]

E em uma carta ao rei Filipe II de Espanha é ainda mais absoluto: "Que tudo vá a ferro e fogo, para que seja vingado o sangue de Cristo!". Palavras que fazem tremer a terra e o céu. Aqui estamos no âmago da mística da guerra. E aqui não faz mais sentido perguntar se é lícito atacar os infiéis em seu território ou se é teologicamente correto realizar massacres para "vingar o sangue de Cristo". Aqui se trata apenas de reafirmar até os limites a soberania de Deus. "Desembainhem-se ambas as espadas dos fiéis – aquela espiritual e aquela material – contra o pescoço dos inimigos, para abater toda altivez que se erguer contra a Sapiência de Deus, que é a fé cristã!", dizia são Bernardo.[121]

Narra-se que Deus tenha dito à beata Angela de Foligno: "Eu não te amei por brincadeira". Deus quer ser levado a sério. Toda a Sagrada Escritura é invadida por esse incessante apelo para *levar Deus a sério*, e Deus recorre a castigos cruéis e a imensos massacres para punir o homem e aterrorizá-lo, quando ele se atreve a faltar com o respeito ao Senhor: "Não pronunciarás em vão o nome de Javé, teu Deus, porque Javé não deixa impune aquele que pronuncia o seu nome em vão" (Ex 20,7). Narra o Levítico que os filhos de Aarão quiseram fazer um sacrifício para Deus, oferecendo-lhe um braseiro com fogo e incenso, "o que não lhes tinha sido ordenado" e por causa disso os matou queimando-os com uma chama (Lv 10,1-3). Deram-se excessiva confiança com Deus. Um fato semelhante aconteceu quando Davi transportou a Arca de Deus de Baalá de Judá a Jerusalém (2Sm 6); Oza foi encarregado de caminhar ao lado da Arca, enquanto essa prosseguia sobre um carro puxado por bois; em um certo momento os bois fizeram balançar a Arca e ela começou a se inclinar; Oza então, solícito, "estendeu a mão para a Arca de Deus" para não fazê-la cair. "Então a ira de Javé se inflamou contra Oza, e lá feriu-o Deus por causa dessa falta, morrendo ali mesmo, perto da Arca de Deus." "Naquele dia, Davi teve medo de Javé": é aquilo que Deus queria. Queria ser temido. Oza havia se dado muita confiança com Deus. "Não permitirei mais que meu Nome santo seja profanado" (Ez 39,7). É um conceito que a Bíblia, sob várias formas e em diversos contextos, não se cansa de repetir. "[Eles que dizem] no seu orgulho e na arrogância do coração: 'Os tijolos caíram: edificaremos com pedra lavrada; os sicômoros foram abatidos: vamos substituí-los por cedros!'" (Is 9,8-9). "Sabei, ó povos, e ficai amedrontados! [...]Concebei um plano, e ele será frustrado" (Is 8,9-10). "Estenderei a mão contra Edom e nele farei perecer homens e animais e farei dele um montão de escombros [...]. Vou exercer vingança terrível no meio deles, com violentos castigos. E quando eu executar a minha vingança, saberão que eu sou Javé!" (Ez 25,13-17). "Castigá-lo-ei com peste e sangue. Farei descer sobre ele chuva torrencial e granizo, fogo e enxofre, sobre ele, suas tropas e os numerosos povos que o auxiliam. Assim manifestarei minha grandeza e santidade [...]. E reconhecerão que eu sou Javé" (Ez 38.22-23). "Então a casa de Israel reconhecerá que eu, Javé, sou seu Deus, desde hoje até o futuro" (Ez 39,22). "Vede agora que sou Eu que Sou, não existem outros junto a mim, eu faço viver e faço morrer, eu firo e eu mesmo curo, não há quem de mim se exima" (Dt 32,39). "Pus em cada porta uma espada mortífera! Ó tu! Feita para brilhar! Polida para matar!" (Ez 21,20); "inebriar-se-ão do seu sangue como de mosto. E saberá toda carne que eu, Javé, sou teu Salvador" (Is 49,26). "Só haverá terror em compreender a revelação" (Is 28,19).

Nesse contexto, a guerra santa significa fazer de tudo, mandar todas as coisas a ferro e fogo, para não permitir que o santo nome de Deus seja profanado, aterrorizar as pessoas para que aprendam a levar Deus a sério e para que saibam que "não é pela força que o homem triunfa" (1Sm 2,9). Significa "executar a vingança do Senhor", e fazer compreender, com o terror, que não se deve brincar com Deus. Aquilo que nós temos o hábito de chamar de terrorismo religioso se insere neste quadro. E, na verdade, até os terroristas utilizados ou guiados por interesses políticos, além dos terroristas abertamente "políticos", e até mesmo os "terroristas inconscientes" que são os elementos da natureza (terremotos, epidemias, desgraças de todo tipo), todos colaboram de modo consciente ou inconsciente para abalar a segurança do homem e, portanto, colaboram com o terrorismo religioso.

> Eis que o Senhor as enche [as nações] de terror,
> os orgulhosos vejam que são homens! (Sl 9,21)

Terrorismo religioso, com os respectivos massacres e destruições, significa não permitir que, em nome dos direitos humanos, ou das leis sobre a ordem pública, ou do conceito de tolerância, se faça zombaria com Deus. "Embriagar-se-ão de seu sangue como de mosto e então compreenderão que eu sou o Senhor", e que Deus seja levado a sério!

Essas palavras são desconcertantes, aborrecem, são incômodas, como também incomodam as palavras análogas do Corão, que, fazendo eco aos antigos profetas bíblicos, ressoam ainda, com encantadora e melódica salmodia, nas escolas corânicas e nas mesquitas; hoje, no terceiro milênio, lê-se ainda, todos os dias, a advertência de Deus:

> Aproxima-se dos homens a prestação de contas, os quais, apesar disso, estão desdenhosamente desatentos. Nunca lhes chegou uma nova mensagem de seu Senhor, que não a escutassem, senão com o fito de fazer dela uma brincadeira, com os seus corações entregues à divagação. (sura 21, 1-3)

> Zombai! Allah revelará o que temeis! Porém, se os interrogares, sem dúvida te dirão: Estávamos apenas falando e gracejando. Dize-lhes: Zombais, acaso, de Allah, de Seus versículos e de Seu Mensageiro? Não vos escuseis, porque renegastes, depois de terdes acreditado! (sura 9, 64-66)

Diz ainda o Corão: "Acaso minha família vos é mais estimada do que Allah, a Quem deixastes completamente no esquecimento?" (sura 11, 92). Por isso, Deus convoca um exército de terror. "E não pensem os incrédulos que poderão ganhar (dos crentes). Jamais o conseguirão. Mobilizai todo poder que dispuserdes, em armas e cavalaria, para intimidardes, com isso, o inimigo de Allah e vosso, e se intimidarem ainda outros que não conheceis, mas que Allah bem conhece" (sura 8, 59-60). É como dizer: quando forem destruídos por massacres e devorados pelo fogo, desistirão então de fazer zombarias de Deus! "Isso acontecerá por causa do vosso regozijo injusto na terra, e por causa da vossa insolência" (sura 40, 75). Estes homens do terror têm o objetivo de minar a segurança que o homem triunfantemente deposita sobre si mesmo:

> Estavam, acaso, os moradores das cidades, seguros de que o Nosso castigo não os surpreenderia durante a noite, enquanto dormiam? Ou [...] em pleno dia, enquanto se divertiam? Acaso, pensam estar seguros dos desígnios de Allah? Só pensam estar seguros dos desígnios de Allah os desventurados. (sura 7, 97-99)

Já nos tempos antigos o profeta Naum advertia:

> Javé se vinga de seus adversários; guarda rancor de seus inimigos [...]. Mesmo intactos e numerosos, serão cortados e aniquilados [...]. Eis-me contra ti – oráculo de Javé dos exércitos [...]. Ruído de chicote! Estrondo de rodas! Galopar de cavalos, movimento de carros. Cavaleiros empinam os seus ginetes, as espadas reluzem, as lanças cintilam. Multidão de feridos! Vítimas em massa! Cadáveres sem-número [...]. Eis-me contra ti – oráculo de Javé dos exércitos. (Na 1-3)

Ao grito da humanidade contra Deus: "Não nos assusta! Acredita que pode nos meter medo?", Deus, desde os tempos antigos, respondeu mostrando toda a sua força. E quando as torres de Babel que os homens construíram para sua exaltação, torres sólidas e altíssimas, serão despedaçadas pela mão poderosa de Deus e dissolvidas como cera pelo fogo da sua Majestade e as chamas se erguerão ao redor imensas a testemunhar contra a arrogância humana, então, como diz o Corão, "aparecer-lhe-ão as maldades que tiverem cometido, e os envolverá aquilo de que zombavam!" (sura 45, 33). O fogo entre as ruínas, o sangue, os mortos, os gritos de derrota serão uma teofania suprema, o sinal da vitória de Deus. Então o homem será obrigado a se render e a reconhecer que Deus é mais forte que ele.

A ESPIRITUALIDADE GUERREIRA EM OUTRAS CULTURAS E RELIGIÕES

Este livro foi dedicado especificamente ao tema da guerra santa no islamismo e no cristianismo. A escolha é devido ao fato de que essas duas religiões apresentam muitas semelhanças sobre tal questão; além do mais, essa afinidade é geralmente ignorada ou negada (tanto por cristãos como por muçulmanos) e nos parecia, portanto, urgente e necessário reafirmá-la. Além disso, o islamismo é a religião que hoje, mais que qualquer outra, se impõe no cenário atual pelo seu recurso às armas em nome da fé. A escolha, enfim, de nos estendermos sobre a espiritualidade guerreira no cristianismo é motivada também pelo caráter pacifista que em geral se atribui a essa religião.

Consideramos, no entanto, útil apresentar brevemente, neste capítulo, aspectos da religiosidade militar elaborada e vivida por outras culturas e religiões. A panorâmica que oferecemos em seguida não pretende minimamente ser exaustiva: não falaremos, por exemplo, do paganismo greco-romano, segundo o qual as guerras eram freqüentemente vistas sob uma óptica providencial, os próprios deuses participavam das batalhas e a religião abençoava as ações militares; não falaremos das culturas nórdicas, nas quais a guerra era alimento cotidiano da vida, da moral e da fé; nem da antiga Mesopotâmia, nem de muitas outras civilizações. As cinco subdivisões deste capítulo têm o único objetivo de mostrar que o matar e o morrer em guerra gozam de um particular significado religioso não apenas no cristianismo e no islamismo. A universalidade dessa espiritualização e santificação da guerra mostra-nos, antes de tudo, que a redução do fato militar a algo puramente humano e político e a sua dessacralização e renegação por parte da religião são *peculiaridades* do nosso tempo e da nossa cultura.

Veremos, além disso, que a violência em nome da fé, fortemente presente nas três religiões reveladas (judaísmo, cristianismo, islamismo), não é a conseqüência da convicção de cada uma de possuir a única verdade; na realidade, outras religiões, como o hinduísmo e o budismo, mais relativas e tolerantes, também desenvolveram uma espiritualização da guerra. Esta, portanto, tem suas raízes não tanto (ou não apenas) em uma defesa ativa da verdade possuída e em um desejo de converter todos a essa verdade, mas também em uma concepção fundamentalmente não-materialista da realidade, em uma primazia da dimensão espiritual, além de uma espécie de atração quase visceral em direção àquela realidade misteriosa que é a morte. A guerra santa em todas as religiões (incluindo aí o cristianismo e o islamismo) é, antes de tudo e além de qualquer justificação teológica ou ética, uma aspiração ancestral, um caminho místico de "retorno ao sangue". De fato, a guerra apresenta todos os traços característicos do sagrado: é terrível e fascinante, altera a realidade cotidiana, dá medo, induz êxtase e angústia, faz sentir o peso, a grandeza e a seriedade imensa de uma dimensão espiritual superior ao homem, pois "nunca como na guerra o homem é consciente da própria nulidade e do inelutável Poder que tudo regula"[1]. Por isso, Heráclito denominava a guerra "pai e soberano de todas as coisas"[1a] e por isso, paradoxalmente, é exatamente a guerra, essa ponte estendida entre a vida e a morte, esse olhar na cara as forças primordiais da natureza e do homem, que reúne as diversas religiões da humanidade em uma singular unidade ecumênica.

JUDAÍSMO

A idéia de guerra santa que floresceu, como vimos, no cristianismo e no islamismo, tem suas raízes na religião de Israel. Mas a esse respeito deve-se destacar uma curiosa particularidade: no período bíblico Israel desenvolve uma plena e elaborada teologia da guerra, depois, durante os cerca de dois mil anos da diáspora, adota posições claramente pacifistas, para retornar ao espírito guerreiro somente no século XX, com a restauração do Estado territorial de Israel.

Que o Antigo Testamento seja uma fonte inexaurível de exemplos de guerra santa, clara e absolutamente justificada no plano teológico, é algo conhecido e por nós abundantemente ilustrado. O que pretendemos mostrar aqui é a atitude de Israel depois da Bíblia. Quando em 70 d.C. os romanos, guiados por Tito, destruíram o Segundo Templo e os hebreus começaram a emigrar de sua terra, o depósito da Lei Divina permaneceu na mão dos rabinos, que se dedicaram a proteger e a indicar com precisão os preceitos da palavra de Deus. O Talmud, cuja compilação foi concluída por volta do século V d.C., é a monumental coletânea dos discursos, pronunciamentos e diatribes dos grandes rabinos. O Talmud é ainda, logo depois da Bíblia, o texto mais sagrado e mais autorizado para os judeus. É, portanto, digno de nota que nele não se fale, a não ser muito raramente, de "guerra santa". Não faltam menções sobre o valor expiatório da morte; no tratado *Moèd Qatàn*, por exemplo, se diz: "A morte do justo traz expiação para os pecados".[2] E igualmente, em um Midrash, revela-se a utilidade espiritual do sofrimento: "Qual é o caminho que conduz o homem ao Mundo futuro? A resposta é: o caminho do sofrimento".[3] Estas poderiam ser as premissas para uma teologia da guerra em sentido "passivo", isto é, como martírio. Mas quanto à guerra "ativa", o Talmud, como a Mishnàh e os Midrashim, tem em geral uma atitude de condenação ou de desconfiança.[4] Existem, é verdade, alguns trechos que legitimam a guerra de defesa e também a guerra para a conquista da Terra Santa[5], mas são prescrições consideradas pelos próprios judeus "anacrônicas", isto é, ligadas à realidade bíblica de Israel, quando este possuía um Estado territorial. São, portanto, prescrições puramente teóricas, tanto que, em estado de diáspora, o Talmud veta expressamente que os judeus reconquistem a Terra de Israel com a força.[6] Quando os judeus viviam em diáspora, as antigas batalhas da Bíblia pareciam já letra morta. "O povo judeu", escreverá em 1976 Rosenzweig, "relegou a guerra religiosa para um período mítico às suas costas".[7] Apesar das situações de opressão e de agressão em que se encontravam em muitos países da Europa, os judeus não recorreram às armas.

Esse "pacifismo", na verdade bastante singular e admirável pela sua coerência e constância ao longo de tantos séculos, começou, porém, a rachar no início do século XX, com a difusão da doutrina sionista que pregava um retorno à terra de Israel. Os pios judeus "ultra-ortodoxos", chamados *haredim* (isto é, "aqueles que tremem" diante da palavra de Deus), se opunham a qualquer esforço humano para restaurar o Reino de Davi, preferindo deixar toda iniciativa apenas à Providência divina. Tal esforço significaria, segundo essa corrente, "forçar a mão" de Deus com ímpia soberba e, além disso, levaria a uma profanação de realidades sagradas e místicas, como a Terra de Israel, Jerusalém e o monte Sion, as quais somente se mantidas em seu intocável halo espiritual conservariam sua santidade incorrupta. O movimento sionista, no entanto, não cessou e foi levado adiante sobretudo pelos judeus menos religiosos, visto que os mais devotos eram contrários a ele.

Foi, porém, um pio devoto, o grande rabino Avraham Yitzhaq Kook (1865-1935) que, pelo mesmo espírito de fervorosa religiosidade dos ultra-ortodoxos, formulou uma teoria oposta à deles. Segundo Kook, o homem é chamado a cooperar com o plano de Deus: deve portanto fazer o possível para "acelerar a Redenção", Redenção que está em estreita conexão com o retorno de Israel à sua Terra Santa. O valor sagrado da Terra de Israel sempre esteve presente no pensamento hebraico, mas com a diáspora havia perdido o seu caráter "concreto": Israel e Jerusalém haviam se tornado conceitos principalmente místicos. Kook, por sua vez, teologizando a obra do sionismo secular, sustenta que o retorno dos judeus a Deus, seu arrependimento (*teshuvà*) deve coincidir com seu retorno (em hebraico, igualmente *teshuvà*) à Terra histórica de Israel. Desse modo, os sionistas laicos e pecadores também se tornam, segundo Kook, "agentes inconscientes da Providência", porque levam à restauração de Israel. Algumas palavras do rabino nos mostram que tipo de santidade ele atribui a essa Terra, que está longe de ser um território ou um Estado como outro qualquer:

> A Terra de Israel faz parte da própria alma do povo de Israel; não se trata apenas de uma reivindicação de tipo nacionalista [...]. A razão humana, mesmo em seus ápices especulativos mais altos, não pode apreender a santidade única da Terra de Israel; não consegue compreender a profundidade do elo de amor que une cada um de nós à Terra. O significado da Terra de Israel só pode ser percebido graças ao Espírito do Senhor, que repousa no profundo do coração do nosso povo, só através da comunhão das almas dos judeus, da qual brota esta profunda emoção coletiva em relação à Terra.[8]

A dimensão mística da Terra está, portanto, bem presente em Kook, como em seus predecessores. Ele considera essa espiritualidade irremediavelmente ligada à terra concreta de Israel. Kook não fala de guerra santa. Mas para isso falta pouco. Seu filho Tzevì Yehuda Kook funda em 1974 o Gush Emunim ("Frente dos Crentes"), movimento pela defesa dessa Terra Sagrada segundo os limites estabelecidos na Bíblia. A guerra dos Seis Dias contra o Egito, em 1967, foi definida por ele como "guerra da Redenção" para a restauração e a defesa da integridade da Sagrada Terra de Israel.

No ano seguinte (1968) o rabino americano Meir Kahane funda a Liga de Defesa Judaica e proclama: "A violência judaica para defender interesses judaicos não é má".[9] Em 1973 funda o KACH, organização religiosa militar (e por breve período também partido político), cuja marca é constituída por uma camisa amarela com o símbolo da estrela de Davi e um punho fechado no centro. A luta contra as "nações" (*goym*, termo bíblico para designar os não-judeus) já é declaradamente guerra santa, motivada pela mística da Terra. Milhares de judeus ortodoxos, guiados por rabinos e devotos, se movimentaram para "colonizar" os territórios (ocupados pelos palestinos) da Judéia e Samaria, principalmente a partir do governo nacionalista de Begin (1977). O objetivo é trazer os judeus para a inteira Terra de Israel e expulsar os filisteus infiéis (os palestinos). As comunidades de colonos judeus nos territórios ocupados são muito variadas e constituídas, em boa parte, por "laicos" que partem para as colônias para aproveitar os benefícios fiscais que o governo concede aos habitantes dessas zonas de risco. Os núcleos dos religiosos, ao contrário, são minoritários, mas têm um poder, um fervor e uma influência determinantes: assemelham-se aos antigos assentamentos dos cavaleiros cristãos na Palestina durante as cruzadas: naquele caso, monges-guerreiros; neste caso, famílias inteiramente dedicadas ao culto divino e à observância da Lei Sagrada, prontas a morrer para não trair sua fidelidade a Deus e à Torah. Os homens são treinados em Seminários Militares (*Yeshivoth Hesder*), especialmente constituídos para esse fim, onde boa parte do tempo é dedicada ao estudo da Palavra de Deus e do Talmud, sob a orientação de rabinos, a maioria deles expoentes do Gush Emunim. Os fuzis e os carros-de-combate com o emblema santo da estrela de Davi são objetos tão sagrados quanto o xale de oração e os rolos de pergaminho da Torah: são os instrumentos com os quais os fiéis de Deus, para usar as palavras de um salmo, são chamados "para vingá-lo em meio das nações e aos povos infligir o seu castigo; metendo nas algemas os seus reis, em cadeias de ferro os poderosos, cumprindo neles a sentença escrita" (Sl 149,7-9).

É bastante significativo que os carros-de-combate do exército israelense sejam denominados com o termo *merkavà*, usado tradicionalmente para indicar o místico carro da visão do profeta Ezequiel[10] e que se tornou sinônimo de "metafísica" e de "espiritualidade". O próprio barulho ensurdecedor dos tanques de guerra foi recentemente definido como "barulho das aflições do Messias", para afirmar que a guerra de Israel pela sua terra coincide com "o início da nossa Redenção", como recita a liturgia das sinagogas do sábado e com o início da era messiânica: é o princípio, caro à tradição mística da cabala hebraica e abraçado pelos integralistas atuais, segundo o qual a restauração (*tikkun*) da ordem cósmica exige a reconstituição do Estado religioso de Israel.

Em 25 de fevereiro de 1994 era Ramadã para os muçulmanos e a festa do Purim para os judeus. Um militante integralista judeu, Baruch Goldstein, quis consagrar aquele dia a cancelar a profanação do Nome Santo de Deus. Recordando as palavras com que o livro bíblico de Ester institui a festa do Purim ("Os judeus feriram à espada todos os seus inimigos, causando-lhes morte e extermínio", Est 9,5), Goldstein, oficial do exército, entrou no sagrado Túmulo dos Patriarcas na cidade santa de Hebron, onde cerca de 500 muçulmanos estavam prostrados para a oração canônica. Ele abriu fogo com sua metralhadora. Os mortos foram cerca de 30. Imediatamente morto pelos muçulmanos presentes, Goldstein se tornou um mártir para muitos judeus: sobre sua lápide funerária, ao lado de seu nome, está escrito "santo". Sua tumba se tornou um verdadeiro mausoléu. Em sua cidade (Kiryat Arba), a foto de Goldstein com a estrela de Davi sobre o peito, como a cruz sobre o peito dos cruzados, é exposta em muitos locais públicos. Rabinos conhecidos, como Yitzhaq Ginzburg e Israel Ariel, escreveram elogios fervorosos para o mártir de Hebron, morto pela defesa e pela integridade da Terra Santa de Israel.

No mesmo período o rabino Ido Elba, chefe espiritual do movimento dos Vingadores, publica um livro com o título *Jurisprudência da morte de um gentio* (isto é, de um pagão), no qual, com expressões semelhantes àquelas usadas pelo papa Urbano II, explica que a morte de um infiel não é um homicídio, mas uma glória.

Israel é hoje um país secularizado e laico e bem poucos aprovam a posição de Ido Elba ou de Meir Kahane. Diversamente daquilo que acontece em muitos países islâmicos, no Estado de Israel a religião é pouco sentida pela maioria da população e é comum, como na Europa, uma difusa indiferença ou até mesmo ateísmo. A minoria dos crentes, no entanto, é muito mais aguerrida e forte que no mundo cristão. Os judeus ultra-ortodoxos e nacional-religiosos são relativamente poucos, mas têm influência decisiva no governo e uma fé tenaz até o martírio. É, portanto, difícil pensar que tratados de paz, acordos ou arbitragens internacionais possam cancelar o impulso místico dos devotos dessa *guerra total*, prontos a tudo, a morrer e a matar sem limites para restabelecer o Deus de Israel na Terra que desde sempre lhe pertence.

Para compreender o espírito desses guardiães da Terra Santa e guerreiros em nome de Deus é bastante eloqüente aquilo que aconteceu em 1967 em Jerusalém. Durante a guerra entre Israel e Egito, como nos tempos da Bíblia, o rabino do exército, Shlomo Goren, guiou uma coluna de pára-quedistas até o sagrado Monte do Templo. Com a Torah em uma mão e na outra o *shofar*, o tradicional chifre cerimonial usado na liturgia das sinagogas em momentos de particular solenidade, ele, em meio aos seus soldados, começou a salmodiar um trecho da Bíblia:

> Quando entrares em campanha, para combater os teus inimigos, e vires cavalos e carros, um povo mais numeroso que tu, não os temas, porque Javé, teu Deus, que te tirou da terra do Egito, está contigo. Quando vos dispuserdes para o combate, o sacerdote avançará e falará ao povo. Dir-lhe-ás: 'Escuta, Israel. Preparai-vos, hoje, para o combate contra os vossos inimigos; não se enfraqueça o vosso coração. Estejais sem temor nem susto. Não tremais diante deles; porque Javé, vosso Deus, marcha convosco, para combater, por vós, contra os vossos inimigos e dar-vos a vitória'. (Dt 20, 1-4)

Goren desceu, em seguida, até o Muro das Lamentações, vestiu o manto de oração e começou a soprar no *shofar*. Seu som austero e solene foi ouvido em toda a cidade de Jerusalém, muitos soldados começaram a chorar, as pessoas ficaram em silêncio, assustadas. Parecia que haviam voltado os antigos tempos gloriosos da guerra santa do Povo de Deus, os tempos de Moisés, de Josué e de Davi.

Hoje muitos dos judeus integralistas, em sua maioria rabinos, preconizam não só a reconstrução, depois de quase dois mil anos, do Templo de Jerusalém, mas também a reedificação do Sinédrio e um retorno à aplicação integral da Lei bíblica e talmúdica, incluindo aí a legislação penal (que, como no islamismo, prevê a fustigação, a lapidação etc.).

Hinduísmo

As grandes religiões da Índia, hinduísmo, budismo e jainismo, têm a fama de sempre ter sido tolerantes e pacifistas. Sem dúvida, se comparadas ao islamismo e ao cristianismo, elas mostram muito menos fechamento e rigidez quanto a uma verdade "exclusiva". É por isso que o hinduísmo, por exemplo, pode ver em Jesus um grande mestre espiritual e até uma encarnação do deus Vishnu. Não existe, na tradição indiana clássica, a idéia da guerra contra os infiéis por serem infiéis. Todo povo tem legitimamente o próprio caminho de salvação, mesmo se o hinduísmo seja talvez o mais sublime. A favor de uma posição pacifista existe, além disso, a enraizada regra moral da não-violência (*ahimsa*), cara sobretudo ao jainismo (religião fundada no século VI a.C. e hoje seguida por pouco mais de um milhão de fiéis). Segundo os jainistas é necessário evitar matar ou prejudicar qualquer ser vivo. No entanto, assim como o mandamento bíblico de não matar não impediu os judeus nem os cristãos de justificar a pena de morte e a guerra justa, igualmente o jainismo, apesar de condenar o assassínio pessoal, não condenou a guerra, vista simplesmente como um dever do rei e dos soldados.

Esse dever, além disso, é a idéia fundamental do hinduísmo no que se refere à guerra: ela é um dever da casta guerreira (*ksatriya*). E por ser a divisão da sociedade em castas baseada em uma ordem cósmica e divina, o dever de cada casta é por natureza um dever religioso (*svadharma*) e, portanto, sagrado. A obrigação dos brâmanes é fazer sacrifícios e estudar os Vedas, a obrigação dos *ksatriya* é combater. Essa idéia se encontra em muitos textos autorizados da Índia antiga, como, por exemplo, no sétimo livro do *Código de Manu* (século III d.C., aproximadamente), dedicado aos deveres do rei e da casta guerreira. Mas o texto mais significativo sobre isso e que poderíamos chamar de "manifesto" da guerra santa no hinduísmo é o segundo capítulo do célebre *Bhagavad Gita*. O *Bhagavad Gita*, também redigido em torno do século III d.C., é sem dúvida um dos livros mais sagrados, mais conhecidos e mais venerados da Índia. Começa com esta cena: o *ksatriya* Arjuna está no campo de batalha, pronto a marchar com seu exército contra os Kaurava, seus parentes; é tomado, então, por uma repentina tristeza. Quer ir embora, porque percebe que está indo matar seres humanos, ainda por cima seus familiares, apenas por miseráveis interesses materiais. A tal lamento de humana piedade responde Krishna, o seu cocheiro – na realidade, a encarnação do Deus Supremo –, exortando-o a combater:

> Estes corpos materiais são mortais, mas a alma que está neles é eterna, indestrutível e ilimitada: por isso, ó descendente de Bharata, combata! É ignorante quem acha que a alma possa matar ou ser morta. Ela nem mata nem é morta [...]. As armas não podem atingi-la, o fogo não pode queimá-la, as águas não podem tocá-la, o vento não pode secá-la [...]. Considerando, além disso, o teu dever religioso [*svadharma*], não te convém hesitar. Para um guerreiro [*ksatriya*] não existe bem maior que uma guerra santa. Ó filho de Prithà, felizes os guerreiros a quem é oferecida a ocasião de combater uma tal guerra, porta escancarada para o paraíso [*svarga*]. Mas se tu não combateres esta santa batalha, infringirás o teu dever religioso e a tua honra, e cometerás um pecado [...]. Se fores morto, atingirás o paraíso. Se, ao contrário, venceres, gozarás o reino terreno. Portanto, levanta-te, ó filho de Kunti, e combate com determinação! Estimando do mesmo modo alegria e dor, ganho e perda, vitória e derrota, prepara-te para combater. De tal modo não cometerás pecado".[11]

Aquilo que é traduzido como "guerra santa" é escrito em sânscrito *dharmyan yuddham* ou *dharmyah sangramah*, onde *dharmya* significa "sagrado, religioso, ditado pela lei moral e cósmica". O trecho citado procura verdadeiramente teologizar a guerra, sublinhada depois por grandes filósofos indianos medievais que comentarão o *Bhagavad Gita*. Jnaneshwar (século XIII), por exemplo, escreve, dirigindo-se literariamente a Arjuna: "Os Céus supremos escancararam suas portas, que se abriram diante de ti sob a forma de uma batalha".[12] Ramanuja (séculos XI e XII) é ainda mais explícito: "O [Senhor Krishna] diz que para um valoroso guerreiro tanto matar os inimigos como ser morto por eles leva à Beatitude"[13]; e, em outro ponto: "Fazer guerra é o que conduz à Libertação Suprema [*moksa*], que é a meta última do homem".[14]

É ainda Ramanuja quem traça um interessante paralelo entre a morte na guerra e a imolação das vítimas para os sacrifícios:

> No sacrifício do Agnisomiya e em outros semelhantes, ao animal que deve ser imolado não se faz nenhum dano. De fato, como diz o texto dos Vedas, a vítima, isto é, uma cabra, depois de ter abandonado um corpo inferior, atinge o Céu com um corpo maravilhoso. O texto concernente à imolação proclama:

"Ó animal, com este sacrifício tu não morrerás nunca, não serás destruído; através de caminhos felizes passarás ao reino dos deuses, aonde chega só o virtuoso e não o pecador. Que o deus Savitr te conceda um lugar adequado!".[15] Do mesmo modo, o *Bhagavad Gita* anuncia a obtenção dos corpos mais sublimes por parte daqueles que morrem nesta guerra: "Como um homem joga fora roupas gastas e obtém outras novas [assim a alma encarnada abandona os velhos corpos e assume novos]".[16] Em conseqüência, assim como o cortar e outras operações de um cirurgião são para a cura do paciente, também a imolação do animal sacrifical no rito do Agnisomiya serve exclusivamente para o seu bem [literalmente, 'à sua preservação'].[17]

Como se viu também para o cristianismo e para o islamismo, a aprovação da guerra, como lugar onde se mata e onde se pode ser morto, é fundada a partir de uma visão essencialmente espiritual da realidade, segundo a qual aquilo que é realmente importante é o espírito, a alma, os valores religiosos, o mundo transcendente e eterno, e não o corpo, a vida terrena, os interesses materiais. Só para quem crê verdadeiramente na existência de algo "além", de uma alma, de um Céu, a morte do corpo pode ser aceita sem muita repulsa. A *indiferença* diante das coisas exteriores, proclamada no *Bhagavad Gita* ("estimando do mesmo modo alegria e dor, ganho e perda, vitória e derrota") significa ter como critério do próprio agir não o *ter* (obter alguma coisa, isto é, a vitória, o butim, a saúde), mas o *ser*: ser desapegado do resultado material da ação é aquilo que distingue o agir moral do agir utilitarista. "Não é o combater que é um delito", dizia Santo Agostinho, "mas é o combater para obter um lucro [*propter praedam*] que é um pecado".[18]

Na mitologia indiana não faltam figuras de deuses guerreiros e sanguinários: basta pensar em Shiva, o Terrível (*bhairava*), representado freqüentemente ornado com caveiras, ossos e serpentes, e a sua divina consorte Kali, que em uma de suas quatro mãos tem uma espada e em outra, uma cabeça decepada. Esse espírito do *tremendum* se encontra também em outros lugares: em uma antiga *Upanishad* o deus Brahma é chamado "o Deus pelo qual os sacerdotes e os guerreiros são o arroz e a morte é o molho"[19]; e nos Vedas há uma exaltação mística das armas, às quais é especificamente dedicado um hino inteiro (*Rigveda*, VI, 75).

Apesar da presença, na mitologia indiana, de temas guerreiros, e apesar do elogio e da justificação da guerra, que se encontram, como vimos, em alguns importantes textos religiosos e filosóficos antigos, pode-se dizer que na vida cotidiana dos hinduístas a guerra santa nunca foi uma realidade muito concreta e efetivamente praticável como foi e é, ao contrário, junto aos muçulmanos. Que o *Bhagavad Gita* exorte Arjuna a combater não significa que um devoto hinduísta qualquer se sinta chamado para uma guerra santa, mesmo porque não se vê quem poderia ser o inimigo. Portanto, enquanto muitos muçulmanos vêem na *jihad* algo atual, que poderia envolvê-lo pessoalmente, a grande maioria dos hinduístas não veria qualquer conexão direta entre as palavras de Krishna e uma mobilização militar efetiva. Mesmo quando um grande mestre espiritual do século XX como Bhaktivedanta Swami Prabhupada afirma que "a violência é necessária às vezes para proteger os princípios religiosos [...] e para instaurar no mundo um governo baseado em princípios religiosos"[20], o enunciado permanece em um plano mais teórico que prático.

Nas últimas décadas, no entanto, vem surgindo no seio do hinduísmo uma minoria militante que recorre realmente à violência. Já há algum tempo a postura intransigente e agressiva dos muçulmanos havia suscitado em alguns setores da sociedade hinduísta uma reação nutrida de nacionalismo e orgulho religioso. Pode-se dizer que o integralismo hinduísta nasceu, em um certo sentido, em resposta ao islamismo e segundo o próprio modelo do islamismo fundamentalista. Como no caso do judaísmo, também no hinduísmo se pode falar de um verdadeiro movimento integralista violento somente a partir do século XX. Foi nas primeiras décadas desse século que dois brâmanes fundaram o Rashtriya Swayamsevak Sangh, associação tradicionalista e nacionalista que logo incorporou estruturas paramilitares. Dessa associação surgiu depois um verdadeiro partido ultra-ortodoxo, o Bharatiya Janata Party, que em 1991 alcançou notável sucesso eleitoral. No ano anterior, os militantes do movimento haviam desencadeado combates armados sangrentos contra os muçulmanos na tentativa de retomar o lugar santo de Ayodhya e de destruir a mesquita aí situada (nesse lugar antigamente se erguia um célebre templo dedicado ao deus Rama).

Uma organização, também com características paramilitares, ainda mais extremista, é a Shivasena ("Exército de Shiva"), cuja presença é hoje bastante difusa na Índia. O símbolo guerreiro do tridente de Shiva e uma espécie de culto ritual das armas confirmam sua natureza guerreira. O espírito que anima esses militantes, porém, é constituído mais por um apego à identidade nacional indiana do que por um autêntico fervor espiritual e religioso, como, ao contrário, acontece em geral no caso dos fundamentalistas muçulmanos e judeus.

Um último breve comentário merece, enfim, uma outra importante religião indiana: a sikh. Fundada no início do século XVI por Guru Nanak como síntese do islamismo e do hinduísmo juntos, no início do século XIX se tornou uma verdadeira potência política na zona do Punjab e da Caxemira, logo abatida, porém, pelos ingleses. Apesar das idéias essencialmente tolerantes e pacifistas de Guru Nanak, os sikhs, também por conta das contingências históricas em que vieram a se encontrar, abraçaram com boa vontade a espada em nome da própria fé. Foi principalmente o décimo grande mestre (guru) dos sikhs, Gobind Singh, por volta de 1700, quem militarizou radicalmente essa religião. A defesa contra a hostilidade contínua dos mogul (os imperadores islâmicos da Índia) e a preservação da identidade sikh induziram-no a criar uma verdadeira milícia sacra, chamada *Khalsa*, constituída por monges-guerreiros, armados com espada. O próprio guru Gobind Singh compôs versos que não deixam dúvidas sobre sua concepção da divindade: "Em nome do Senhor da espada e do machado, Senhor do arco, da lança e do escudo! Em nome daquele que é o Deus dos guerreiros e dos corcéis rápidos como o vento!".[21] No caminho do ensinamento e das reformas de Gobind Singh, instalou-se entre os sikhs o modelo do *sant*, o combatente pela fé, pronto ao martírio. Hoje a luta dos sikhs é principalmente contra o governo indiano, que se recusa a conceder-lhes a autonomia política do Punjab. Em 1982 o *sant* Jarnail Singh Bhindranwale, senhor do monastério-fortaleza de Akal Takht, proclamou oficialmente a guerra santa para a libertação do Punjab. Não se deve, porém, acreditar que esses radicais sikhs tenham objetivos exclusivamente políticos e materiais. As motivações religiosas são determinantes. O próprio Jarnail Singh, em um escrito recente, indica como primeiros inimigos a combater a secularização e a modernização. Nesse sentido, mesmo pertencendo a crenças e culturas diversas, todos os integralistas, sejam sikhs, muçulmanos ou judeus, se encontram aliados em uma mesma guerra santa contra o mesmo inimigo comum.

Budismo

Hoje percebemos que as duas religiões mais empenhadas a favor da paz no mundo e da tolerância são o cristianismo e o budismo. Ambas professam uma ética de não-violência e de respeito entre os diversos credos do planeta. Mas a diferença é que, enquanto o comportamento atual da Igreja – mesmo se talvez muito fiel às intenções de Jesus – constitui em um certo sentido uma exceção, uma inovação no quadro da sua história e de sua doutrina ao longo dos séculos, o budismo, ao contrário, sempre propôs uma filosofia de não-violência e de não-intervenção. Assim, o pacifismo cotidiano dos budistas é realmente fundado no ensinamento de Buda e na sucessiva tradição espiritual. Essa religião, na verdade, sempre teve como fim a libertação pessoal do homem, o seu desapego das aflições do mundo por meio de um atento trabalho sobre a mente e sobre a interioridade; nunca se preestabeleceu, senão de maneira secundária, o objetivo de instauração de uma sociedade ideal. O budismo nasceu como religião monástica, na qual o monge era exortado a pensar em si próprio e na própria santificação, não na conversão ou na correção dos outros.

O Buda era chamado de "o pacífico" (*paradayutta*). Entre as cinco regras morais que ele ditou, a primeira é: "Não matar a vida"; e entre os dez preceitos reais, o oitavo é *avihimsa* ("não-violência") e o nono *khanti* ("paciência, tolerância, indulgência"). O Buda frisou também a importância dos sentimentos de *metta* (que se poderia traduzir por "caridade"), compaixão (*karuna*) e partilha da alegria (*mudita*). Falou, além disso, de equanimidade (*upekkha*), um dos estados mais elevados da mente, uma espécie de "indiferença" pelas coisas exteriores, pelo sofrimento e pelo prazer. Sabendo que toda realidade é efêmera, que aquilo que nasce, morre e que nada tem uma existência intrínseca e estável, o budista é convidado a não se afligir com as dores do corpo e da alma e a não se apegar aos prazeres e às alegrias, coisas passageiras e inconsistentes por natureza. Como se vê, é um raciocínio semelhante àquele exposto no *Bhagavad Gita*, do qual falamos a propósito do hinduísmo; e como neste último, também no budismo nasceu uma filosofia de aceitação da dor e da morte que induziu, posteriormente, algumas comunidades budistas a permitirem também o recurso às armas.

Neste ponto já passamos, porém, do budismo primitivo (*hinayana* ou *theravada*) àquele elaborado nos séculos sucessivos no Tibete, na China e no Japão: o *mahayana*. Independentemente das motivações políticas, dos egoísmos pessoais e dos ódios que certamente foram fatores determinantes nas ações de violência e de guerra realizadas por budistas, principalmente tibetanos e japoneses, no curso da história, tentaremos aqui apreender as motivações doutrinais e espirituais que justificarão tais recursos à força. Um primeiro elemento fundamental é aquele já citado: a *upekkha*, a equanimidade, o não se deixar abater pelo sofrimento ou pela morte de corpos impermanentes e, portanto, destinados a se extinguirem. Essa atitude mental nasce da sapiência (*panna*), isto é, da correta visão das coisas assim como são; mas ao lado dela o budismo *mahayana* sempre colocou um outro pilar: a compaixão (*karuna*). Segundo tal concepção, quando um santo atinge a iluminação e torna-se assim um Buda, é depois chamado a "retornar" entre os homens para ajudá-los: é um *Bodhisattva*. Da mesma forma que a caridade cristã, também a *karuna* budista pode exigir ações aparentemente injustas e violentas, tendo como objetivo o bem e ditadas pela misericórdia. Em um antigo texto sânscrito, o *Sutra dos meios idôneos*, narra-se que o Buda, em uma vida precedente, matou um homem: fê-lo para impedir que ele matasse outros 500. A "doutrina dos meios idôneos" (*upayakaushalya*), inspirada pela caridade, junto ao conceito de equanimidade, fundado na sapiência, constituiu uma séria justificação para o uso da violência. Na realidade, o uso concreto das armas não foi muito freqüente: os casos mais significativos são os dos monges tibetanos que guerreavam entre si na Idade Média e que, no século XX, tentaram resistir militarmente à invasão chinesa. Neste último caso, matar podia ser uma ação meritória, pela preservação da religião e dos monastérios.

O Japão merece um relato à parte. Ali o budismo, que chegou através da China no final do primeiro milênio da era cristã, se fundiu com a preexistente religião autóctone chamada xintoísmo. O xintoísmo permanece até hoje a religião nacional japonesa, ao lado do budismo e misturado a esse. E como o xintoísmo, respondendo à índole japonesa, foi sempre próximo, com suas bênçãos, seus rituais e seus mitos, à guerra e ao mundo militar, da mesma forma o budismo japonês logo assumiu traços explicitamente guerreiros. Se, no entanto, o xintoísmo, assim como o paganismo greco-romano, se limitava essencialmente a invocar a proteção dos deuses para os exércitos, cultuando o grande deus da guerra *Hachiman*, o budismo, com sua profunda e elaborada filosofia, deu um passo a mais, de extrema importância: deu à classe guerreira uma "teologia" própria, a espiritualidade do samurai. Foi principalmente nos séculos XII e XIII que aquela forma de budismo conhecida como zen se difundiu no Japão, graças à obra diligente de monges chineses e de monges japoneses formados na China, e chegou a se impor como "religião de Estado" e, particularmente, como religião oficial dos guerreiros.

No Japão, onde o senso da guerra era tão profundamente enraizado (como na Idade Média européia, sobretudo germânica e nórdica), uma religião que condenasse totalmente a guerra dificilmente se teria estabelecido. Além disso, o budismo, como se viu, não havia deixado de justificar, em certos casos, o uso das armas: da mesma forma no Tibete e também na China. O célebre monastério chinês de Shaolin, no qual a tradição situa a primeira formulação das artes marciais ainda hoje praticadas e, de modo especial, do kung fu, era um verdadeiro convento, onde, porém, o uso da violência era previsto em casos de agressão externa. Muitos monges japoneses seguiram esse exemplo: eram os *sohei*, os monges-guerreiros, que viviam, freqüentemente, em autênticos castelos fortificados, como no caso do convento de Honganji, perto de Osaka.

Esses *sohei*, pertencentes a diversos ramos do budismo, combatiam entre eles mesmos mais por interesses políticos e por rivalidades pessoais do que por motivos "espirituais". Não podemos, portanto, falar de uma verdadeira "teologia" da guerra. Podemos, talvez, falar de uma teologia da guerra no caso da doutrina confucionista, que também chegou ao Japão proveniente da China e teve um famoso representante em Yamaga Soko (1622-1685). Este, em seu *Shido* ("O caminho do guerreiro"), apresentou a função do samurai (ou *bushi*) como um dever religioso (o *svadharma* do hinduísmo), um dever ético e social; o *bushi* é aquele que tem a tarefa de combater para defender os pobres, a religião, a nação. Essa visão social e ética, típica do confucionismo, não foi, porém, o eixo central da espiritualidade guerreira japonesa, a qual encontrou no zen a sua verdadeira identidade e a religiosidade a si mais congênita.

Zen é a pronúncia japonesa da palavra chinesa *chan*, que, por sua vez, deriva do sânscrito *dhyana*, "meditação". O zen é uma forma de meditação budista que, deixando de lado técnicas, visualizações, recitações de mantras etc., tende ao essencial: a consciência do momento presente. Segundo uma tradição, o zen teria nascido quando, um dia, o Buda olhou uma flor e sorriu: o discípulo Kashyapa permaneceu em silêncio, mas havia compreendido. O quê? Que não havia nada a compreender, mas apenas observar aquela flor e sorrir. Isso era tudo. Kashyapa é considerado o primeiro dos grandes mestres do zen. "No nosso mundo superamos os infernos olhando as flores", disse um outro mestre zen.[22] Permanecer em meditação pode significar simplesmente sentir, no silêncio, a própria respiração, o ar que entra e que sai, ou ver as nuvens no céu que se adensam para produzir a chuva, ou ouvir os pássaros e o sibilo do vento:

> Tão detestados os corvos:
> que belos sobre a neve![23]

O que significa? Que aquele momento é a realidade, que aquele momento é único e não voltará mais; como escreve um mestre zen contemporâneo:

> Em geral pensa-se que seja um milagre caminhar sobre a água ou no ar. Eu acredito, ao contrário, que o verdadeiro milagre não seja caminhar sobre a água ou no ar, mas caminhar sobre a terra. Todos os dias participamos de um milagre do qual nem ao menos percebemos: o azul do céu, as nuvens brancas, as folhas verdes, os olhos negros e curiosos de uma criança, os nossos próprios olhos.[24]

A consciência do momento presente está, indubitavelmente, na base de toda a espiritualidade budista, junto à clara compreensão da impermanência e vacuidade de todas as coisas.

> Como o boiadeiro, munido de chicote,
> guia ao pasto a boiada.
> assim também a decadência e a morte
> guiam a vida dos seres.[25]

Se existe consciência, porém, a morte se extingue; ou melhor, se extingue o medo da morte, aquele medo que torna a morte terrível. Portanto, a consciência é chamada "extinção da morte" (*amata*).²⁶ A própria morte surge assim em sua verdadeira realidade, enquanto intrinsecamente conatural a qualquer coisa. Como também dizia o imperador Marco Aurélio, a morte *é* a natureza das coisas, é parte estrutural do cosmo e, assim, observá-la é como observar "uma rosa na primavera ou uma fruta no verão".²⁷

Vamos voltar agora, porém, aos samurais. Eles não eram monges, mas sua vida, como também sua espiritualidade, era inspirada pelo ideal monástico: levavam, com freqüência, uma vida pobre e ascética, semelhante àquela dos bandidos e dos eremitas. Escreve Daidoji (século XVII):

> Os cavaleiros nascidos em época de guerra civil estavam sempre no campo, sufocados em suas armaduras sob o céu ardente do verão e castigados no inverno pelas rajadas de vento gélido, encharcados pela chuva ou cobertos de neve, dormiam em brejos ou sobre as colinas, sem nenhum travesseiro a não ser o próprio braço coberto por uma manga de malha e sem comer ou beber nada além de arroz cru ou sopa salgada.²⁸

Essa familiaridade com a natureza, com os bosques, com a solidão dos montes, está presente na denominação daqueles homens, que eram chamados *yamabushi*, isto é, "guerreiros das montanhas", mais acostumados ao silêncio da lua entre as árvores do que às vozes humanas. Rei das Montanhas (*Sanno*) é o nome do deus xintoísta-budista que já nos séculos da Idade Média abençoava as represálias militares dos monges. Talvez a altitude dos cumes montanhosos favorecesse o distanciamento das agitações do mundo, a calma interior e o pensamento da impermanência de todas as coisas e da morte, morte para a qual o guerreiro devia estar pronto a cada dia. Lê-se em um antigo texto:

> A meditação sobre a certeza da morte deve ser praticada todos os dias. Toda manhã, em profundo recolhimento do corpo e da mente, deves imaginar-te feito em pedaços por flechas, tiros, lanças e espadas, ou ser tragado pelas ondas, encontrar-te em meio a um grande incêndio, ser atingido por um raio.²⁹

Nabeshima Naoshige (1538-1618) havia dito: "O caminho do samurai significa ser possuído pelo pensamento da morte [...]. É preciso pensar na morte até a loucura [...], deve-se considerar apenas a morte!".³⁰

É difícil dizer se essas palavras eram ditadas por genuína espiritualidade ou por algum "cálculo de conveniência": pensar continuamente na morte poderia ajudar o guerreiro a combater com maior coragem e, portanto, com mais eficácia, as batalhas armadas. A meditação em si poderia ajudar a pacificar a mente do soldado, eliminando suas hesitações, medos, reações instintivas que, na batalha, desfavoreceriam o resultado. É sabido que ainda hoje algumas empresas japonesas pagam aos seus dependentes sessões periódicas de meditação: o objetivo é claramente tornar as pessoas mais eficientes e produtivas. Esse objetivo utilitarista no uso das práticas e das doutrinas espirituais esteve certamente presente em muitos grandes mestres da tradição guerreira japonesa. É, no entanto, também certo que uma autêntica aspiração espiritual pulsava em quem via na própria espada o caminho para a iluminação interior. Nas artes marciais também é difícil dizer se os discursos filosóficos e a meditação são usados em função de um aprimoramento da tática de luta ou se, ao contrário, os movimentos do corpo, a espada, a luta sejam instrumentos para um caminho interior e para uma genuína busca de espiritualidade.

Talvez ambos os fatores movessem os grandes samurais e "filósofos da guerra", como Miyamoto Musashi (1584-1645) e Daidoji Yuzan Shigesuki (século XVII). O segundo escreveu uma obra intitulada *Código do samurai*, um dos primeiros tratados daquilo que depois será chamado de *bushido*, ou seja, o "caminho do guerreiro", onde "caminho" (*do*) tem o significado de caminho interior, de escolha de vida, e também de princípios éticos, um conceito caro à cultura nipônica até os nossos dias. É significativo que a ética do *bushido* e a missão sagrada do guerreiro tenham sido repropostas com vigor aos soldados japoneses durante a Segunda Guerra Mundial: muitos oficiais do exército, além disso, eram ex-samurais, cuja formação espiritual os convocava para um serviço incondicional ao imperador (considerado de ascendência divina), a ponto de sacrificar a própria vida por esse ideal essencialmente religioso; e não é casual que o próprio termo *kamikaze* signifique literalmente "vento dos deuses": é a aspiração à morte vivida em uma dimensão mística.

Daidoji retoma continuamente o tema da *meditatio mortis*:

> O samurai deve antes de tudo recordar, dia e noite, desde a manhã quando pega o pãozinho para tomar o café da manhã no primeiro dia do ano até a ceia do último dia do ano, quando presta suas contas anuais, o fato de que deve morrer. Este é o seu principal dever.[31]

Quanto a Miyamoto Musashi, ele é autor, entre outros, do célebre *O Livro dos cinco anéis**, um tratado de arte militar, que escreveu nos últimos dias de sua vida, quando vivia em uma gruta. Musashi era um especialista da esgrima; para ele, como para todo samurai, a espada era um objeto sagrado, o tesouro

---

* Texto compreendido no livro *Sábios Guerreiros* (Editora Claridade, 2004) em edição que, além deste *Um Livro de cinco anéis*, inclui também outros clássicos chineses e japoneses do pensamento sobre estratégia e artes marciais, como *A arte da guerra*, de Sun Tzu, *O livro de mestre Shang*, do general chinês Shang Yang e *Os primeiros passos do guerreiro*, escrito por Taira Shigesuke.

mais precioso do mundo. De resto, os próprios construtores de espada gozavam no Japão de uma particular veneração. Fabricar uma espada era uma cerimônia religiosa, uma meditação. Quando o ferreiro se preparava para seu sagrado trabalho, vestia a roupa cerimonial xintoísta. Como no caso da alquimia, trabalhar o ferro significava bem mais que produzir um objeto de uso: a espada simbolizava o espírito, a iluminação, o Vazio que é, de certo modo, o *nirvana* budista. Musashi sublinhou também o caráter específico da espada como arma da "proximidade", da intimidade dos olhares entre dois homens, dos quais um está destinado a ver nos olhos a morte do outro e quase a refletir-se naqueles olhos. Os olhares se tornam então mais penetrantes que a lâmina da espada. Musashi insiste em "fitar o adversário sustentando o olhar", "queimar com o olhar", "ler com os olhos a mente do outro"[32].

Takuan, monge zen (1573-1645), também expôs em suas obras a "espiritualidade" da espada:

> A mente não deve ser ocupada pela mão que desembainha a espada. Deve, ao contrário, atingir e traspassar o adversário esquecendo-se completamente da mão. O adversário deve ser semelhante ao Vazio. Nós somos o Vazio. A mão que empunha a espada, a própria espada, é o Vazio.[33]

Um poeta escrevia:

> Alguns acreditam que golpear seja golpear: mas golpear não é golpear, assim como matar não é matar. Quem golpeia e quem é golpeado não são mais que um sonho desprovido de realidade.[34]

E ainda Takuan:

> O espadachim perfeito não tem nenhuma percepção do ser pessoal do inimigo, nem de si próprio. É um espectador indiferente do drama fatal da vida e da morte em que ele mesmo é o participante mais ativo. A despeito do interesse que tem ou que deveria ter, ele está acima de si mesmo, transcende a compreensão dualística da situação; e, no entanto, não é um místico contemplativo, mas se encontra profundamente comprometido em um duelo mortal.[35]

Esse gênero de espiritualidade aplicado à guerra e em particular à arte de matar com a espada continua a ser apreciado ainda hoje por muitos mestres zen japoneses. Em primeiro plano está o nome de D.T. Suzuki, muito conhecido também no Ocidente. Ele afirma que "a esgrima, afinal, não é propriamente a arte de matar, mas consiste no disciplinar-se como ser mortal, espiritual e filosófico".[36] Em um texto explica que o espadachim

> não tem nenhum desejo de ferir, mas é o inimigo que surge diante dele tornando-se vítima; é como se a espada exercesse automaticamente a função de fazer justiça, que é ao mesmo tempo a função de ter misericórdia. É o mesmo gênero

de espada que se diz que Cristo tenha trazido entre nós: o seu propósito não era o de trazer a paz enfadonha acariciada por sentimentalismos.[37]

Como os cruzados, antes da batalha, assistiam à santa missa, também os samurais, antes de iniciar uma batalha, se reuniam para beber o chá: a cerimônia do chá é, ainda hoje, no Japão, um ritual sugestivo e quase sagrado, mais semelhante a uma sessão de meditação de que a um encontro entre amigos. Enquanto os outros samurais, com a espada ao flanco, estão sentados no chão do pagode, o mestre do chá, em pose solene e austera, como para a meditação, executa em silêncio o cerimonial: acende o pequeno fogo com carvão de madeira e coloca a água para ferver na chaleira. Durante essas ações se podia falar; mas talvez, antes da batalha, se ouvisse apenas o crepitar do fogo, o tênue sussurro da água em ebulição, o roçar leve das roupas provocado pelos movimentos do mestre do chá: "Esta é a essência do caminho do guerreiro: pensar na morte, de manhã e à noite, no silêncio e estando pronto para morrer a qualquer momento".[38] Saborear o chá quente que desce pela garganta, segurando a xícara com as duas mãos e sentindo a própria respiração, o ar que entra e que sai: talvez as últimas horas de vida para cada um deles. "Naquele momento, para ele beber o chá significa o fato total, o mundo inteiro".[39] Um grande general do século XVI havia escrito:

> Quem se agarra à vida morre, quem desafia a morte vive. A coisa essencial é a mente. Observa essa mente, toma conta dela sadiamente e compreenderás que existe Algo em ti que está acima do nascimento e da morte, algo que não afoga na água e não queima no fogo.[40]

Confucionismo e taoísmo

Em muitas culturas tradicionais a casta guerreira goza de particular prestígio. No Ocidente, por exemplo, essa era a casta da nobreza. No mundo islâmico os soldados são aqueles que levam a cabo (ou deveriam levar) o sagrado dever de defender o islamismo e de combater os infiéis. Quase em todos os lugares os reis são representados como militares de altíssima patente e o soberano tem sempre ao flanco uma espada. Na China, ao contrário, o prestígio social era ligado principalmente à cultura. As qualidades em que um príncipe deveria se aprimorar eram essencialmente a literatura, a filosofia, o refinamento artístico. A classe militar sempre foi vista na China com uma certa desconfiança e até mesmo com desprezo: os soldados são os ignorantes, grosseiros, que dão mais importância ao corpo do que à mente; são rancorosos, briguentos, violentos. A dignidade de um homem se julga, ao contrário, segundo a ética tradicional chinesa, na base de seu refinamento, erudição e delicadeza. O modelo semítico e ocidental do homem forte e viril é aqui substituído pelo cortesão gracioso. A ausência de virilidade não era considerada tão degradante, mesmo no caso "concreto" dos eunucos, quanto a falta de cultura literária e de sensibilidade poética.

Os altos dignitários chineses e mesmo os imperadores são representados com freqüência em vestes luxuosas e macias, mas raramente portam armas e armaduras. Percebe-se uma efeminação que remete às cortes barrocas da Europa, em contraste com o espírito austero, guerreiro e rigoroso da Idade Média européia.

Se a isso se acrescentar a escassa religiosidade dos chineses, mais voltados a preocupações morais e a práticas rituais que com uma séria consideração da divindade e do transcendente, compreender-se-á facilmente que a idéia de guerra santa é bastante estranha ao mundo chinês. Existem antigos tratados de arte militar, como o *Bingfa* ("Código militar") de Sunzi (século IV a.C.), mas com caráter estritamente prático-estratégico e é quase totalmente ausente uma perspectiva religiosa ou sagrada. Confúcio, cujo ensinamento permeará toda a história chinesa, a tal ponto que "confucionismo" se tornará sinônimo da cultura clássica chinesa, não fala praticamente nunca de guerra e menos ainda de guerra santa.

O outro pilar da filosofia, da ética e da mentalidade chinesa, Lao Tsé, considerado o fundador do taoísmo, que viveu, como Confúcio, no século VI a.C., é também completamente indiferente ao espírito guerreiro, visto somente como expressão de violência, discórdia e ignorância:

> [O Sábio] não luta; por isso, ninguém no mundo pode lutar contra ele [...]. Hoje se despreza a mansidão, em nome da coragem [...]. É o fim! De fato só aquele que combate por meio da mansidão triunfa [...]. Um bom chefe de soldados não é beligerante. Um bom guerreiro não é colérico. Um bom vencedor não discute com seus adversários. Um bom patrão de homens se coloca abaixo deles. É isto que se chama a virtude do não lutar.[41]

Por isso, "as armas são instrumentos de desgraça e não instrumentos do homem nobre".[42]

Um caso singular é aquele do célebre pensador Mozi, do século V a.C., que se colocou em desacordo com Confúcio e elaborou uma filosofia que depois foi banida do pensamento "ortodoxo" chinês. Em primeiro lugar Mozi sublinha a dimensão religiosa da existência e afirma explicitamente que todo julgamento e toda opinião "deve se apoiar na vontade do Céu, dos Espíritos e dos antigos santos reis".[43] Em conexão com sua inclinação mística, Mozi se dedicou profundamente aos estudos bélicos e criou uma espécie de milícia de cavalaria, cujos objetivos não são, porém, bem conhecidos. Sabemos que seus membros eram armados e que abraçavam idéias religiosas e morais de seu mestre, idéias que eram bastante "pacifistas", pois se baseavam na prática do amor universal e da não-agressão entre os Estados. Mozi permanece até hoje para nós, em síntese, como uma figura muito enigmática.

Se quisermos encontrar na cultura chinesa algo que poderíamos definir como "espírito de guerra santa", devemos nos voltar à mais remota antigüidade, quando dominava uma concepção da divindade muito semelhante à bíblica, como testemunha o seguinte trecho, colhido do *Livro dos Documentos* (*Shujing*, redigido durante o primeiro milênio antes de Cristo). Trata-se da declaração de guerra do rei Qi (século XXII a.C.). Percebe-se o tom profundamente religioso das suas palavras e a clara dimensão sacra da sua guerra:

> Em vista da grande batalha em Gan, o soberano convocou os seis generais, comandantes das seis divisões do exército. O Rei disse: "Atenção, oficiais e soldados das seis divisões! Eu comunico meu juramento. O senhor You Hu pisa sobre os Cinco Elementos Cósmicos e abandona as Três Regras, por isso o Céu quer eliminá-lo. E eu agora coloco respeitosamente em execução a sentença do Céu [...]. Quem quiser cumprir a minha ordem, será premiado no templo dos antepassados. Quem, ao contrário, se recusar a executar minha ordem, será morto sobre o altar do Deus dos Cereais. E não apenas: matarei também todos os filhos e todos os netos do culpado".[44]

Em um outro trecho o rei Tang (século XVIII a.C.) usa palavras análogas para exortar os seus a uma guerra santa contra os ímpios xia: "Os xia são culpados, eu temo o Deus Supremo [*Shàng Dì*] e não ouso não os atacar [...]. Espero que queiram me ajudar, para executar a punição do Céu".[45] A morte de Qi e Tang foi também a morte de uma grandiosa espiritualidade guerreira que não terá mais imitadores na história chinesa, com exceção da milícia que foi ativa na China no ano de 1900, pouco antes da queda do império.

Talvez seja apenas uma coincidência, mas é verdadeiramente notável que também na China, como no mundo indiano, hebraico e islâmico, a antiga idéia de guerra santa, por tantos séculos abandonada e suplantada por uma mentalidade mais branda e menos religiosa, tenha reaparecido nos nossos tempos, para reafirmar com o sangue e com o espírito uma dimensão "forte" da existência.

De 1875 a 1908 reinou na China, na qualidade de regente, a imperatriz-mãe Tz'u-Hsi (Ci Xi), a última grande estrela da China antiga. De fato, apesar de suas hesitações políticas, ela sempre tentou defender com todas as forças a ordem tradicional da sociedade e da cultura chinesa. Algumas vezes teve de se dobrar às potências européias que devoravam (ideológica e militarmente) a China, mas Tz'u-Hsi deixou claro o caráter cósmico e espiritual da guerra que se consumava: não podia haver compromissos. Era uma guerra entre o mundo moderno, revolucionário, dominado pelo valor do dinheiro e dos interesses materiais, e o mundo tradicional, fundado sobre princípios religiosos, éticos e "metafísicos". Ela escreveu em 1899:

> O nosso Império se encontra agora em grandes dificuldades, que se tornam mais graves a cada dia. As várias potências (européias) nos observam com olhos vorazes como de tigre, e lutam entre elas na tentativa de ser as primeiras a se apoderar dos nossos territórios mais internos. Acreditam que a China, sem dinheiro e soldados, nunca ousará guerrear contra elas. Não conseguem compreender que há certas coisas com as quais este Império não poderá jamais consentir![46]

São palavras solenes, que não depositavam confiança no fraco exército chinês nem na frágil riqueza econômica do país, mas apenas no orgulho de pertencer a uma civilização milenar e na vontade incondicional de defender até o fim os valores da tradição. Em 21 de junho de 1900 a imperatriz declarou guerra à Grã-Bretanha, Estados Unidos, França, Alemanha, Itália, Áustria, Bélgica, Holanda e Japão, isto é, contra todo o mundo moderno. "Nunca a palavra 'paz' deverá sair da boca de nossos funcionários", havia escrito.[47]

O braço armado de Tz'u-Hsi foi a chamada milícia dos *boxers*: não eram militares de profissão, mas jovens de ardoroso zelo, dispostos a combater até a morte para defender "a Grande Pura Dinastia e exterminar os bárbaros".

Os *boxers* eram em sua maioria pessoas ignorantes e pobres, principalmente camponeses, por isso mais ligados à terra e às tradições ancestrais. Para eles, a luta contra os inimigos da Sacra Casa Imperial e da tradição era verdadeiramente uma guerra santa. O caráter religioso de sua forma de agir salta continuamente aos olhos: "A conduta escandalosa dos cristãos e dos bárbaros irrita os nossos deuses e espíritos: esta é a razão pela qual nos mandam tantos flagelos. As estradas e os trens perturbam o Dragão da Terra", lê-se em um boletim que os *boxers* distribuíam às multidões.[48] A tecnologia importada dos europeus era vista como um atentado à Harmonia divina da natureza; referindo-se à água ferruginosa que pingava dos cabos telegráficos oxidados, o mesmo boletim assinalava: "O líquido vermelho que goteja continuamente da serpente de ferro não é senão o sangue dos espíritos do ar ultrajados". O próprio nome chinês dos *boxers* é significativo: Punhos da Justa Harmonia Cósmica. Sua guerra é total: tratava-se de fazer todo o possível para que o império não fosse abatido e, com ele, todo um mundo milenar. A violência dos *boxers* era, por causa disso, bastante feroz: "As igrejas devem ser incendiadas sem hesitação", diziam[49], e matavam os estrangeiros e destruíam as ferrovias, símbolo da modernização. Depois de muitas incertezas, Tz'u-Hsi decidiu finalmente, em junho de 1900, dar o seu pleno apoio e a sua sagrada bênção imperial aos *boxers* e designou como seu chefe o príncipe Tuan. O povo e a hierarquia estavam, dessa forma, aliados contra o inimigo comum. Tratava-se de uma guerra sem acordos: "Se cruzarmos os braços e nos rendermos", declarou a imperatriz na assembléia de 17 de junho, "jamais terei a coragem de olhar os antepassados no rosto, depois de minha morte"[50] Depois, citando o antigo *Livro das Odes*, disse: "Exterminemo-los todos antes do almoço!"[51]. Apesar da fé irredutível e do grandioso eflúvio religioso de Tz'u-Hsi, os guerreiros de turbantes vermelhos que eram os *boxers*, com seu olhar místico sobre a realidade e suas pesadas e velhas espadas e seus pequenos canhões enferrujados, foram superados pela tecnologia dos exércitos ocidentais. A China foi derrotada e o império, abatido.

Maias e astecas

Talvez em nenhuma outra cultura se tenha criado uma conexão tão estreita e total entre a guerra e a religião, entre o matar e o sagrado, como no México pré-colombiano. Também na América do Sul, assim como entre muitos povos considerados primitivos, existia uma sacralização do matar e o sangue, ofertado ou bebido, se tornava um símbolo do vínculo entre a morte e a vida. Por exemplo, entre os tupinambás do Brasil, encontrados pelos europeus no século XVI, era hábito deflagrar guerras rituais, nas quais o objetivo primário era a captura de prisioneiros: esses eram destinados a ser sacrificados, mas antes, durante meses ou até por anos, eram acolhidos nas tribos dos vencedores, viviam com eles, casavam-se; até que chegava o dia solene. O prisioneiro era então pintado de preto e, entre danças sagradas, cozido e devorado.

Os testemunhos mais numerosos e detalhados que permaneceram entre nós se referem, no entanto, aos maias e astecas. Os primeiros eram um povo de origens muito antigas, já presente na região do Yucatán no primeiro milênio antes de Cristo. No século X d.C. os maias sofreram a invasão dos toltecas, população destacadamente guerreira, que introduziu entre os maias o uso regular de sacrifícios humanos e de guerras rituais. Quando, no início do século XVI, chegaram os espanhóis, os maias despontavam como uma civilização extremamente evoluída: conheciam a escrita, possuíam bibliotecas com textos de literatura, filosofia, cosmologia, matemática, astronomia e sua religião era elaborada de maneira rigorosa e complexa. Por isso, não podemos falar deles, nem dos astecas, como povos "primitivos". Também sua mística da guerra, portanto, não deve ser vista como um ancestral hábito tribal, mas como resultado de uma precisa teologia.

A ESPIRITUALIDADE GUERREIRA EM OUTRAS CULTURAS E RELIGIÕES

No tempo da conquista espanhola, grande parte do território mexicano era dominado pelos "mexica", ou seja, pelos astecas, tribo que havia se assentado naquele território há apenas duzentos anos, dando vida a um grande e poderoso império. Possuímos dos astecas, assim como dos maias, além dos testemunhos dos conquistadores espanhóis, escritos originais em suas línguas que nos permitem formar uma idéia bastante clara de sua cultura e religião.

Um primeiro traço característico do México pré-colombiano é a onipresença da Morte, representada e evocada em todo lugar, sempre iminente: a lírica asteca é permeada pelo sentimento da precariedade de todas as coisas. Um contraste perpétuo é evidenciado entre a beleza da vida, das flores, dos pássaros, do amor, e o fim, a morte, a destruição.

> Eu choro e me aflijo, pensando que deveremos abandonar
> as belas flores e os belos cantos. Gozemos! Cantemos!
> Mas desapareceremos, sumiremos juntos dele [Deus].
> Quem de vocês, amigos, não sabe? Sofre o meu coração e dói,
> pois não se renascerá uma segunda vez:
> só uma vez se passa sobre esta terra!
>
> Onde é minha pátria, a minha casa que não perece?
>
> Deverei abandonar as belas flores,
> deverei atracar no Lugar do Desconhecido[52].
> Apenas um dia, e partimos,
> só uma noite, e somos da morte[53].
> Ó Tu que nos és vizinho,
>
> aos teus olhos somos como flores,
> nós, teus amigos, flores que murcham.
>
> Como pedras preciosas nos despedaças, como palavras escritas nos cancelas.
> Todos chegamos à Casa da Morte, ao lugar onde desapareceremos.
> O que somos nós para ti, ó Deus, nós homens mortais,
> vindos para morrer? Para onde vamos?
> Eis, por isso eu choro.[54]

Nos códigos pictográficos astecas vêem-se inúmeras figuras da Morte, que devora as crianças, que devora os homens, que está em todo lugar. Uma grande cidade mexicana, célebre, entre outros, por seu refinamento de vida e por sua riqueza, se chamava Mictlan, que quer dizer "Lugar da Morte", para recordar que todo prazer terreno é destinado a morrer. Os maias tinham o hábito de cozinhar a cabeça de seus mortos, pintá-las em maneira a restituir-lhes uma aparência de vida, e colocá-las nas casas como eterno e terrificante *memento mori*.

Junto ao pensamento obsessivo da morte, existia um hábito de contínua mortificação corporal. O bispo Diego de Landa, em sua *Relação das coisas do Yucatán*, conta que "faziam sacrifício com seu próprio sangue, cortando-se, de vez em quando, as orelhas, e deixavam-nas assim, em pedaços, como sinal. Outras vezes furavam as bochechas ou o lábio inferior; ou imolavam partes de seu corpo; outras vezes furavam obliquamente a língua, de lado a lado, e através dos furos faziam passar lascas de madeira, com imensa dor"[55]. Os testemunhos escritos e pictóricos e as esculturas são unânimes em revelar esta quase macabra sede de autoflagelação. Até mesmo no meio da noite os sacerdotes astecas soavam uma espécie de sino para acordar os habitantes e convidá-los a recordar a vaidade das alegrias terrenas e o espectro da dor; eles colocavam dolorosos espinhos nas orelhas, na língua e em outros lugares, até sangrar. Era uma prática de devoção bastante difundida, semelhante em certo sentido à *via crucis*, às flagelações e ao uso do cilício pelos cristãos.

Os sacerdotes resumiam em si todos os traços peculiares da espiritualidade asteca: vestiam uma longa túnica negra, ornada com caveiras humanas, e usavam cabelos longos, perpetuamente sujos com sangue humano. A religião do México pré-colombiano tem verdadeiramente algo de assustador, de obsessivo, de quase desumano. Quando um homem era escolhido para o sacrifício, os sacerdotes vestiam-no com roupas de festa, embelezavam-no e mandavam-no passear pela cidade, por quarenta dias, a dançar e cantar alegremente; as pessoas lhe ofereciam comidas refinadas e lhe colocavam no pescoço ornamentos de rosas. Dois velhos sacerdotes o seguiam secretamente e de vez em quando apareciam diante dele e, se notavam que seu rosto não estava alegre ou que seus olhos exibiam terror, lhe mostravam as facas do sacrifício e lhe davam cacau para beber, misturado com o sangue que restou nas lâminas dos sacrifícios precedentes. Assim, a vítima era exortada e "obrigada" a estar alegre. Quando chegava o quadragésimo dia, os sacerdotes levavam-no ao templo, estendiam-no sobre o altar e com um punhal de pedra arrancavam-lhe o coração ainda vivo; o corpo era então solto para rolar abaixo pelas longas escadarias do templo.

Os sacrifícios humanos tinham o mesmo objetivo que os sacrifícios animais (ou humanos) da Bíblia: oferecer à divindade aquilo que temos de mais precioso, de mais belo, como disse Deus a Abraão: "Toma teu filho, teu único filho, que tanto amas, Isaac, e vai à região de Mória e lá oferecê-lo-ás em holocausto sobre um dos montes que te indicarei". Abraão obedeceu, "estendeu a mão e pegou a faca para sacrificar o filho". Então Deus lhe disse: "Agora sei que verdadeiramente temes a Deus, pois não me recusaste teu filho, teu filho único" (Gn 22,2.12).

O grande deus dos astecas, Huitzilopochtli, deus do Sol e da Guerra, pedia a cada dia sacrifícios humanos; caso contrário, havia o risco, sério, temido, terrível, que no dia seguinte o sol não mais nasceria e a humanidade inteira se apagaria. Os sacrifícios podiam contar com um grande número de vítimas em um único dia. É claro, portanto, que os astecas tinham necessidade de procurar homens para imolar e conseguiam isso fazendo prisioneiros de guerra. A guerra se tornava assim, em geral, um dever religioso, desejado, ordenado e abençoado pelos sumos sacerdotes e pelo deus Huitzilopochtli. "A guerra, como uma flor, dá alegria a Deus", recita um hino mexicano.[56] Era crença, além disso, que quem morresse em guerra subiria imediatamente ao paraíso de Tlaloc, reservado aos "mártires". Como em todas as religiões, portanto, ir à guerra significava não apenas ir para matar, mas também e sobretudo ir de encontro à própria morte.

Nada equivale à morte em guerra,
nada é como a morte florida:
a ama o Senhor da vida
e o meu coração anseia por olhá-la nos olhos!

O meu coração se inebriou desta flor,
se agarra a ela, aqui sobre a terra; estou embriagado com a flor da guerra!

No Céu eu me inebrio com a flor da guerra. [57]

E ainda:

Tilintam os guizos [em batalha], sobe a poeira:
é alegria para o Senhor da vida.
Desabrocham as flores dos escudos, o terror irradia-se, a terra treme.
Então aqui, em meio à planície, se colhem estas flores.

Sobe a poeira e se contorce no ar,
como flores de guerra e de morte,
ou chefes e príncipes *chichimechi*!
Não te desencorajes, meu coração: ali no meio da planície
vou procurar a morte através da espada.
Apenas pela morte em guerra anseiam os nossos corações![58]

A função principal dos sacerdotes e, portanto, a ação sacra por excelência, era fazer guerra e matar (nos sacrifícios no templo). Não é casual que o próprio rei dos astecas era ao mesmo tempo sumo sacerdote e guerreiro.

Desde os primeiros anos de vida, as crianças astecas eram exortadas a combater, assim que se tornassem adultas, a guerra santa para obter oferendas para o seu Deus. Dizia-se a elas também, no entanto (como testemunham relatos que chegaram até nós), que considerassem uma grande honra se fossem sacrificadas elas mesmas e que se preparassem para ir de encontro à morte oferecendo o próprio coração e o próprio sangue no altar de Deus. De resto, a própria vida religiosa cotidiana lhes induzia a pensar dessa forma. Os sacerdotes não apenas sacrificavam, mas cumpriam atos rituais destinados a tornar sempre mais "vizinha" a Morte, quase a ponto de se sentir seu odor. Com freqüência tiravam a pele das vítimas e se vestiam com ela, dançando assim por todo o dia. Era "a festa dos esfolados, em sua língua, Tlacaxipevaliztli"[59]. Os guerreiros maias também costumavam usar peles humanas ou peles de jaguar ao partir para as batalhas e seus elmos às vezes eram constituídos por crânios de animais.

A religiosidade mexicana parece-nos bastante repugnante. Porém os altares de sacrifício em pedra, até hoje nos mesmos lugares, não mais banhados de sangue humano há quase quinhentos anos, ainda nos falam; no silêncio daqueles locais que agora são sítios arqueológicos e turísticos, aquelas pedras antigas nos falam ainda de uma espiritualidade que tentou penetrar nos enigmas da existência humana e de apreender o sentido desta nossa vida sem se deter diante do terror da morte, do sangue e dos olhos arregalados da vítima de um sacrifício.

NOTAS

Premissa

[1] Oriana Fallaci, *La rabbia e l'orgoglio*, Milão, Rizzoli, 2001, p. 91.
[2] G. Biffi, Nota Pastoral *Christus hodie*, Bolonha, Centro Editoriale Dehoniano, 1995, pp. 20-22.
[3] Bernardo de Claraval, *Epistolae*, LXX.
[4] Cit. em C. Cook Williams, *The Mental Foxhole: The Vietnam Veteran's Search for Meaning*, em "American Journal of Orthopsychiatry", a. LIII, n. 1, janeiro de 1983, p. 4.
[5] João Crisóstomo, *De non iterando coniugio*, I.
[6] N.B. Piccioni, *Lettere*, 4 de outubro de 2001 (coletânea inédita).

História e filosofia da violência no cristianismo

[1] G. Marra, *Tendenze del mondo cattolico sul tema della pace e della guerra*, conferência realizada em 20 de janeiro de 1992 no Centro Alti Studi per la Difesa, cit. em E. Cavaterra, *Sacerdoti in grigioverde*, Milão, Mursia, 1993, p. 245.
[1a] *Concilio Vaticano II*, Gaudium et spes, n. 83.
[2] Cfr. também Jo 18,10-11.
[3] Cfr. Lc 3,14; 7,1-9 etc.
[4] Cfr. também a parábola dos convidados (Lc 14,16-23) e a parábola das minas (Lc 19,12-27).
[5] Cfr. Is 8,13; Jr 50,25.
[6] Ex 17,16; cfr. 1Sm 18,17 e Nm 21,14.
[7] O texto hebraico diz "*qaddeshu milkhamã*", literalmente "santifiquem a guerra".
[8] Cfr. Gn 14.
[9] Cfr. Jz 4,14-16.
[10] Cfr. 2Sm 5,23-24.
[11] Cfr. Js 8;11,10-12. Cfr. Nm 21,3.
[12] Cfr. Dt 12,2-3 e 13,13-17.
[13] Cfr. Nm 31, e 1Sm 15.
[14] Cfr. Ex 17,8-16.
[15] Cfr. Dt 20,1-4.
[16] Cfr. Js 11,15.
[17] Cfr. Est 9.
[18] Cfr. Sl 34,1-3.
[19] Cfr. Is 34,2-6; e Sofonias, Naum etc.

[19a] Desses livros, apenas três são considerados canônicos pela Igreja Ortodoxa, dois pela Igreja Católica e nenhum pelos protestantes.
[20] Cfr. Ez 38-39.
[20a] *Catechismo della Chiesa cattolica* (ed. 1997), n. 61.
[21] Cfr. Rm 13,12.
[22] Lattanzio, *Divinae institutiones*, V, 20.
[22a] *Ad Diognetum*, VII, 4; cfr. Irineu, *Adversus haereses*, IV, 37, 1; Clemente de Alexandria, *Quis dives salvetur*, X, 2; XXI, 2; Hipólito, *Refutatio omnium haeresium*, X, 33, 13; Tertuliano, *Ad Scapulam*, II, 2; etc.
[22b] Tertuliano, *De idololatria*, XIX, 3.
[22c] Eusébio de Cesarea, *Historia ecclesiastica*, VII, 15.
[22d] Clemente de Alexandria, *Paedagogus*, III, 54, 2; *Protrepticus*, CXVI, 2.
[22e] Orígines, *Contra Celsum*, III, 8.
[22f] *Ad Diognetum*, V, 5.
[22g] Cfr. *Concilio di Nicea I*, can. XII; *Concilio di Calcedonia*, can. VII.
[23] Cfr. Orígines, *Contra Celsum*, VIII, 73.
[23a] Tertuliano, *Apologeticum*, XXXVII, 5.
[23b] Plinio o Jovem, *Epistolae*, X, 96, 3.
[23c] Eusébio de Cesarea, *Demonstratio evangelica*, VII, 1.
[24] Atanásio, Carta *Panta men kalà* a Amun.
[25] G. Firmico Materno, *De errore profanarum religionum*, XXIX, 1.
[25a] Gregório de Nazianzo, *Orationes*, II, 82.
[25b] Eusébio de Cesarea, *Demonstratio evangelica*, I, 8.
[25c] Basílio o Grande, *Reguale morales*, LXXIX.
[25d] Cfr. *Codex Theodosianus*, XVI, 10, 2-6.
[25e] *Codex Theodosianus*, XVI, 1, 2.
[25f] Ivi, XVI, 10, 16.
[25g] Cfr. *Codex Iustiniani*, I, 11, 10.
[25h] Cfr. Ambrósio, *Epistolae*, XL: "Fui eu que pus fogo naquela sinagoga! Sim, porque na verdade fui eu que os ordenei incendiá-la, para que não exista lugar algum em que Cristo seja negado!". Contrário a semelhante intolerância foi, por sua vez, o intelectual "humanista" Cassiodoro (†570 ca.): cfr. *Variae*, II, 27.
[25i] Libânio, *Pro templis*.
[25j] Ivi, VIII-IX.
[25k] Cfr. Sulpicio Severo, *Vita sancti Martini*, XIII.
[25l] Teodoreto de Ciro, *Historia ecclesiastica*, V, 29.
[26] Jerônimo, *Commentaria in Isaiam prophetam*, V, 13.
[27] Id., *Commentaria in Naum*, I, 9.
[28] Agostinho, *De civitate Dei*, I, 1, e IV, 17.
[29] Id., *Epistolae*, XCIII.
[30] Id., *Epistolae*, CLXXXV (*De correctione Donatistarum*).
[31] Id., *Epistolae*, CLXXIII.
[31a] Leão I Magno, *Sermones*, XCV, 9.
[32] Agostinho, *Epistolae*, CLXXXIX.
[33] R. Lullo, *Libro de la Orden de Caballería*, II, 35.
[34] Ivi, II, 34.
[35] Damásio I, *Opera apocrypha: Epistolae*, II, cit. em *Concilio Lateranense IV*, Constituição *Ad liberandam*.
[36] Agostinho, *Epistolae*, CLXXXV.

NOTAS 189

[37] Id., *Enarrationes in psalmos*, XXXIV, v. 23.
[38] Id., *Epistolae*, CLXVII.
[38a] João Crisóstomo, *De inani gloria et de educandis liberis*, XXX.
[38b] Cfr. *Concilio di Agde*, can. XXXVIII; *Concilio di Tours del 567*, can. XX; Agostinho, *Epistolae*, CXXXIII; Gregório Magno, *Epistolae*, IX, 65; etc.
[38c] Benedito de Norcia, *Regula*, XXVIII.
[39] Agostinho, *Contra epistolam Parmeniani*, II, 1.
[40] Agostinho (atribuído a), *Sermo de generalitate eleemosynarum*, cit. em *Corpus iuris canonici*, Decretum Gratiani, II, 23, quaestio IV, caput 35.
[41] Agostinho, *Contra litteras Petiliani*, II, 7.
[42] Pelágio I, *Epistolae*, II.
[43] Agostinho, *De civitate Dei*, I, 21.
[44] Id., *Epistolae*, CXXXVIII, 1, 13.
[45] Cfr. Id., *Contra Faustum*, XXII, 76.
[46] Gregório I Magno, *Epistolae*, XI, 64, Resp. 3.
[47] Agostinho, *De catechizandis rudibus*, XV, 13.
[48] Gregório I Magno, *Homiliae in Evangelia*, II, 34, 2. Cfr. também *Epistolae*, XI, 46.
[49] Id., *Epistolae*, I, 74.
[50] Cfr. Agostinho, *Contra Faustum*, XXII, 74.
[51] Id., *Quaestiones in Heptateuchum*, VI, 10.
[52] Id., *Epistolae*, CLXXXIX.
[52a] Cipriano, *Ad Donatum*, X.
[52b] Latâncio, *Divinae institutiones*, VI, 20.
[52c] Id., *Epitome*, LVI, 4.
[52d] Cfr. Agostinho, *Epistolae*, CLIII.
[52e] Cfr. Basílio o Grande, *Epistolae*, CLXXXVIII; *Regulae morales*, LXXIX.
[52f] Id., *Regulae morales*, XLIX.
[52g] Cfr. Ambrósio, *De officiis*, I, 36
[53] Carlos Magno, Carta *Perlectis excellentiae* ao papa Leão III.
[54] Id., Carta *Notum sit* a Fulrado.
[55] *Chanson de Roland*, estrofe CCXCVI.
[56] Nicolau I, Responso *Ad consulta vestra*, XLI.
[57] Alexandre II, Carta *Licet ex devotionis*.
[58] Agostinho, *De fide et operibus*, V, 7.
[59] *Corpus juris canonici*, Decretum Gratiani, II, 23, quaestio IV, caput 18.
[60] Pedro Damião, *Epistolae*, VII, 3.
[61] Manegoldo de Lautenbach, *Ad Gebehardum*, XL.
[62] Urbano II, *Epistolae*, CXXII (*Excommunicatorum interfectoribus*).
[63] Id., *Orationes in Concilio Claromontano habitae*, I (segundo o texto contido em *P.L.* CLI, 567).
[64] Guiberto de Nogent, *Gesta Dei per Francos*, I, 1.
[65] Cfr. Bernardo de Claraval, *De consideratione*, IV, 3.
[66] Id., *Liber ad milites Templi de laude novae militiae*, Prólogo.
[67] Id., *Epistolae extra corpus*, CDLVIII.
[68] Id., *Epistolae,CCCLXIII*, 4.
[69] *Teutonicorum Equitum Ordinis Regula Antiqua*, XXII ("De his que ad miliciam pertinent").
[70] Ivi, Prólogo, cap. III.
[71] Bernardo de Claraval, *Epistolae extra corpus*, CDLVII.

[72] Inocêncio III, *Epistolae*, XII, 103.
[73] Leão X, Bula *Exsurge Domine*, n. 33.
[74] *Concilio Lateranense III*, can. XXVII. (Destaque em itálico meu).
[75] *Concilio Lateranense IV*, Constituição *Excommunicamus*.
[76] Cfr. *Concilio di Lione I*, Constituições 3, 4 e 5; *Concilio di Lione II*, Constituição 1.
[77] J. de Joinville, *Histoire de Saint Louis*, XI.
[78] G. de Beaulieu, *Vita et sancta conversatio piae memoriae Ludovici*, XVIII.
[79] J. Le Goff, *San Luigi*, Turim, Einaudi, 1999, p. 741.
[80] Cit. em E. Cavaterra, op. cit., p. 71.
[81] Cit. em *ibidem*.
[82] Tomás de Aquino, *Summa theologiae*, II-II, 64,2.
[83] Ivi, II-II, 11,3.
[84] Ivi, II-II, 40,1.
[85] *Ibidem*.
[86] Ivi, II-II, 10,8.
[87] Ivi, II-II, 188,3 (Cfr. Sl 81, 4).
[88] Cfr. por exemplo *Lettere* CXXXI, CCXVIII, CCLVI, CCLVII, etc.
[89] Humberto de Romans, *Opus tripartitum*, cit. em J. Riley-Smith, *Breve storia delle crociate*, Milão, Mondadori, 1994, p. 331.
[90] M. Lutero, Carta a Johann Rühel (30 de maio de 1525).
[91] Id., *Wider die rauberischen Rotten und mörderischen der Bauern*.
[92] Id., Carta a Johann Rühel, cit.
[93] Id., *Wider die rauberischen...*, cit.
[94] *Pontificale Romanum* (ed. 1848), De benedictione et traditione vexilli bellici.
[95] Pio V, Carta a Carlo IX (28 de março de 1569).
[96] Cfr. R. Bellarmino, *Disputationes de controversiis Christianae religionis*, II, 3, cap. 14 e 15.
[97] Ivi, cap. 18.
[98] Ivi, cap. 21.
[99] Ivi, cap. 14.
[100] Ivi, cap. 21.
[101] Ivi, cap. 13.
[102] Ivi, cap. 14.
[103] Teresa de Lisieux, *Manuscrits autobiographiques*, B, n. 251 ; *Poésies : Mes armes* (1897); *Derniers entretiens* (4 de agosto de 1897).
[104] Pio IX, *Syllabus*, n. 24.
[105] P. Scavini, *Theologia moralis universa*, Milão, Ernesto Oliva, 1874, livro IV, p. 415.
[106] Editado em G.C. Bascapè, *L'Ordine Sovrano di Malta e gli Ordini equestri della Chiesa*, Milão, Ceschina, 1990, pp. 201 e seguintes.
[107] *Costituzioni del Sovrano Militare Ordine Gerosolimitano di Malta* (1936), editadas em G.C. Bascapè, op. cit., pp. 49 e seguintes.
[108] Ivi, p. 50.
[109] Sermão de E.W. Brereton, em "John Bull", 10 de julho de 1915, cit. em J. Bourke, *Le seduzioni della guerra*, Roma, Carocci, 2001, p. 258.
[110] Cit. em J. Bourke, op. cit., p. 256.
[111] G. Stewart - H.B. Knight, *The Practice of Friendship*, Nova York, s.e., 1918, pp. 22-24.
[112] E.I. Bosworth, *The Christian Witness in War*, Nova York, s.e., 1918, pp. 8-10.
[113] R. Coope, *Shall I Fight? An Essay in War, Peace, and the Individual*, Londres, s.e., 1935, p. 16.

¹¹⁴ H. E Fosdick - W. Temple, *The Challenge of the Present Crisis*, Nova York, s.e., 1917, pp. 38-39.
¹¹⁵ Bernardo de Claraval, *Liber ad milites Templi*, I, 2.
¹¹⁶ A. Ottaviani, *Institutiones iuris publici ecclesiastici*, Cidade do Vaticano, Typis Poliglottis Vaticanis, 1958, vol. I, pp. 301-302.
¹¹⁷ Ivi, p. 275.
¹¹⁸ *Concilio Vaticano II*, Dignitatis humanae, n. 2.
¹¹⁹ Ivi, Gaudium et spes, n. 78.
¹²⁰ Ivi, Dignitatis humanae, n. 7.
¹²¹ João Paulo II, *Discorso di Heldenplatz* (Viena, 10 de setembro de 1983), cit. em L. Accattoli, *Quando il papa chiede perdono*, Milão, Mondadori, 1997, p. 115.
¹²² Id., *Discorso alla Città Militare della Cecchignola in Roma* (21 de abril de 1989), cit. em E. Cavaterra, op. cit., p. 186.
¹²³ Ivi, p. 185.
¹²⁴ João Paulo II, *Discorso alla terza conferenza internazionale e interconfessionale dei Cappellani Militari dell'Europa e del Nord America* (6 de fevereiro de 1992), em E. Cavaterra, op. cit., p. 183.
¹²⁵ Id., *Discorso alla Scuola Alpini di Aosta* (7 de setembro de 1986), em E. Cavaterra, op. cit., p. 184.
¹²⁶ *Istruzione del Ministero della Guerra* de 9 de março de 1915.
¹²⁷ Cfr. E. Cavaterra, op. cit., pp. 245-254.
¹²⁸ Cfr. ivi, p. 8.
¹²⁹ Cfr. *Catechismo della Chiesa Cattolica* (ed. 1997), n. 2266.
¹³⁰ Ivi, n. 2310.
¹³¹ *Statuto del Sacro Militare Ordine Costantiniano di San Giorgio* (ed. 1982), I.
¹³² Cfr. G. Zizola, *A guardia del passato*, em «Rocca», Assis, Pro Civitate Christiana, 1 de junho de 1998, p. 48.
¹³³ Cfr. G. Vannoni, *Prefazione* a Tomás de Aquino, *La politica dei principi cristiani*, Siena, Cantagalli, 1981.
¹³³ᵃ A palavra grega "*lochos*" significa "preparar emboscada, cilada", e, portanto, "*lochites*", mais que "combatente" ou "soldado", poderia ser traduzido como "terrorista" (sem qualquer conotação negativa).
¹³³ᵇ *Prosevchì Ierolochitòn* (1821), em: *Prosevchitarion*, Atenas, Zoi, 1992, p. 213.
¹³⁴ Igreja Ortodoxa russa, *I fondamenti della concezione sociale*, em «Il Regno», Bolonha, Centro Editoriale Dehoniano, suplemento do n.1, 1 de janeiro de 2001, p. 24.

História e filosofia da violência no islamismo

¹ A tradução italiana das citações corânicas foi retirada da edição de A. Bausani, *Il Corano*, Milão, Rizzoli, 1992. Às vezes acrescentei, no entanto, algumas modificações em sua tradução para tornar a versão italiana mais próxima ao original árabe.
² Cfr. Corão, *sura* 5, 51.
³ Cfr. *sura* 8, 39, e *sura* 9, 123.
⁴ Cfr. *sura* 9, 73.
⁵ Cfr. *sura* 58, 22.
⁶ Cfr. *sura* 58, 19.
⁷ Cfr. *sura* 25, 52.
⁸ Cfr. Lv 20, 10.13.27.

⁹ Cfr. Ladislao I o Santo, *Decreta*, II, 14.
⁹ᵃ Cânones I e VIII da *Ecloga* do imperador bizantino Leão III (717-741).
¹⁰ Cfr. Leão X, Bula *Exsurge Domine*, n. 33.
¹¹ Cit. em Ibn Taimiyya, *Al-siyasat al-shar'iyya fi islah al-ra'i wa al-ra'iyya*, II, 1, 9 *(Al-jihad)*.
¹² *Hadith* citado por al-Bukhari e por Muslim e contido em *Matn al-arba'ina al-nawawiyya*, n. 8.
¹³ Malik ibn Anas, *Al-muwatta'*, VII, n. 952.
¹⁴ Cit. em Ibn Taimiyya, op.cit., I, 1, 3.
¹⁵ Ali ibn Abi Talib, *Nahj al-balaghah*, n. 64.
¹⁶ Ivi, n. 122.
¹⁷ Ivi, n. 111.
¹⁸ Ivi, n. 130
¹⁹ *Hadith* citado por Abu Dawud e por Ibn Taimiyya, op.cit., II, 1, 1.
²⁰ Ibn Taimiyya, op. cit., II, 1, 9.
²¹ *Ibidem*.
²² Ivi, I, 1, 3.
²³ *Ibidem*.
²⁴ Ibn Khaldun, *Muqaddima*, cit. em B. Scarcia Amoretti, *Tolleranza e guerra santa nell'islam*, Florença, Sansoni, 1974, p. 99.
²⁵ Ibn al-Athir, *Kamil al-tawarikh*, ed. Tornberg, Leiden, 1853-1864, vol. XI, pp. 264 e seguintes.
²⁶ Baha' al-Din ibn Shaddad, *Al-nawadir al-sultaniyya wa 'l-mahasin al-yusufiyya*, I, 2.
²⁷ Ivi, I, 6-8.
²⁸ Al-Mashriqi, *Hadith al-Qur'an*, cit. em J.M.S. Baljon, *Modern Muslim Koran Interpretation*, Leida, E.J. Brill, 1968, p. 76.
²⁹ Cfr. Halide Edib Adivaz, *Carta ao xeque Mohammad Ashraf*, em "The Islamic Literature", março de 1953.
³⁰ Hasan al-Banna, *Mensagem ao 5º Congresso dos Irmãos Muçulmanos* (janeiro de 1939), em "Etudes Arabes", n. 61 (1981), p. 26.
³⁰ᵃ Hasan al-Banna, *Risalat al-jihad*, em *Majmu'ah rasa'il al-imam al-shahid Hasan al-Banna*, Alexandria, Dar al-Da'wah, 1979, p. 290.
³¹ Sayyid Qutb, *Ma'alim fi 'l-tariq*, Beirute, Dar al-Shuruq, 1979, p. 59.
³² Leão XIII, Encíclica *Immortale Dei*.
³³ *Concilio Lateranense IV*, Constituição 70.
³⁴ Sayyid Qutb, *loc. cit.*
³⁵ *Ibidem*.
³⁶ *Ibidem*.
³⁷ Sayyid Qutb, *Fi zilal al-Qur'an*, Beirute, Dar al-Shuruq, 1981, pp. 3550 e seguintes.
³⁸ Agostinho, cit. em *Corpus iuris canonici*, Decretum Gratiani, II, 23, quaestio I, caput VI.
³⁹ Sayyid Qutb, *loc. cit.*
⁴⁰ Abu 'l-A'la Maududi, *Conoscere l'islam*, Roma, Mediterranee, s.d., cap. V (n. 221-222).
⁴¹ Id., *Vivere l'Islam*, Ancona, S.I.T.A., 1979, p. 46.
⁴² Ivi, pp. 72-73.
⁴³ Ruhollah Khomeini, *Il governo islamico*, Roma, Libreria Editrice Europa, s.d., cap. II, p. 69.
⁴⁴ Ivi, cap. I, p. 53.
⁴⁵ Ivi, *Prefazione*, p. 40.
⁴⁶ Morteza Motahhari, *La guida e il magistero*, Roma, Centro Culturale Islamico Europeo, 1987, p. 14.
⁴⁷ Anastasio III, Privilegio *Si pastores ovium*.
⁴⁸ Leão I Magno, *Sermones*, VIII, 4.

⁴⁹ Inocêncio III, *Sermones de diversis*, VI.
⁵⁰ Morteza Motahhari, op. cit, p. 15.
⁵¹ Malik ibn Anas, *Al-muwatta'*, VII, n. 957.
⁵² Abd al-Samad Sayyal, *Intervista*, em "Il Sole 24 Ore", 30 de setembro de 2001.
⁵³ Ahmed Yassin, *Intervista*, em "Il Corriere della Sera", 21 de novembro de 2000.
⁵⁴ Ahmed Yassin, *Intervista*, em "Il Corriere della Sera", 4 de novembro de 2000.
⁵⁴ᵃ S. Freud, *Warum Krieg?* (carta a Albert Einstein, 1932)
⁵⁴ᵇ Agostinho, *Quaestiones in Heptateuchum*, VI, 10.
⁵⁵ E. Jünger, *Der Kampf als inneres Erlebnis*, cap. 13.
⁵⁶ Abd al-Samad Sayyal, *Intervista*, cit.
⁵⁷ Alî Belhadj, cit. em E. Pace-R. Guolo, *I fondamentalismi*, Roma-Bari, Laterza, 1998, p. 139.
⁵⁷ᵃ Agostinho, *De civitate Dei*, IV, 4.
⁵⁷ᵇ Cícero, *De officiis*, I, 15.
⁵⁷ᶜ Platão, *Phaedrus*, 277e.
⁵⁸ Hasan Nasrullah, *The Speech of Hizbollah Secretary General marking the First Anniversry of the Intifada*, 28 de setembro de 2001.
⁵⁹ Muhammad Talbi, *Islam et Occident au-delà des affrontements, des ambiguités et des complexes*, cit. em P. Branca, *Voci dell'Islam moderno*, Gênova, Marietti, 2001, pp. 300 e seguintes.
⁶⁰ *Ibidem*.

MÍSTICA DAS CRUZADAS E MÍSTICA DA JIHAD

¹ Cfr. 1Mc 5,5.
² Cfr. 1Mc 5,35.
³ Cfr. 1Mc 3, 44.47.
⁴ Pio X, Encíclica *E supremi apostolatus*.
⁵ Sayyid Qutb, *Ma'alim fi 'l-tariq*, cit., p. 60.
⁶ Osama bin Laden, *Dichiarazione di guerra contro gli americani che occupano la terra dei due Luoghi Santi* (23 agosto 1996), em F. Falconi-A. Sette, *Osama bin Laden*, Roma, Fazi, 2001, p. 122.
⁷ Ruhollah Khomeini, *Il Governo islamico*, cit., Prefácio, p. 40.
⁸ *Catechismo della Chiesa Cattolica* (ed. 1997), n. 2172.
⁹ Osama bin Laden, *Intervista* concedida a Peter Arnett, enviado da CNN, em 1997, em F. Falconi-A. Sette, op. cit., p. 97.
¹⁰ Rashid Gannushi, cit. em E. Pace-R. Guolo, op. cit., p. 141.
¹¹ Título já atribuído ao Beato Gerardo, fundador e primeiro Grão-Mestre da Ordem, nos atos do *Chartularium*.
¹² Luíz de Orléans e Bragança, *Prefazione* a P. Correa de Oliveira, *Nobiltà ed élites tradizionali analoghe*, Settimo Milanese (Milão), Marzorati, 1993.
¹³ Pio IX, Encíclica *Qui pluribus*.
¹⁴ M.-D.-A. Sibour, *Discorso pronunciato il 10 maggio 1852 al campo di Marte*, cit. em P. Scavini, *Theologia moralis universa*, cit., vol. IV, p. 403.
¹⁵ Urbano II, *Orationes in Concilio Claromontano habitae*, I-II (segundo o texto contido em *P.L.* CLI, 565-571).
¹⁶ Discurso de Urbano II citado por Roberto Monaco, *Historia Hierosolimitana*, I, 2.
¹⁷ Cit. in Ruhollah Khomeini, *Il Governo islamico*, cit., p. 24.

[18] Osama bin Laden, *Dichiarazione di guerra contro gli americani che occupano la terra dei due Luoghi Santi* (23 de agosto de 1996), em F. Falconi-A. Sette, op. cit., p. 128.
[19] Gregório VII, *Registrum*, VII, 23.
[20] Gregório VII, *Epistolae extra Registrum vagantes*, I.
[21] Inocêncio III, *Epistolae*, I, 176.
[22] *Concilio Lateranense IV*, Constituição *Ad liberandam*.
[23] Cfr. Sb 16-18 etc.
[24] Cfr. Carlos Magno, Carta *Notum igitur* a Garibaldo de Liege.
[25] Gregório Magno, *Epistolae*, XI, 37.
[26] Id., *Homiliae*, I, 4, 2.
[27] Agostinho, *De civitate Dei*, I, 10.
[27a] Tucídides, *De bello Peloponnesiaco*, III, 82, 2.
[28] João XXIII, *Discorso ai cappellani militari italiani* (11 de junho de 1959), cit. em E. Cavaterra, op. cit., p. 177.
[29] *De imitatione Christi*, I, 12.
[29a] Observações semelhantes foram formuladas também por diversos filósofos e escritores dos últimos dois séculos. Em particular, não podemos deixar de recordar pelo menos os nomes de G.W.F. Hegel que, na *Fenomenologia do Espírito* e em *Elementos da Filosofia do Direito* destaca os benefícios da guerra; de F. Dostoiévski (cfr. seu artigo *Nem sempre a guerra é um flagelo, às vezes é também a salvação*); de S. Freud (cfr. suas *Considerações atuais sobre a guerra e a morte*, 1915).
[30] W. Broyles, *Why Men Love War*, cit. em J. Bourke, *Le seduzioni della guerra*, Roma, Carocci, 2001, p. 25.
[31] Sayyid Qutb, *Fi zilal al-Qur'an*, cit., pp. 3550 e seguintes.
[32] E. Jünger, *Der Kampf als inneres Erlebnis*, cap. 1.
[33] Ivi, *Prefácio*.
[34] *Ibidem*.
[35] Agostinho, *De civitate Dei*, XIV, 1.
[36] Cfr. Lc 12, 33.
[37] Cfr. Tg 5, 2.
[38] Maryam Jameelah, *Islam and Modernism*, Lahore, s.e., 1975, p. 52.
[39] S. Kierkegaard, *La malattia mortale*, parte I, B.
[40] J.V. Molle, *I Templari. La Regola e gli Statuti dell'Ordine*, Gênova, ECIG, 1996: *La Regola primitiva*, p. 19.
[41] Ivi, *Formule di professione*, p. 107.
[42] Ivi, *La Regola primitiva*, p. 22.
[43] Ivi, p. 23.
[44] Ivi, *Regole della vita quotidiana dei fratelli*, p. 111.
[45] Raimundo Lullo, *Libro de la Orden de Caballeria*, VI, 17.
[46] J.V. Molle, op. cit., *Regole della vita quotidiana dei fratelli*, p. 112.
[47] Bernardo de Claraval, *Liber ad milites Templi*, V.
[48] J.V. Molle, op. cit.: *La Regola primitiva*, p. 31.
[49] Ivi, *Regola della vita quotidiana dei fratelli*, p. 112.
[50] Ivi, pp. 113-116.
[51] Ivi, p. 118.
[52] Bernardo de Claraval, *Epistolae extra corpus*, CDLVIII.
[53] Id., *Liber ad milites Templi*, XIII.
[53a] Trata-se de uma etimologia cientificamente provável, mas não inquestionável. A ela também se refere R. Guénon em *L'esoterismo cristiano e San Bernardo*.

NOTAS 195

54 *Pontificale Romanum* (ed. 1936), De benedictione armorum.
55 Anselmo d'Aosta, *Proslogion*, passim.
56 Anônimo, in *Ultime lettere da Stalingrado*, Turim, Einaudi, 1962, *Lettera XVII.*
57 *Pontificale Romanum* (ed. 1848), De benedictione novi militis.
58 *Cerimonie dell'investitura dei cavalieri del Santo Sepolcro*, em G.C. Bascapè, op. cit., pp. 201 e seguintes.
59 *Cerimoniale dell'investitura dei Cavalieri di Malta*, em G.C. Bascapè, op. cit., pp. 91 e seguintes.
60 Thibaut de Champagne, *Seigneurs, sachiez*, em A. Wallensköld, *Les chansons de Thibaut de Champagne*, Paris, 1925, p. 184.
61 Anônimo, *Chevalier, mult estes guariz*, em J. Bédier- P. Aubry, *Les chansons de croisade*, Paris, 1909, p. 8.
62 Renaut de Beauvais, *Pour lou pueple resconforteir*, in Ivi, p. 78.
63 Bernardo de Claraval, *Liber ad milites Templi*, I-III.
64 *Passio SS. Perpetuae et Felicitatis*, X, 7.
65 Gregório VIII, Encíclica *Audita tremendi*.
66 Raimundo Lullo, *Liber de la Orden de Caballeria*, V, 3 e 5.
67 Sayyid Qutb, *Fi zilal al-Qur'an*, cit., p. 1441.
68 Ivi, pp. 3550 e seguintes.
69 Gregório VII, *Registrum*, II, 12.
70 Ruhollah Khomeini, *Lettera al Papa*, Parma, Edizioni all'Insegna del Veltro, 1980, pp. 17-18.
71 Cfr. 1Mc 8.
72 Cfr. 1Mc 10,46-66.
73 Pio XII, Alocução *Vous avez voulu* (7 de setembro de 1955).
74 E. Stein (Teresa Bendita da Cruz), Carta a Callista Kopf (12 de fevereiro de 1928).
75 *Hadith* citado por Muslim, cit. em Ibn Taimiyya, *Al-siyasat al-shar'iya...*, II, 1, 9.
76 Pio XII, *Discorso ai Cavalieri di Malta* (15 de janeiro de 1940).
77 Jerônimo, *Epistolae*, XXII, 3 (ad Eustochium).
78 *Apophtegmata Patrum* (série temática), IV, 43.
79 Ivi, VI, 18.
80 Ivi, II, 9.
81 Marco Aurélio, *Pensieri*, IV, 3.
82 Justino, *I Apologia*, II, 4; cfr. Platão, *Apologia Socratis*, 30cd.
83 O. Fallaci, op. cit., p. 25.
84 Ruhollah Khomeini, *Il governo islamico*, cit., cap. III, p. 180.
85 Shànfara, *Lamiyyat al-Arab*, passim (trad. italiana de F. Gabrieli em Shànfara, *Il bandito del deserto*, Florença, Fussi, 1947).
86 Osama bin Laden, *Intervista* concedida a Robert Fisk em 1997, em F. Falconi-A. Sette, op. cit, p. 101.
87 "*Ho plousios ekhi ta floria*", em N.G. Politis, *Dimotika tragoudia*, Atenas, Historiki Erevna, s.d., p. 31.
88 "*Na 'moun to mai pistikos*", ivi.
89 Eurípides, *Helena*, v. 39-40.
90 Ésquilo, *Persae*, v. 818-820.
91 Francisco de Assis, *Cântico das criaturas*.
92 Cfr. Chrétien de Troyes, *Le Conte du Graal*, v. 4133.
93 Catarina de Siena, *Lettere*, XVI.
94 Id., *Lettere*, XXV.

⁹⁵ Maria Madalena de Pazzi, *Colloqui*, em *Tutte le opere di S. Maria Maddalena de' Pazzi, dai manoscritti originali*, Florença, Nardini, 1961, vol. III, p. 97.
⁹⁶ Bernardo de Claraval, *Liber ad milites Templi*, IV.
⁹⁷ Cfr. *Teutoricorum Equitum Ordinis Regula Antiqua*, Prólogo, cap. V.
⁹⁸ Jalal al-Din Rumi, *Poesie mistiche*, Milão, Rizzoli, 1988, p. 99.
⁹⁹ Clara de Assis, *Lettera II alla Beata Agnese di Praga*, v. 26.
¹⁰⁰ Baldrico de Bourgeuil, *Historia Hierosolymitana*, IV, 13.
¹⁰¹ Boemondo de Taranto - Goffredo de Buglione *et al.*, Carta *Volumus omnes et desideramus* a Urbano II.
¹⁰² *Concilio di Lione II*, Constituição *Zelus Fidei*.
¹⁰³ Raimundo Lullo, *Libro de la Orden de Caballeria*, V, 2.
¹⁰⁴ Sayyid Qutb, *Fi zilal al-Qur'an*, cit., pp. 3550 e seguintes.
¹⁰⁵ Urbano II, *Orationes in Concilio Claromontano habitae*, I (segundo o texto contido em *P.L.* CLI, 567).
¹⁰⁶ D. Nelson, cit. em J. Bourke, op. cit, p. 54.
¹⁰⁷ Bonaventura de Bagnoregio, *Legenda maior (Vita di San Francesco)*, IX, 7.
¹⁰⁸ Al-Hallaj, *Diwan*, XI (ed. Massignon, X).
¹⁰⁹ Malik ibn Anas, *Al-muwatta'*, VII, n. 980.
¹¹⁰ Jalal al-Din Rumi, op. cit., p. 99.
¹¹¹ Catarina de Siena, *Lettere*, CCLVI.
¹¹² Raimundo Lullo, *Libro de la Orden de Caballeria*, VI, 3.
¹¹³ *Concilio di Lione I*, Constituição *Perennis obtentu*.
¹¹⁴ Cfr. Js 6.
¹¹⁵ S. Kierkegaard, *Timore e tremore*, Probl. II.
¹¹⁶ Ivi, Problemata.
¹¹⁷ Ivi, Probl. III.
¹¹⁸ Cfr. Dt 13,13-19.
¹¹⁹ Cipriano, *De exhortatione martyrii*, V.
¹²⁰ Pio V, Carta a Catarina de Médici (28 de março de 1569).
¹²¹ Bernardo de Claraval, *Liber ad milites Templi*, III.

A ESPIRITUALIDADE GUERREIRA EM OUTRAS CULTURAS E RELIGIÕES

¹ J. De Maistre, *Soirées de St.-Petersbourg*, VII.
¹ᵃ Heráclito, *Frammento* 44 Bywater.1.
² *Talmud*, *b* Mo'èd Qatàn, 28a.
³ *Mekhilta*, *a* XX, 23; 73a.
⁴ Cfr. *Yalkut* a Dt 20,10; *Debarim Rabba*, V,20,10; etc.
⁵ Cfr. *Mishnah*, Sotah, VIII,7. Cfr. também Mosè Maimonide, *Mishneh Torah*, Hilchot Melachim, V,1.
⁶ Cfr. *Talmud*, *b* Ketubot, 111a.
⁷ F. Rosenzweig, *Der Stern der Erlösung*, III, 1.
⁸ Avraham Yitzhaq Kook, cit. em E. Pace-R. Guolo, op. cit., p. 129.
⁹ Meir Kahane, *The Story of Jewish Defense League*, Radnor, Chilton Book Company, 1975, p. 142.
¹⁰ Cfr. Ez 1.
¹¹ *Bhagavad Gita*, II, 18-38.
¹² Jnaneshwar, *Bhavarthadipika*, II, 32.

NOTAS 197

13 Ramanuja, *Gitabhasyam*, II, 36.
14 *Ibidem*.
15 *Yajurveda*, IV, 6, 9, 46.
16 *Bhagavad Gita*, II, 22.
17 Ramanuja, *Gitabhasyam*, II, 31.
18 Agostinho, *Sermones suppositi: De scripturis veteris et novi testamenti*, LXXXII.
19 *Katha Upanishad*, II, 25.
20 Bhaktivedanta Swami Prabhupada, *Commento alla Bhagavadgita*, II, 31-32, Florença, Bhaktivedanta, 1981, pp. 75-77.
21 Guru Gobind Singh, *Fatahnama*, cit. em *Sources of Indian Tradition*, Nova Délhi, Penguin Books, 1988, p. 509.
22 Kobayashi Issa, cit. em M. Polia, *L'etica del bushido. Introduzione alla tradizione guerriera giapponese*, Rímini, Il Cerchio, 1999.
23 Matsuo Basho, *Oku no osomichi*, cit. em M. Polia, op. cit.
24 Thich Nhat Hanh, *Il miracolo della presenza mentale*, Roma, Ubaldini, 1992, cap. 3.
25 *Dhammapada*, X, 135.
26 Ivi, XXV, 374.
27 Marco Aurélio, *Pensieri*, IV, 44.
28 Daidoji Yuzan Shigesuki, *The Code of the Samurai*, Rutland, Tuttle, 1988, p. 70.
29 *Hagakure*, Roma, Editrice Ave, 1993, p. 179.
30 Ivi, p. 62.
31 Daidoji Yuzan Shigesuki, *The Code of the Samurai*, cit., p. 15.
32 Miyamoto Musashi, *I trentacinque precetti di strategia*, em M. Sugawara, *Lives of Master Swordsmen*, Tóquio, East Publications, 1988, pp. 77-78.
33 Takuan, *The Unfettered Mind*, Tokyo, Kodansha International, 1986, p. 47.
34 Poeta zen cit. em D.T. Suzuki, *Zen and Japanese Culture*, Princeton, Princeton University Press, 1959, p. 123.
35 Takuan, *Lettera*, cit. em D.T. Suzuki, op. cit., pp. 96-97.
36 D.T. Suzuki, op. cit., p. 170.
37 Ivi, p. 145.
38 *Hagakure*, cit.
39 D.T. Suzuki, *Essays in Zen Buddhism: First Series*, Nova York, Harper & Row, 1949, p. 250.
40 Kenshin Uyesugi, cit. em D.T. Suzuki, op. cit., p. 78.
41 Lao Tsé, *Daodejing*, LXVI-LXVIII.
42 Ivi, XXXI.
43 *Mozi*, XXXV.
44 *Shujing*, II, 7.
45 Ivi, III, 1.
46 Tz'u-Hsi, cit. em M. Warner, *Tz'u-Hsi*, Milano, Librex, 1975, p. 209.
47 Ivi, p. 210.
48 Cit. em M. Warner, op. cit., p. 216.
49 Cit. em op. cit., p. 217.
50 Tz'u-Hsi, cit. em op. cit., p. 227.
51 *Ibidem*.
52 *Cantares Mexicanos*, II,17 (segundo o texto asteca editado em *Poesia nahuatl*, México, Universidad Nacional Autónoma de México, 1993).
53 Ivi, I, 29.
54 Ivi, III, 31.
55 Diego de Landa, *Relación de las cosas de Yucatán*, cap. XXVIII.

[56] *Cantares Mexicanos*, III, 43.
[57] Ivi, I, 13.
[58] Ivi, III, 4.
[58] Bartolomeu de las Casas, *Los Indios de México y Nueva España*, sec. V, cap. XXIV.

Impresso nas oficinas da
Gráfica Palas Athena